KB261802

부모를 위한
인문학

부모를 위한 인문학

초판 1쇄 발행 2013년 7월 20일

지 은 이	노재욱
발 행 인	권선복
편집주간	김정웅
편 집	신지은
디 자 인	김소영
교정교열	김소영
전 자 책	신미경
마 케 팅	서선교
발 행 처	도서출판 행복에너지
출판등록	제315-2011-000035호
주 소	(157-010) 서울특별시 강서구 화곡로 232
전 화	0505-613-6133
팩 스	0303-0799-1560
홈페이지	www.happybook.or.kr
이 메 일	ksb6133@naver.com

값 15,000원
ISBN 978-89-97580-93-4   13370

도서출판 행복에너지는 독자 여러분의 아이디어와 원고 투고를 기다립니다. 책으로 만들기를
원하는 콘텐츠가 있으신 분은 이메일이나 홈페이지를 통해 간단한 기획서와 기획의도, 연락처
등을 보내주십시오. 행복에너지의 문은 언제나 활짝 열려 있습니다.

부모를 위한 인문학

노재욱 지음

도서출판 행복에너지

세상의 지각 있는
부모들에게

　요즘 가정 문제가 신문이나 방송에 심심치 않게 오르내리는 것을 볼 수 있다.

　가족 간의 폭력사태가 빈번하게 발생하여 부모가 자녀를, 자녀가 부모를 심하게 학대한다는 소식은 사람들의 가슴을 아프게 한다. 때로는 늙은 부모를 학대하거나 방치하여 죽음에 이르게 했다는 소식으로 한숨짓게 만들고, 때로는 부모가 게임에 빠져 갓난아기를 돌보지 않아 죽게 내버려 뒀다는 이야기로 사람들을 경악하게 만들기도 한다. 심지어 부모가 꾸중을 했다는 이유로 순간의 화를 참지 못해 스스로 목숨을 끊었다는 뉴스를 보면, '세상 말세'라는 말이 절로 나오곤 한다.

요즘의 이런 세태를 바라보고 있노라면 일생을 교육자로 살아온 필자로서는 마음이 편치 않다. 일견 무거운 책임감을 느끼기도 한다. 무엇이 오늘날 우리 사회를 이렇게 만들었는가? 문제의 핵은 바로 '교육'이다.

오늘날 자녀교육의 목표는 '공부 잘하는 아이', '성공하는 아이'로 만드는 것에 있다. 우리 아이가 남들보다 조금 더 앞서야 된다며 항상 전전긍긍하고 야단법석을 떠는 것이다. 그러나 '교육'의 근간은 학교 공부가 아니라 '가정'에 있다. 올바른 가정교육이야말로 사회를 바로잡는 기초이자, 건강한 사회가 이루어지는 시발점이다. 가정의 중심에는 부모가 자리 잡고 있다. 이 책의 출발점 역시 가정에 두었다. 부모가 제 몫을 할 때 자식이 큰 인물이 되고, 올바른 사회가 이루어진다는 것이다.

필자는 부모가 제 역할을 제대로 하지 못하기 때문에 요즘의 혼란이 비롯되었다고 생각한다. 부모의 역할이란 곧 자식의 거울로서의 역할이다. 양육 과정에서도 아버지와 어머니의 역할은 각기 자신의 자리가 있다. 특히나 가정에서 자식을 낳고 기름에 있어서 자신들이 해야 할 바가 다르다는 것이다.

엄부자모嚴父慈母라는 말이 있다. 이는 남녀 본연의 차이에서 기인하며, 가정에서 자식을 기르기 위한 역할을 규정한 말이다. 부모로서의 역할과 아버지와 어머니로서 각기 맡아야 할 역할은 다르다. 다름을 인정하고 각자를 존중할 때 비로소 바람직한 자녀교육이 이루어진다. 이를 깨닫고 실행하는 부모의 올바른 가정교육이야말로 자녀를 사회와 국가, 나아가 인류를 선도하는 인재로 만들 수 있는 것이다. 하지만 오늘날에는 시대가 변화했듯이 사람도 변화를 거듭하여 그 역할에 혼란이 오고 있다. 앞으로 우리에게는 혼란을 바로잡고 부모의 역할을 되짚어 보는 시간이 필요하다.

시대가 아무리 급변해도 사람에겐 변하지 않는 본성이 있다. 올바른 교육을 하기 위해선 바로 그 점을 주시해야 한다. 먼저 변화를 인정하고, 앞으로 변화될 미래를 미리 예측하여 준비할 수 있어야 하며, 변화 속에서도 변하지 않는 부모의 역할을 찾아야 한다는 뜻이다.

필자는 50년이 넘도록 교육자로 살아왔다. 많은 경험을 통해 바른 부모 아래에서 바른 아이가 자란다는 사실을 확인한 필자는 그 해답을 '인성교육'에서 찾고자 한다. '글교육'이 지나치게 강조된 요즘 '인성교육'이 얼마나 중요한지 열거하고, 그에 맞는 부모의 역할을 제시하고자 하였다. 따라서 이 책은 자녀를 둔 부모, 혹은 앞으로 부모가 될 모든 남성과 여성이 읽어야 한다고 강조하는 바이다.

2013. 여름

素玄齊에서 노 재 욱

prologue 세상의 지각 있는 부모들에게 · 4

■1장■ 변화하는 부모가 되라

1. 변화에 대처하는 부모의 자세

변화를 읽어라 · 14

시대를 읽어라 · 19

상황법칙에 민감한 인격자로 키워라 · 25

자녀의 미래, 지금부터 준비하라 · 28

2. 천천히 변화를 배워라

자녀를 일찍부터 고민하게 하지 마라 · 33

부모의 과잉보호가 무기력한 아이를 만든다 · 35

변화하는 환경에서 새로운 인간관계를 맺어라 · 39

지식과 학식이 아닌 슬기로 가르쳐라 · 44

서두르는 부모가 아이를 그르친다 · 49

■2장■ 세상의 부모가 되라

1. 세상의 자식으로 키워라

내 자식이 곧 세상의 자식이다 · 56

사람의 정은 접촉에서 생긴다 · 60

자녀에게 이타행(利他行)을 가르쳐라 · 65

이기심이 아닌 자존심을 높여라 · 71

2. 믿음으로 키워라

자신의 참다운 본래 모습을 알게 하라 · 78

무조건 믿을 수 있는 자녀로 키워라 · 82

훌륭한 아이는 믿음과 사랑이 기른다 · 84

3. 자식은 부모의 거울이다

윗물이 맑아야 아랫물이 맑다 · 89

버릇없는 부모 아래 버릇없는 아이 · 96

자녀를 풀어놓고 키워라 · 103

세상을 바라보는 눈을 열어라 · 106

■3장■ 진정한 교육은 삼위일체(사회, 학교, 가정)

1. 사회가 인성교육을 강조할 때다

자녀교육은 삼위일체(가정, 학교, 사회)로 이뤄진다 · 116

인성교육을 할 어른들의 각오(覺悟) · 123

아이들에게 예절교육부터 · 127

2. 학교공부가 전부는 아니다

학력과 인격교육을 함께 연마하자 · 131

학교는 죽어가고 학원은 왜 잘되는가? · 134

한 걸음 물러서면 길은 넓어진다 · 137

나는 누구인가를 알아야 참 사람이다 · 140

글공부가 인생의 전부는 아니다 · 143

3. 가정에서 시작되는 교육

가정이 책임질 자녀의 인격교육(人格敎育) · 148

자식농사에 가장 좋은 거름은 사랑이다 · 152

자녀의 인성교육은 성공체험에서부터 · 158

식사시간에는 텔레비전을 꺼라 · 161

자녀에게 가족의 소중함을 일깨워라 · 163

■4장■ 가정교육으로 사회를 바꿔라

1. 부부가 만드는 가정

부부의 화합으로 시작되는 자녀교육 · 172

따뜻한 가정 만들기 · 175

아버지의 위엄, 어머니의 자상함 · 180

가정폭력은 인성교육의 해악이다 · 186

가풍은 자녀의 성격 형성에 큰 영향을 미친다 · 189

2. 가정교육의 중심은 부모의 역할

아들은 남성답게, 딸은 여성답게 길러라 · 196

아버지의 심상을 심어라 · 200

아들을 대하는 부모의 자세 · 205

아버지, 가정의 굳건한 주연배우가 되라 · 207

아버지가 화를 자주 낸다면? · 213

칭찬과 꾸중에도 때가 있다 · 215

■5장■ 좋은 부모가 되기 위한 팁

1. 부모의 자격

자녀의 존재 자체가 효도다 · 226

자녀의 마음을 꿰뚫어볼 줄 알아야 좋은 엄마 · 229

인성교육은 언제까지 하나? · 232

이 시대의 인성교육은 어떻게 할 것인가? · 234

2. 부모에게 당부하는 말

아이들의 마음에 상처를 입히지 말자 · 238

엄마들이여 치마를 벗어라! · 240

아이는 스트레스에 약하다 · 245

어린이집에 보낼 4살짜리 아이를 가진 엄마에게 · 247

유년기 자녀 키우는 키워드 · 249

아이들의 메시지를 빨리 인식하라 · 251

부모가 아이의 버릇을 만든다 · 253

자녀와의 대화기법(세대차이 극복) · 256

수험생 학부모에게 · 258

더러운 물로 때를 씻어라 · 260

자녀를 인정하는 부모가 대화를 이끈다 · 262

변화하는 부모가 되라

변화에 대처하는 부모의 자세 : 변화를 읽어라. 시대를 읽어라. 상황법칙에 민감한 인격자로 키워라. 자녀의 미래, 지금부터 준비하라.

천천히 변화를 배워라 : 자녀를 일찍부터 고민하게 하지 마라. 부모의 과잉보호가 무기력한 아이를 만든다. 변화하는 환경에서 새로운 인간관계를 맺어라. 지식과 학식이 아닌 슬기로 가르쳐라. 서두르는 부모가 아이를 그르친다.

1. 변화에 대처하는 부모의 자세

| 변화를 읽어라

"이 세상에 '변하지 않는 것은 없다'라는 말 빼고 다 변한다."는 말이 있다. 변화 속에 살고 있는 우리에게 그나마 다행스러운 것은 세상의 변화를 직접 눈으로 볼 수 있다는 것이다. 주위를 둘러싼 환경의 변화이기 때문이다. 문제는 세상만 변하는 게 아니라 주위 환경의 변화로 인해 사람 하나하나의 모습도 달라지고 있다는 것이다. 사람의 마음이 변하면서 윤리와 도덕이 해이해졌다며 종종 한탄을 늘어놓기도 한다. 그런데 이러한 윤리도덕이 왜 땅에 떨어졌을까? 누가 그렇게 만들었을까?

무턱대고 '옛날이 좋았는데…'라며 현재를 탓하는 것은 옳지 않다. 부모들은 자녀에게 옛날이 좋았던 까닭과 현재가 좋지 않은 까닭을 분명하게 이야기해 줄 수 있어야 한다. 그렇게 오늘보다 내일을 살아갈 자녀들의 세상을 미리 설계해 주어야 하는 것이다.

우리의 환경은 어떻게, 무엇이 변화하였을까? 우리의 생활은 크게 점點적인 삶과 선線적인 삶으로 나뉜다. 그중 현대인들은 점적인 삶을 산다고 할 수 있다. 즉, 공간적인 사고를 하는 측면이 많다는 뜻이다. 우리가 사는 집이 있고, 일터가 있고, 놀이터가 있으며, 남의 집도 있고, 고향이라는 곳도 있다. 그런데 이러한 곳은 한곳에 모여 있는 것이 아니라 아주 넓은 지역에 점처럼 흩어져 있다. 우리는 일상에서 그곳들을 오가며 지낸다. 마치 점과 점을 연결하는 것과 같다. 인간이 그 점을 잇기 위해 만들어 놓은 도보, 자동차, 버스, 열차, 비행기 등의 교통수단을 이용하여 옮겨가면서 살아간다. 우리에게 점은 목적물과도 같아서 점과 점을 잇는 선線에 대해서는 별로 관심이 없다. 그것들이 어떻게 이어지건 점만 찾아가면 되기 때문이다. 옛날 사람들은 목적한 바도 중요하게 여겼지만 그 목적에 도달하기까지의 과정을 더 중요시했다. 그러나 현대를 살아가는 사람들은 목적만을 중요하게 여기고, 그 목적을 향해 가는 경로는 별것 아니라고 생각하고 있다.

예를 들어, 여름휴가 때 아이들과 시골에 계신 할아버지, 할머니를 만나러 가기 위해 열차를 탔다고 가정해 보자. 열차 안 객실 분위기는 굉장히 쾌적하다. 넓고 편안한 시설과 그 분위기에 젖어 아이들은 아이들대로, 어른들은 어른들대로 이야기를 나누거나 즐기다 보면 어느새 목적지인 역에 도착한다. 또 역에서 고향까지 자동차로 달려 마침내 할아버지, 할머니를 뵙게 되면 목적을 달성하게 된다. 그러나 목적지에 다다를 때까지 선로를 달리는 열차 안에서 우리 가족은 과연 무엇을 하였을까?

부모가 아이들을 위해 들려준 이야기가 있는가? 차창 밖으로 보이는 여러 환경, 곳곳에 산재한 것들을 내 것으로 만들어 아이들에게 이것저것 들려줄 생각 없이 오로지 목적지에 도착할 생각밖에 하지 않았다면 많은 교양이나 상식을 갖추지 않은 것과 같다. 만약 진정한 교사로서의 부모라면 여행을 떠나기 전 미리 여행할 선로에서 만날 다양한 곳을 조사하고, 그에 따른 역사적 사실이나 현재의 특징들을 익혔다가 그곳을 지날 때마다 아이들에게 가르쳐주었을 것이다. 차창 밖으로 펼쳐지는 아름다운 풍경과 마을들을 보면서 과거를 회상하고, 미래를 설계해 보는 시간을 통해 그동안 미처 발견하지 못했던 나를 찾게 된다. 우리에게는 그런 시간을 만들어가는 지혜가 필요하다. 또 아이들에게도 이러한 것들을 알게 해야 한다.

아이를 가르치는 부모는 과정을 가볍게 여긴 채 목적에만 도달하면 그만이라는 생각을 버리고, 이러한 가르침을 위해 끊임없이 연구하며 자기계발을 게을리하지 말아야 한다.

잘 가꾸어진 밭에서 자라는 어린 떡잎은 걱정할 필요가 없다.

이미 기름진 토양에서 비바람을 고르게 받아가며 흠잡을 것 없는 환경에서 자라고 있기 때문이다. 떡잎을 잘 가꾸어야 커서 재목이 되는 것은 사람도 마찬가지다. 나무랄 데 없는 좋은 가정환경에서 유아기를 거친 아이들은 후에 어른이 되어서도 그 성품이나 소질이 남보다 뛰어나다.

결국 '어릴 때 가정에서 무엇을 가르쳐야 할 것인가?'가 중요하다는 뜻이다. 한 세대 전(약 30년 전)만 해도 어른들은 아이가 학교에 들어가기 전까지 주로 바탕교육인 인성교육만 시켰다. 후천적인 교육의 초기단계인 생후부터 6살 유아기 때까지 가장 가까운 환경인 어른들의 영향을 크게 받기 때문이다. 그리고 학교에 들어가면서부터 살아가는 데 필요한 모든 교육을 받았다. 그러나 오늘날 모든 것이 진화되어 사회가 전반적으로 달라졌다. 아이들의 교육 또한 근본적으로 달라질 수밖에 없다. 정직하고, 성실하고, 부지런하기만 하면 누구나 살 수 있는 그러한 시대는 지나간 것이다.

옛날에는 인간이 환경에 순응하면서 살았다. 모자라는 것은 보충하고, 불편한 것은 궁리하여 편리하게 만들면서 살아왔다. 이런 보완을 거듭하여 오늘의 첨단 기술시대로 전환된 것이다. 그러니 다음 세대를 이끌어갈 우리 아이들을 위하여 부모가 현실을 똑바로 파악해야 한다. 부모의 역할이 변하고 있음을 깨닫고 훌륭한 교사로서의 부모가 되기 위해 누구 못지않은 자질을 갖추어야 한다.

이를 위해 부모는 자녀와 터놓고 대화하는 자리를 자주 마련해야 한다. 전 세대만 해도 아이들은 가정에서 부모 외에는 그다지 대화의 상대가 없었지만 현재는 사정이 다르다. 지금은 누구라도 버튼만 누르면 자신이 좋아하는 프로그램을 마음대로 즐길 수 있는 세상이 되었다. 또한 버튼 하나로 영어, 중국어, 일본어, 수학, 국어 등 온갖 학습을 할 수 있다. 지난 세대와는 또 다른 어버이 교사가 생긴 것이다. 따라서 부모도 이 첨단 과학기술시대에 맞는 기르침을 해야 한다.

세상의 변화 속에서 부모들은 어떻게 해야 첨단 과학기술시대에서도 인간답게 살아갈 이상적인 자녀로 키울 것인가를 고민해보아야 할 시점이다. 오늘날 부모와 아이들의 소통이 매우 중요해졌고 그에 따라 대화 방법도 많이 변화했다. 아이들의 커뮤니케이션 수단도 시대의 변천에 따라 과학화, 기계화되었다. 예전처럼 정성 들여 써내려간 편지로 서로 의사소통을 한다거나 저희들끼리의 어려운 문제를 어른들을 통해 해결하려는 생각을 거의 하지 않는다. 이제는 초등학생들까지도 모두 휴대폰을 갖고 있는 세상이 되었기 때문이다. 이러한 문명의 이기가 만연한데 세대 간의 간격을 좁히려면 대화가 꼭 필요하지 않을까?

대화란 신이 인간에게 주신 은총이다. 아무리 어려운 문제라도 서로 얼굴을 마주하고 대화라는 위대한 열쇠로 어려운 문제를 풀어가는 노력이 필요하다. 사람을 마치 '기계인간'이나 '로봇'처럼 기른다면 모르겠지만 사람을 사람답게 기르고자 한다면, 대화를

통해 이 시대가 어떻게 변화되었고 앞으로 어떻게 변화되어갈 것
인가를 먼저 알아야 한다.

| 시대를 읽어라

옛날 부모들은 요즘처럼 자식 가르치기가 어렵지 않았다. 그저
부모로서 권위를 세우기 위해 근엄한 행동을 하고 일반적인 상식
만 있으면 중간은 갈 수 있었다. 또 지금처럼 모든 정보가 신속하
지 않았기 때문에 집안에서 세상 돌아가는 형편을 쉽게 알 수도
없었다. 때문에 가족들에게 특히 아이들에게는 나들이에서 돌아
오는 아버지가 바깥세상의 유일한 정보 통로였다.

저녁 밥상에서 시작된 재미난 세상이야기는 밤늦게까지 계속
되었고, 아이들에게는 아버지가 최고로 훌륭하고 대단한 사람으
로 보였다. 그렇게 아이들 눈에 비친 아버지의 모습은 세상 모르
는 것 없는 척척박사이자 선생님이었다. 그러다 보니 밥상은 온
가족의 대화가 이루어지는 대화 창구였고, 부모와 자식 간의 대
화도 자연스럽게 이어지게 되었다. 어쩌다 외출에서 돌아온 아버
지가 말을 아끼면 으레 아이들은 '아버지가 오늘은 밖에서 안 좋
은 일이 있었나 보다' 하고 걱정하기도 했다. 그런 눈치가 보이면
아버지는 아이들을 위해 없던 이야기라도 지어서 바깥세상의 이
야기를 들려주었고 아이들은 그런 아버지의 이야기를 들으며 잠
이 들곤 했다.

아버지가 일하고 돌아와도 자기 방에서 나와 보지도 않고, 아예 아버지가 왔는지 안 왔는지도 모르는 지금의 자녀들과는 사뭇 다른 모습이다.

오늘날 가정에서는 저녁 늦게 집으로 돌아온 가족들이 모여앉아 대화하는 시간이 드물다. 아버지와의 대화는 더욱 부족하다. 매일 쳇바퀴 돌 듯 변화 없는 가정생활에서 재미있는 이야기는 그리 많지 않다. 어쩌다 아비지가 직장에서 들은 화젯거리를 꺼내도 아이들은 이미 TV와 인터넷을 통해 알고 있는 이야기라 흥미를 갖지 않는다. 어떻게 보면 오히려 요즘 아이들이 아버지보다 한 발 앞선 정보력을 가지고 있다고 할 수 있다. 지구촌 구석구석의 뉴스들이 각 가정의 안방으로 동시에 생중계되는 시대를 살고 있기 때문이다. 이런 세상에서는 어쩌면 자녀들이 부모를 앞지르고 있다는 사실이 너무 당연한 것일 수도 있다. 부모들은 이를 자각해야 한다. 더불어 첨단 과학문명 시대를 지탱하고 유지해갈 능력을 자신이 먼저 갖춰야 함은 물론, 앞으로 다음 세대에 대응할 준비를 해야 한다. 또한 아이들이 이러한 환경에 적응할 수 있도록 교육해야 한다.

옛날 부모는 아이가 자라 초등학생이 되면, 옛 영웅들의 이야기를 들려주며 충효사상忠孝思想을 가르치고, 형제들 간의 우애友愛를 가르쳤다. 할머니도 비록 글자는 모르지만 어린 손자들을 무릎 위에 앉혀놓고 옛날이야기를 들려주는 유아교육의 한 담당자였다. 이렇게 부모와 할머니가 보고 들은 이야기, 혹은 예로부터 전해지는 동화를 통해 자녀들을 가르쳤다. 그럼 지금의 교육은 어떻게 달라졌을까?

요즘 초등학교에 입학하는 아이들 중 영어를 못하는 아이가 없다고 한다. 현대를 살아가는 우리는 눈만 뜨면 세상의 온갖 정보와 소식을 접하게 된다. 아이들도 마찬가지다. 아이들은 집안에 있는 스위치, 버튼 하나면 자신이 원하는 모든 매체를 접할 수 있다. 두세 살짜리 어린아이라 해도 다를 것이 없다. 만화동산에서 옛날 이야기를, 온갖 오락 프로그램에서 노래와 춤을 반복해서 들려준다. 어느 부모나 할머니라도 이렇게 재미있고 다양한 이야기와 놀이를 들려주지 못할 것이다.

그뿐만이 아니다. 우리나라에 국한된 소식이 아니라 온 세계의 소식을 들을 수 있고, 아이들의 공부에 필요한 학습자료 등도 제공된다. 이렇듯 인간이 만들어낸 첨단 기계가 늘 안방을 차지하고 앉아 교사 노릇을 하고 있다. 일터를 지키는 부모를 대신해 컴퓨터, TV 등이 아이 곁에 머무르는 것이다. 아마 요즘 아이들에게는 부모보다 컴퓨터가 더 친근하게 느껴질지도 모른다.

과학과 기계문명의 혜택 없이 단 하루도 살아갈 수 없는 우리 현대인들. 옛날 사람들은 하루아침에 수백 리를 가기 위해 축지법縮地法이나 비공법鼻孔法 등을 생각했었다. 그러한 열망이 실현되어 결국 하늘을 나는 비행기와 물속을 여행하는 잠수함을 만들고 자동차나 컴퓨터가 보편화되었다. 만약 100년 전쯤 '나는 새처럼 하늘을 날아서 수천 리를 갈 수 있다'거나 '물밑을 헤엄쳐서 태평양을 건널 수 있다'고 했다면 아마 정신 나간 사람으로 취급했을지도 모른다. 왜냐하면 옛날에는 성자나 마술사를 자칭하는 사람들이 '천하에서 일어나는 일들을 알고 말할 수 있다'고 하며 천안통天眼通이니, 천이통天耳通이니 했기 때문이다. 또 그렇게 되기 위해 도에 이르겠다며 산속에 들어가 평생 도道를 닦다가 죽어간 사람도 허다했다.

오늘날엔 세 살 먹은 어린아이도 안방에 앉아 세상 구석구석을 들여다 볼 수 있다. 바야흐로 천안통, 천이통이 일반화된 시대가 온 것이다. 그러다 보니 요새 청소년들은 겁 없는 전능인全能人이 되고 말았다. 지난날에는 꿈에서나 생각해 볼 수 있었던 일들이 현실로 나타난 것이다. 옛날 우리 선조들이 자연과 조화를 이루며 살아가던 인간의 모습은 사라졌다. 의식주 전반에 걸친 일상을 꿈에 그리던 세계로 현실화시켜 놓았지만, 우리는 점점 자연과의 조화는커녕 인공적이고 기계적인 환경에 매몰되어 가고 있다.

오늘날 우리들은 인간을 전능한 존재로 착각하며 살아가는 세상에서 핵가족을 이루며 살아가고 있다. 그리고 그 가정에는 또 하나의 세계가 형성되어 있다. 아버지가 밖에서 갖고 온 정보가 전부였던 시절의 가장의 권위는 안방에 상륙한 매스미디어의 그늘에 묻혀 모두 잃어버렸다. 자식들은 그들만의 세계가 따로 형성되었고, 남편과 자식들을 위해 헌신적으로 살아가며 보람을 느겪던 전 세대의 어머니 상도 변화하고 있다. 이러한 현상으로 아버지의 권위는 땅에 떨어지고, 어머니의 따듯한 사랑은 거북하게 느껴져, 부모는 자식들의 생활을 규제하는 존재, 남편은 아내의 생활에 간섭하는 존재로 변해버리고 만 것이다.

정신분석에서는 '인간이 자연환경에 적응하여 살아가기 위해 순종해야 하는 것'을 현실원칙이라고 부른다. 그리고 '인간이 집단생활을 영위하여 갈 때 개개인이 따라야 할 것을 인위적으로 만든 규율'을 집행원칙執行原則이라고 한다. 이 두 가지는 어떠한 인간이라도 절대적으로 지켜야 할 규칙, 도덕, 법률, 관습들을 집약한 개념이다.

집행원칙은 현실원칙을 기초로 하여 인간이 오랫동안 쌓아올린 것이다. 절대성이란 측면에서는 현실원칙과 구별할 수 없을 정도의 권위가 있으며, 사회생활을 하는 데 있어 질서유지의 중요한 역할을 담당하고 있다. 예를 들면 보수적이고 고전적인 가정에서 아버지의 권위라는 것이 단순한 허구가 아니라 실질적인 뒷받침을 가지고 있어야 하는 것과 마찬가지다. 이처럼 집행원칙은 현실원칙을 기반으로 뒷받침이 되는 나름대로의 합리성을 가지고 있다. '아이들은 어른의 말을 들어야 한다'든가 '일곱, 여덟 살이 되면 아이들은 초등학교에 입학해야 한다'는 것은 인위적으로 정해진 것이지만, 현실원칙 못지않게 절대적이기도 하다. 이렇듯 집행원칙은 누구나 지켜야 할 당연한 것이다.

근대사회와 법치국가를 형성한 집행원칙은 '사회의 규칙, 학교의 규칙, 부모가 정한 불문율' 등으로 나타나 각 조직의 절대적인 권위를 갖고 있다. 따라서 이를 무시하거나 위반했을 때는 처벌을 받는다. 이는 모두가 아는 사실이고 누구나 수긍하고 있다. 그러나 이러한 절대적인 집행원칙도 반드시 절대적일 수 없는 국면으로 접어든 것이 요즘 시대다. 사사로이 발생하는 학교폭력, 가정폭력 등이 이와 같은 사실을 반증하고 있다.

우리나라는 오랫동안 교육의 덕목으로 유교적 전통을 이어오면서 '수신제가치국평천하修身齊家治國平天下'를 바탕으로 한 가치관을 최고로 여겨왔다. 그러나 과학기술의 진보는 우리들이 절대적이라 믿었던 가치관에 커다란 변동을 가져왔다.

첫 번째로 가장 두드러진 현상은 바로 고령화다. 두 번째는 여성에 대한 사회적 시각의 변화다. 지난날에는 여자이기 때문에 안 된다는 차별과 편견이 있었기에 여성의 잠재된 능력이 발휘될 기회마저 없었다. 그러나 오늘날에는 여성이 마라톤을 나가는 것은 물론이고, 남성이나 가능하다고 여겨졌던 역도에서도 여자 선수가 생겼다. 남성의 전유물로 여겨졌던 씨름이나 축구도 이젠 여성이 다 한다.

기존 남강여유男剛女柔의 원리가 바뀌었음을 보여주는 증거다. 과학의 발달로 남녀의 생리적인 기능을 비교하는 실험이 가능해졌고, 결과를 통해 여성이 일방적으로 열등하다는 생각을 불식시킨 것이다. 오히려 여성이 여러 방면에서 우수하다는 사실이 계속해서 드러나고 있다. 이렇듯 인위적인 사회적 편견에서 벗어나면 남녀의 지위는 이전과 완연하게 달라진다.

이제 앞으로 또 다른 시대에 국면하게 될 것이다. 시대의 변화를 읽어내는 부모가 되려면 이러한 변화에 맞는 가치관 확립과 다가올 다음 세대에 걸맞은 세계관을 형성할 필요가 있다. 그러기 위해 현 세대를 속속들이 파악하고, 분석하고 끊임없이 연구하는 부모가 되어야 한다.

| 상황법칙에 민감한 인격자로 키워라

살아가고 있다는 것은 변화법칙에 대응하는 것이다. 만약 생물이 환경변화에 적응하지 못하면 살아남지 못하고 멸망하고 만다. 아득한 옛날에 이 세상을 주름 잡던 공룡이 오늘날 화석化石으로 남은 채, 어린이들의 구경거리가 된 것은 변화하는 환경에 적응하지 못한 탓이다. 이렇듯 모든 생물은 환경에 따라 생멸을 거듭한다. 기업경영 또한 마찬가지다. 이는 사회 속에 생동生動하는 에너지이기 때문에 시대적 변화에 대응하지 못하면 여지없이 멸망하고 마는 상황법칙에 적용되는 것이다. 기업경영의 주체는 인간이고, 그 인간이 환경에 적응 못하면 자연스레 기업이 쇠퇴함은 빤한 일이다. 인간이야말로 시대에 적응할 수 있는 인격자로 키워야 한다는 뜻이기도 하다.

말로는 "아무렇게나 키워도, 건강하고 재능 있고, 공부만 잘하면 제 구실할 테지요."라면서, 실제로는 자녀교육에 많은 양육비와 학자금을 들이고 있다. 그런데 인간으로서의 근본법칙인 인성교육이 되어 있지 않으면, 상황에 적응하는 인격이 도야陶冶되지 않는다. 인간은 공동체라는 조직에서 그 일원으로 남과 더불어 살아가는 일종의 경영체이다. 그 경영체가 변화를 변화로 인식 못하고 재빨리 대응하지 않거나 늦장을 부린다면 공동체, 즉 조직은 방향을 잃은 배와 같은 꼴이 되고 만다.

인간의 가장 기초적 공동체인 가정도 마찬가지다. 선장격인 아버지가 세상이 어떻게 변하는지를 모르고, 19세기형의 아날로그식으로 자녀를 키우거나 변화에 너무 민감한 나머지 초超 디지털식으로 자녀들을 몰아붙인다면, 그 가정이야말로 파탄을 면하기 어려울 것이다.

'상황법칙'이란, 정확한 정보와 그 정보를 토대로 빠르게 상황을 파악하고 이에 대응할 수 있는 법칙을 세워서 가정에서는 가족에게, 기업경영에서는 경영책임자와 전 종업원에게, 공동체에서는 그 리더와 전 구성원에게, 리더의 지시가 아닌 '상황의 명령'으로 행동하도록 하는 것이다. 이렇게만 된다면 인간은 언제나 생명을 건전할 수 있다.

인재를 양성할 때도 마찬가지다. 인재를 양성하는 본질적 목적은 인성적 인격자 육성임과 동시에 '사명과 상황'을 경영책임자와 고객이 공감하여, '우리는 지금 무엇을 어떻게 할 것인가'를 생각하고, 행동하는 인간을 만들어내는 것이다.

하나의 가정도 다르지 않다. '지금 우리 가정에 주어진 사명과 상황'을 가장인 아버지나 어머니 그리고 온 가족이 공감하여, '지금부터 우리 가족은 무엇을 어떻게 할 것인가'를 의논하고, 뭉쳐서 행동하는 인간으로 키우는 일이 곧 인성교육이다.

막상 현실에서 리더는 자신의 생각대로 가족이나 멤버(구성원)들이 움직여주지 않는다고 여기는 경우가 많다. 이는 근본부터 잘못된 생각이다. 만약 가족이 가장의 말 한마디로 행동한다거나, 기업의 종사원들이 경영주 한마디에 그대로 따른다거나, 조직구성원이 리더의 지시대로 잘 행동한다고 해서, 그 부모가, 그 경영주가, 그 리더가 훌륭하다고 여긴다면 그 생각 자체가 한심한 것이다. 구성원이 리더를 잘 따르기 위해서는 먼저 구성원이 상황법칙에 공감하고 그 법칙에 적응하는 자각이 형성되었을 때 가능하다. 그렇게 되어야 리더가 지시나 명령을 내리지 않더라도 모든 멤버가 리더의 생각에 따라 행동하는 것이다.

야구나 축구 경기 등을 보면 이해하기 쉽다. 감독이나 코치의 눈치나 손놀림 하나로 선수들은 일사불란하게 움직이고 승리를 거둔다. 만약 선수들이 '상황법칙'에 공감함이 없었다면, 감독이 아무리 고함을 쳐도 그 팀은 결코 승리할 수 없다.

한 가정에서도 이는 똑같이 적용된다. 평소에 인성교육이 잘된 단란한 가족이면 어떤 상황에 처했더라도 가장의 눈짓 하나로 명령이나 지시 없이 잘 대처해 나갈 것이다.

부모들은 자녀를 위한 미래를 지금부터 준비해야 한다. 첨단 과학기술문명에 익숙해진 젊은 세대들의 특성과 그들이 가고 있는 다음 세대를 예견해 보면 도움이 된다. 그렇다면 우선 인간의 본래 특성에 대해 알아보자.

예로부터 사람은 '만물의 영장'이라고 했다. 또 '천상천하 유아독존'이라 하여 인간의 고귀함을 말하기도 한다. 그런데 왜 칭조주는 인간을 생물로서 살아가기 가장 어렵게 만들었을까? 보통 짐승들은 어린새끼가 모태에서 태어나자마자 제 힘으로 걸을 수 있다. 그러나 인간은 그렇지 않다. 열 달이라는 오랜 시간 동안 태중에 있음에도 불구하고, 태어나 제 발로 걸음마를 하기에는 거의 일 년이란 세월이 걸린다. 또한 인간으로서 제 구실을 하기 위해서는 최소 10년이라는 긴 시간을 필요로 한다. 그만큼 부모에게 의존하는 기간이 길다는 뜻이다.

생태학에서 동물은 두 분류로 나뉜다. 자식류自食類와 유소류留巢類다. 포유류 가운데서도 자식류에 속하는 동물은 소나 말 같은 동물이다. 이들은 모태에서 분리되면 홀로 서서 걷기 시작한다. 그러나 유소류는 태어나자마자 스스로 설 수 없다. 때때로 소리를 내어 우는 것으로 자신의 존재를 알리는 역할만 할 뿐이다. 이에 해당하는 대표적인 동물이 바로 사람이다. 이들은 살아가는 데 필요한 모든 일을 어미가 대행하게 한다. 이러한 어머니 같은

존재, 즉 자기의 일을 대행해 주는 존재를 외재자아_{外在自我}라고
한다. 유소류 동물이 가지는 특성의 하나다. 때문에 자식류 동물
과는 달리 유소류 동물은 기본적으로 의존성이 강하다.

사람의 유아기는 물론 사춘기에 이르기까지 '자기 외의 어른'이
있어서 그들이 할 일들을 대행하여 준다. 그렇게 살아가고 있는
것이 '사람의 자식'이다. 사람이 '사람의 자식'으로 존재하는 동안
늘 어버이에게 의존하고, 어버이는 또 자진하여 자식이 해야 할
역할을 하고 싶어 한다.

이와 같은 특성을 잘 나타내는 예가 바로 '늑대소년' 이야기다.
사람의 자식은 홀로 들판이나 산 속에 버려져 있으면 혼자서는
살아갈 수가 없다. 하다못해 늑대라도 좋으니 부모로 삼고 자라
야 한다는 이야기다. 따라서 사람은 자연환경에 적응하면서 대
행자(보호자)가 필요한 아이와 대행자인 부모와의 관계를 일정 기
간 보호하기 위하여 가정 집단을 형성한다. 즉, 보호자인 부모로
부터 온갖 트레이닝을 받는 기간이 필요하다. 가정이라는 울타리
안에서 성장함에 따라 지역 집단에서 사회 집단으로의 적응력을
몸에 익혀 마침내 독립하는 인간으로 완성되는 것이다.

인류의 삶이란 늑대에 의해 길러진 소년이 늑대의 습관을 몸
에 익혀서 늑대소년이 된 것과 같이 인간에게 인간으로 '길러지
는' 것이다. 자녀 역시 대행자인 인간에 의하여 길러진 것이기 때
문에 인간이라 불리는 사실은 더욱 어버이로 하여금 그 의무감과
사명감을 깨닫게 한다. 그래서 "부모는 자식의 거울이 돼라_{父爲子}

鑑."는 말이 있는 것이다. 그런데 요즘 세상은 대행자이자 보호자인 부모에게만 자녀교육을 맡겨놓지 않는다. 최소한 유아기만이라도 부모의 품 안에서 자라도록 해야 하는데 사정은 그렇지 못하다.

처음 세상에 태어나 부모와의 애착시기에서 시작되어 짧지 않은 기간을 대행자인 부모에게 의존하고, 그러면서 인간이란 생물로서 특성을 가지는 것 이외에 또 하나의 특성을 몸에 익혀 사람 노릇을 하게 된다.

사람은 자신이 필요한 도구를 만들어 아무도 갖지 못하는 능력을 발휘한다. 동물을 능가하는 적응력을 스스로 만드는 것이다. 따라서 인간은 언제 어디를 가더라도 살 수 있는 적응력을 가지고 있다. 이는 조물주가 우리 인간에게만 주는 슬기이며, 생물로서는 나약한 인간이 생존을 위하여 환경 속의 모든 물질을 조작적으로 이용하면서 살아가는 필수조건인 것이다.

무엇인가를 조작할 수 있다는 것은 곧 자기 마음대로 현실을 조종할 수 있다는 것이며, 이 같은 원칙을 심리분석 학자들은 '조작원칙'이라 했다. 문명의 발달이란 별 수 없는 현실원칙을 사람이 자유자재로 할 수 있는 조작원칙으로 바꾸어 가는 작업의 소산인 것이다. 이 조작원칙으로 사람은 온갖 어려운 문제들을 극복해 왔다. 그러나 결과는 다른 문제를 낳고 말았다. 인간이 어려운 문제를 극복한 만큼, 조작원칙에 의존하지 않으면 살아갈 수 없다는 새로운 문제였다. 이를테면 오늘날 사람들이 가장 심각한 문제로 꼽는 환경오염이 대표적이다. 인간 스스로 만든 온갖 기계는 인간의 생활을 획기적으로 편리하게 변화시킨 반면, 그로 인해 야기된 환경오염은 편리한 생활 이상으로 인간에게 해로움을 끼치는 결과를 가져왔다.

인간 자체의 변화도 심각하다. 부모가 집을 비우는 동안 자녀들에게는 부모를 대신해 기계가 주어진다. 이로 인해 잘못되는 경우가 많다. 인간이 자신의 뜻을 구속하고 간섭하는 현실원칙보다는 자기 마음대로 부릴 수 있는 조작원칙에 의해 기계부모를 선호하고, 잔소리하는 부모를 멀리하게 되는 것이다. 자녀의 입장에서는 아침에 나가서 저녁 늦게 돌아와 이것저것 간섭하고 잔소리하는 부모보다 하루 종일 같이 있으면서 자기 마음대로 부릴 수 있는 기계가 훨씬 친근하고 편리할 수밖에 없다. 점점 부모를 멀리하고 기계를 가까이 하면서 또 다른 문제가 생기게 된다. 요즘 아이들이 이전에 비해 아쉬울 것 없는 환경에서 살고 있기 때문이다.

기계가 보급되고 편리해진 생활을 하기 이전 시대에 어린 시절을 보낸 오늘날의 어른들은 많은 꿈을 꾸면서 자랐다. 농어촌 인구가 국민의 80%를 차지하던 시절, 시골 아이들은 초등학교를 졸업할 즈음이면 도회지로 수학여행을 간다. 아이들은 선생님에게 듣고, 책에서 보던 도시의 신기한 풍경을 직접 목격하며 놀라워했다. 자동차를 타보기도 하고, 하늘 높이 솟은 고층 건물과 백화점에 진열된 눈부신 물건들을 보면 신비롭고 기이하기만 한 새로운 경험을 하며 꿈을 키워 나갔다. 그러나 오늘날 아이들은 이런 것들을 모두 누리고 산다. 편한 생활이 일상이 된 아이들은 꿈을 꿀 기회를 잃었다. 안방에 앉아 텔레비전만 틀어도 세계 구석구석에서 일어나는 온갖 진기한 일들이 눈앞에 펼쳐진다. 꿈꾸는 것에 앞서 이미 이루어져 있으니 꿈꾸는 것조차 무의미해진 것이다.

부모세대가 어릴 때의 배고픔과 힐빗음을 이야기할 때년 오늘날을 살고 있는 아이들에겐 마치 아득한 옛날이야기를 듣는 기분일 것이다. 현대의 첨단 기계 문명들이 아이들로부터 '꿈'뿐만 아니라 '참는' 개념조차 모두 빼앗아갔다. 기계가 아이들에게 참을 시간조차 주지 않기 때문이다. 무엇이든 아이가 바라는 일을 즉시 충족시켜 줌으로써 기다릴 필요가 없어져 버렸다. 또한 인간이 아닌 기계의 조작을 통해 현실을 체험하기 때문에 '기계다운 인간'으로 성장하기 쉽다. 인간인 부모를 거울삼아 현실을 알아가게 해야 함에도 불구하고 기계 조작을 통해 현실을 배우고 익혀가는 새로운 국면을 맞이하게 된 것이다.

현재는 사람의 손길로 보살핌 받으며 자란 자녀들과 그렇지 않은 자녀들이 갈등과 타협을 거듭하면서 공존하는 수밖에 없는 현실이 됐다. 다음 세대에는 또 어떤 세상이 올 것인지 단언할 수 없다. 모두 자업자득의 소치이므로 우리 부모들은 지금이라도 늦지 않았다는 자각과 함께 지금이라도 인간다운 인간 만들기에 그 뜻을 모아야 할 것이다.

2. 천천히 변화를 배워라

| 자녀를 일찍부터 고민하게 하지 마라

인생에 있어서 선택이 아닌 것은 '남자로 태어나느냐, 여자로 태어나느냐'뿐이다. 지각知覺이 열린 뒤부터는 모든 것을 선택해야 하는 것이 우리의 일상이다. '누구를 만날까? 무엇을 할까? 어떤 학교로 갈까? 어디에 취직을 할까? 오늘 점심은 누구와 무엇을 먹을까?'를 시작으로 순간순간 닥치는 일에서도 선택을 해야 하는 것이 인생이다.

특히 선택에 있어 특별히 고민해야 할 것은 넉넉하게 시간을 두고 택일해야 한다. 예를 들면 다니던 직장을 그만둔다거나 새로운 일자리를 찾을 때에도 여러 가지를 두고 생각한다. 심지어 시험지를 앞에 놓고 정답을 고를 때에도 단 하나의 정답을 찾아

골라야 하는 것이 현실이다. 물론 세상에는 두 가지를 동시에 선택할 경우가 아예 없는 것은 아니다. 예컨대 물건을 살 경우, 가지고 싶은 것을 동시에 사면 그만이다.

문제는 양자택일兩者擇一의 경우에 있다. 이러할 때 당사자는 일주일이 아니라, 한 달을 고민해도 해결의 기미가 보이지 않을 때가 많다. 생각하면 할수록 일장일단一長一短 또는 삼장삼단三長三短이어서 오래 끌수록 선택이 어려워지기 때문이다.

우리는 이를 이미 겪어 봤기에 잘 알고 있다. 그렇기에 부모는 자녀에게 고민하는 방법이 아닌, 차선책의 방법으로 빨리 결단을 내려서 행동으로 옮길 수 있도록 가르치는 것이 가장 좋다.

어려운 문제를 놓고 오래 고민한다고 쉽게 해결되지 않는다. 오래 고민하고 괴로워하기보단 그냥 실수를 달게 받을 각오로 선택을 내리는 것이 좋다. 인생의 전반을 놓고 생각하면 빠른 결단과 실행력이 소중한 시간을 절약할 수 있기 때문이다. 대체로 인간의 역정歷程을 볼 때 중년인 40대나 50대에 이르러서도 성장成長하는 사람들이 있다. 그들의 특징을 보면, 예외 없이 자신에게 닥친 마이너스 요인을 재빠르게 극복하는 법을 알고 있다. 오히려 보다 적극적으로 역경(逆境=마이너스 요인)을 극복하는 사람들이 자기 분야에서 남보다 더욱 돋보이는 성장을 이룬다.

중학교나 고등학교에서 늘 남보다 앞서며 천재, 영재, 수재라 불렸던 이들이 그 뒤로 아무런 좌절도 겪지 않고 중년에 접어들어, 그다지 대단한 인물이 되지 못하고 그저 그렇게 살고 있는 모습을 쉽게 볼 수 있다. 그러니 자라나는 자녀들을 미리부터 다그칠 필요가 없다. 자기 인생을 스스로 선택하면서 거듭되는 시행착오를 겪으면서 성장하도록 하는 것이 좋다. 방임 아닌 애정을 가지고 키우다 보면, 반드시 사람다운 사람으로 자라서 이 세상을 짊어지고 갈 큰 재목이 될 것이다.

| 부모의 과잉보호가 무기력한 아이를 만든다

요즘 아이들은 '세상은 내가 마음먹은 대로 할 수 있다'고 생각한다고 한다. 언뜻 들으면 좋은 이야기 같지만 실상은 '자기가 마음만 먹으면 생각하는 대로 상대를 조종할 수 있다고 믿는다'는 것이다.

예를 들면, 아이들은 갖고 싶은 물건을 사기 위해 돈이 필요하면 거침없이 부모에게 돈을 요구한다. 부모는 아이에게 불필요한 물건이니 사지 말라고 충고한다. 그래도 소용없다. 아이는 자기 스스로 그 물건이 꼭 필요한가, 아닌가를 생각하지도 않는다. 단지 충동적으로 갖고 싶은 마음, 그 단순한 욕망을 억제하지 못하고 있다.

부모의 꾸중이나 설득에도 불구하고 그 물건을 사는 데 필요한 돈을 구하는 다른 방법을 생각해 낸다. 그 수단이 순수할 리 없다. 이렇듯 요즘 아이들은 단념하는 마음을 잊고 살아간다. 이는 빈번하게 발생되는 청소년 범죄의 원인이 되기도 한다.

　누구의 책임일까? 단순히 아이가 저지른 범죄라고 아이의 책임으로만 단정 지을 수 없다. 이러한 행동을 유발하는 아이로 기르고 가르친 사람이 누구인가를 생각해 보라. 지금 그 아이를 탓하면서 걱정하고 한탄하는 바로 우리들, 부모들이다. 유아기 때부터 아이들이 무엇인가를 하고 싶어 할 때 분별없이 그 요구를 들어준 부모의 잘못이다. 순간적으로 아무런 변별력 없이 일어나는 욕구를 선별하는 '자제력'과 잘못이라고 느낄 때 그것을 '단념하는 힘'을 길러주지 않았기 때문이다.

　부모는 자동판매기에 동전을 넣으면 원하는 물건이 나온다는 지식은 가르치면서, 인간이 왜 자기 욕망을 때때로 자제해야 하는지 어떻게 자제하는 것인지를 가르치지 않았다. 마치 기계를 조작하듯 사람도 사람이 마음대로 할 수 있다는 전능적 사고만 잔뜩 불어넣은 것이다.

　이전 세대의 어른들은 어렸을 때부터 "~하면 안 된다."라는 말을 귀에 못이 박히도록 들으면서 자랐다. 이것이 곧 '금지의 초자아' 현상이다. 초자아超自我란 도덕, 습과, 편견, 기호 등 어른들을 중심으로 한 교육을 통하여 만들어진 것들이다. 반면 '자아'의 경우는 그것이 성숙되었는가, 미성숙인 그대로인가만 다를 뿐이다. 초자아의 경우는 자아와는 다르게 본래 태어날 때 갖고 태어나는 것이 아니다. 부모나 외부 환경으로부터 인풋input, 入力되므로 인해 비로소 마음속에 만들어지는 것이다.

다시 말하면 현실원칙에 적응하여 자라는 것이 자아라면, 집행원칙을 집어넣어 기른 것을 초자아라 할 수 있다. 예를 들어 '사람을 죽이면 안 된다'는 집행원칙을 가진 사회에 태어났다고 하자. 그리고 태어나 자라면서 '살인금지'라는 집행원칙을 접하게 되고, 그 정보를 뇌신경 작용으로 마음에 깊이 심어둠으로써 '살인해서는 안 된다'라는 가치관이 성립하게 되는 것이다. 바로 이것이 초자아다.

그러나 요즘 젊은이들의 행동 기준은 자기중심적이다. '~이고 싶다'와 같이 개인적인 바람이나 신변적인 자기 감각에 의해 움직인다. 그들의 행동을 보면 '부모의, 자식의 도리를 위하여'라든가 '학생이니까 학교가 정한 학칙을 지키기 위하여'라는 집행원칙에 따라 결정하지 않는다. 보통 개인의 레벨에 따라 행동여부가 좌우된다. 즉, 학교 교사, 개인, 아버지 등의 개인과의 인간관계 수준에 따라 아이들은 행동을 할지 말아야 할지 판단한다는 것이다.

같은 학칙을 지키는 데에도 학칙이니까 학생으로서 당연히 지켜야 된다는 생각에서 지키는 것이 아니라, 평소에 존경하는 선생님이니까, 혹은 무서운 선생님이 지키라고 하니까 '자, 지켜볼까' 하고 지키는 것이다. 이는 가정에서도 마찬가지다. 아버지나 어머니가 집행원칙에 따라 '이렇게 해라' '그러면 안 된다'고 말을 하면, 그대로 순종하는 것이 아니다. 아이들은 '내가 불효하면 늙으신 부모가 안 됐으니까 들어 드리자' 또는 '아버지가 화를 내시면 집안이 시끄러워지니까 말을 들어야지'라는 자기 판단에 따라 행동을 결정한다.

결국 어떤 일을 결정함에 있어서 국가의 이념이나 사회의 규범, 법률이나 도덕 따위의 일반적이고 보편적인 것에 따라야 된다는 감각은 전혀 없다. 오히려 자기중심적이고 감각적이며 개인적 인간관계 속에서 감각적인 선택을 하는 경향이 뚜렷하다. 이렇게 가정, 학교를 비롯해 사회 총체로서의 균형이 유지되고 있는 것이 오늘날의 실정이다. 물론 개인의 사적 생활에 있어서는 바람직한 관계라고 할 수도 있다. 그러나 단지 사람 사이의 관계가 잘못되기라도 하는 경우에는 이를 초월한 보편적인 규칙을 공유하고 있는 것이 아니기 때문에 가정과 학교의 질서는 쉽게 허물어져 버리게 된다. 이러한 시대를 살아가는 부모는 자식들에게 무엇을 해야 할 것인가 생각해 보아야 한다. 다음 세대를 자식들에게 맡겨야 하는 현실을 직시하고 좀 더 구체적인 문제들을 살펴볼 필요가 있다.

지금 아이들의 마음속에는 무엇이 자라고 있는가? 아이들에게는 부모의 손이 닿지 않는 그들만의 세계가 있다. 그 사실을 부모가 알아야 한다. 아이 스스로 어떠한 가능성이 있는가를 생각할 수 있도록 믿고 지켜보는 것이 부모의 일이다. 그 가운데 아이들은 단념하는 것을 익히고, 자기 혼자서 감당해야 할 경우에 부딪치고 극복하는 체험을 통해 자아를 성장시켜 나가는 것이다.

한 예를 보자. 아이들 싸움에 어른들이 나서는 경우를 종종 볼 수 있다. 끼어들 자리가 아닌 곳까지 부모가 간섭을 한다. 자식을 기르는 데 있어서 우리는 하나부터 열까지 참견하려 든다. 아이가 스스로 내일을 살아갈 수 있도록 능력자로 길러야 함에도 불구하고 그 사실을 잊고 있다. 인간이란 살아가는 동안에 절대적으로 참아야 할 일, 스스로 체험하지 않으면 안 될 어려운 일, 남의 도움을 받을 수 없는 일… 등 혼자서 감당해야 할 일들이 얼마든지 많다. 이러한 사실을 자녀 스스로가 체험해 이겨내야 하는 기회를 부모가 보호라는 이름으로 빼앗고 마는 것이다.

부모들의 지나친 보호로 인해 자녀들을 완전 무기력한 아이, 무능력한 아이로 만들고 있다. 앞으로는 자식들이 밖에 나가서 다른 아이들과 싸워서 울고 돌아왔을 때 '다음부터는 남과 싸울 때 지지 말고 꼭 이겨야 한다'라든가, '모든 일에 힘을 내고 싸울 때도 남에게 지지 말라'고 격려하라. 울고 돌아오는 자식을 위해 당장이라도 밖으로 달려 나가 '무엇인가 해주고 싶은 마음'을 참고 지켜보는 부모가 되어야 한다. 그래야 자식에게 자립심과 자긍심을 길러줄 수 있는 것이다.

| 변화하는 환경에서 새로운 인간관계를 맺어라

인간은 긴 시간 동안 여러 가지 원칙을 만들어 내면서 면면이 인류의 역사를 만들어 왔다. 현실원칙에 부딪치며 살아오는 동안 지혜는 늘고, 지식은 거듭하여 인간 스스로 구속하는 삶을 거쳐 마침내 조작원칙, 즉 자신이 아닌 기계를 조작함에 이르렀다. 인간 스스로 조종하는 시대로 접어든 것이다.

물질은 풍요로워지고 반대로 마음은 각박해지면서 인간들은 구태에서 벗어나기 위한 새로운 연대의식을 찾아내고 있다. 이러한 현실 속에서 동질성 확보를 위해 끊임없이 노력하는 것이다. 예를 들면 동문회도 이젠 갈래를 더해 동기회, 반창회 등의 세부적인 성격의 모임이 만들어지고 있다. 교회 역시 마찬가지다. 고작 주일학교나 청년회가 다였는데 이젠 다양한 단체가 만들어졌다.

이런 현상은 왜 일어나는 것일까? 이유는 단 한 가지. 현대인이 고독하기 때문이다. 체온과 감정이 없는 기계에게 인간은 동질감을 가질 수 없다. 그래서 시간과 공간을 함께 공유하는 곳에서 인간관계를 형성한다. 이 관계는 지연과 혈연이나 조직 등의 계획에 얽매인 영속적인 관계가 아니다. 단지 자기 자신만의 취미나 커리어에 맞춰서 여러 방면의 사람들과 광범위하고 다각적으로 잠시 만나는 것뿐이다. 현대인들이 자신의 고독감을 견디기 위한 수단으로 자유스럽게 즐기다가 부담 없이 헤어지는 인간관계가 형성된 것이다.

현대사회는 사람과 사람 사이에 기계가 개입함으로써 사람 사이의 복잡한 정서가 성숙될 틈이 없다. 자동판매기나 백화점의 정찰제 등은 물건 값을 묻고, 가격을 깎는 등의 대화가 필요 없는 세상을 만들었다. 물건을 사기 위하여 어렵게 말을 할 필요도 없어지고, 여러 가지 배려도 필요 없다. 복잡다단한 인간관계 속에서 체험하면서 얻어지는 사랑과 미움, 고뇌와 죄악감, 감정적인 싸움과 화해의 즐거움, 심한 장난을 통해 체험하는 공격성…. 이러한 결과로 감정적으로 행동적으로 깊은 관계와 이성을 얻게 된다. 또한 이러한 것들이 유지되는 능력이 조작원칙에 의하여 쇠퇴했다. 결국 이전에는 사회에 적응하기 위해 필요했던 감정의 역할들이 현대사회에서는 필요 없게 되었다. 이러한 경향은 기계 조작의 발달을 더욱 가속화하기도 한다.

MP3를 들으면서 자동차 운전을 즐기고, 일행과 동행하는 지하철 속에서도 서로 각자의 스마트 폰을 들여다보기 바쁜 현대인들. 현대를 살아가는 젊은이들은 인간 이외 스타워즈의 로봇까지는 아니더라도 온갖 편리한 기계를 동반자로 하여 그들을 통해 사람과 대화하는 것이 훨씬 좋다고 느낄 수도 있다. 정보통신 기술의 혜택으로 가족 간의 연대보다는 마음 맞는 친구 간의 커뮤니케이션이 더 깊어지고, 가족적인 연대감은 그만큼 희미해진다. 한편으로는 가족 구성원 한 사람 한 사람이 각자를 핵으로 한 커뮤니케이션 네트워크를 갖게 된다. 이것이 바로 오늘날 무표정한 핵가족의 특성인 것이다.

이러한 세태를 반영하듯 요즘 혼기를 맞은 여성들은 결혼에 대해 고민하지 않는 경향이 짙다. 일을 하거나 자기계발에 힘쓰겠다는 것이 요즘 여성들의 생각이다. 이제 여성들은 남편이나 아이들을 위하여 무조건적인 희생을 하지 않겠다고 결심한다. 결혼을 한 주부들 역시 이러한 생각에서 크게 벗어나지 않는 듯하다. 진정한 희생이란 강요되어서 생기는 것도 아니고, 강요될 수도 없는 것이다. 때문에 어떤 행위를 하면서 '이것이 누구를 위한 희생이다'라고 생각하는 그 자체가 자기부정이다.

현대는 기계가 일상생활의 편리를 도모하는 세상이다. 발달이 계속되는 한 그 가능성의 범위도 점차 넓어질 것이다. 그럼에도 불구하고 인간관계에서 이루어져야 할 일은 더욱 많다. 사람과 사람 사이의 체온과 감정으로 이루어지는 모든 행위는 아무리 발달된 기계라도 대신할 수 없다. 남성과 여성이 만나는 설렘을 무엇이 대신할 수 있으며, 어린 자식들에게 낯익은 어머니를 누가 대신하겠는가? 또한 먹는 일, 잠자는 일, 놀이를 하는 일 등 여러 가지 염원을 이루는 데도 이러한 물적인 대상이 대행할 수 있는 한계는 정해진다. 아무리 기계가 발달되어도 결국에는 인간 사이에 개입함으로써 종래의 인간관계를 구성하고 있던 것을 대행하는 것이다. 이를 제외하게 되면 결국 인간관계의 기능도 변화한다.

상대가 없으면 이룰 수 없는 것, 정신적인 것을 중심으로 하여 그로부터 넓혀나갈 인간관계만 남게 된다는 결론이 나는 것이다. 조작시대의 인간관계란 그 관계를 가지는 동기도 너무나 명확해져서 단순한 것이 된다. 서로가 필요한 인간관계만을 요구하게 되므로 그만큼 더욱 고도로 순화된 인간관계만이 역으로 성립할 가능성도 있다. 종래의 인간관계를 유지하기 위해 필요했던 복잡한 감정이나 정서관계는 불필요하게 되고, 그 대신 단순한 입장에서 서로를 하나의 개체로만 인정하게 될 뿐이다. 사람과 사람 사이의 기계의 개입은 긍정과 부정이 공존하는 결과가 나올 수 있다는 결론이다.

결국 변화된 인간관계가 형성됨은 틀림없는 사실이다. 이러한 세상에서 살아갈 사람은 외로움을 이겨내는 굳은 의지가 있어야 한다. 극히 제한된 일 외에는 인간관계가 필요 없어지게 되기 때문이다. 따라서 할머니와 할아버지가 집안에서 할 일이 없어진다. 아버지는 가장으로서 조작기계들의 구입과 유지보수에 필요한 돈을 벌기 위해 일터로 나가야 한다. 어머니는 집안에서 자식 농사에만 주력하는 것에 만족하지 않고, 자신의 인생을 위해 보람 있는 일을 찾아 밖으로 나간다. 왜냐하면 아이들에겐 조작 상대만 있으면 그만이기 때문에 보호자나 대행자인 부모가 필요 없게 되어버리기 때문이다.

집안에서도 할 일이 없어지고, 나이가 들어 일자리도 얻지 못하는 노인들은 더욱 외로워진다. 더구나 요즘엔 노인들이 모이는 노인정마저도 인간관계가 허물어지고 있는 실태다. 그렇다고 양로원에 가고 싶어 하지는 않는다. 변화가 없는 환경을 싫어하기 때문이다. 어른들은 아이들 자라는 재미와 아이들 돌보는 재미보다 더한 즐거움은 없다고 생각한다. 이러한 노인들에게서 텔레비전과 컴퓨터 등은 그 즐거움을 모조리 빼앗아 갔다.

이제 노인들에게 남는 것은 외로움을 견디는 훈련뿐일지도 모른다. 더 이상 어리석은 어른이 되어서는 안 된다.

| 지식과 학식이 아닌 슬기로 가르쳐라

인간은 자신이 처한 환경에 적응하는 힘이 있다. 철새는 그들에게 맞는 자연을 쫓아다니며 적응하지만, 인간은 자연에 맞추며 살아간다. 겨울이 오면 만물은 감추어지지만 인간은 추위에 견디는 인위적인 조작으로 환경에 적응하는 슬기로 맞선다. 이러한 원리를 터득하여 슬기로 자녀를 가르칠 수 있을 때 비로소 부모 교사의 자격을 갖추었다고 말할 수 있다.

그러기 위해서 부모는 '사람의 심성이 어떻게 일어나며, 어떻게 작용되고 어떻게 조작되어야 하는 가'를 알아야 한다.

가난한 집에서 천재가 자라고, 넉넉한 집에서 둔재가 키워진다. 영아기에는 영재적 소질을 보였는데 청소년기에 들어서면서 둔재가 되고 만다. 유아기를 평범하게 보낸 아이가 청소년기에 들어서면서 수재라는 칭찬을 받는다. 누가 이러한 변화를 가능하게 하는 것일까?

바로 가족의 힘이다. 가장 가까운 환경으로서 현실원칙에 영향을 끼치는 부모의 영향으로 만들어진 환경과 자연적 환경이 무엇보다 중요하다.

자식교육에 있어 환경의 중요함을 말하자면 가장 먼저 떠오르는 사람이 있다. 바로 맹자의 어머니다. 맹모삼천孟母三遷이란 말이 있든 맹자의 어머니는 자식교육의 선각자였다. 맹자를 잉태하였을 때 태교는 물론 후천後天 사주四柱를 맞추기 위해 출산일을 사흘이나 인위적으로 늦추었다고 한다. 산고를 견디면서 사흘을 버티다가 때를 맞추어 맹자를 낳았다. 감수성이 가장 민감할 유년기에 자식의 교육을 위하여 세 번이나 이사를 했다 하여 삼천三遷이다. 이 세 번의 이사는 자식이 공부할 수 있는 환경을 쫓아다녔다는 것이다.

세 번의 이사를 할 정도로 환경이 중요했다는 뜻인데, 그토록 중요한 환경이란 무엇일까? 인적환경과 생활 주변을 포함시키는 자연환경을 이르는 것이다.

오뉴월 여름에 온갖 초목은 무성하게 자라서 푸르름을 자랑하는데 유독 보리만은 누렇게 말라서 열매를 맺는다. 그 보리를 눈여겨보라. 한겨울 함박눈이 내려서 만물은 모두 땅속에 웅크리고, 나뭇잎은 떨어져 가지만 앙상한데 보리만은 홀로 눈 속에서 푸른 싹을 틔우고 있다. 인간으로서 자식을 가르치고 기르려는 부모라면 최소한 만물이 움직이는 모습을 보고 무엇인가 생각하는 자세를 갖추고 있어야 한다. 이 자세는 지식이나 학식이 아니다. 오직 사랑에서 우러나오는 '슬기'만이 가능하다.

옛날 우리들의 할머니나 어머니들을 보면, 시골 두메산골에서 자식들을 낳아 기르면서 육아 교과서를 보거나 학교 교육을 받거나 하지 않았다. 정성을 다해 아기의 움직임을 하나하나 살펴보면서 그때그때 상황에 맞게 대처하는 슬기가 있었다.

과학기술이 첨단을 걷고 있는 현대사회에 살아가는 지금의 어버이들은 더욱 슬기로워야 한다. 스위치 하나 잘못 조작함으로써 세계의 전 인류를 전멸시킬 수 있는 세상이다. 그것을 조작하는 인간의 심성이 문제되지 않을 수가 있을까? 바로 그 조작의 주인공이 우리의 아들딸이 될 것이다. 때문에 자녀를 함부로 키워서 사회에 내보낼 수는 없다.

앞에서 지적한 사단에 대해서 다시 한 번 점검해 보기로 하자. 사단은 인간의 기본 품성이기 때문에 중요하다. 여기에서 사람의 모든 감정이 생기고, 그 감정에 따라 행동이 뒤따른다. 우리가 평소에 행동이 들떠서 일을 함부로 처리하는 사람을 감성적인 사람이라고 한다. 사람의 감정이 이성과 감성 두 갈래로 나뉘며, 이성은 정적이고 감성은 동적이라는 것은 이미 다 아는 지식이다. 알고 있는 지식이라고 해도, 이를 제대로 자각하고 행동하는 사람은 흔하지 않다. 그러나 슬기로운 부모라면 그 근본을 배우고 행동으로 실천하여 교육할 수 있도록 해야 한다.

사단의 첫 번째는 인仁이다. 인은 시각으로 보이는 것을 대상으로 하여 일어나는 측은한 마음의 단서다. 부모가 자식을 사랑하고, 국가가 국민을 어질게 다스리고, 만물을 아끼고 사랑하는 마음 모두가 이 '인'에서 생겨난다. 절기로 따지면 봄에 해당하며, 모든 것의 시작을 뜻한다. 기쁨과 사랑하는 감정이 여기에서 일어난다. 음양오행으로 판단하면 목木에 속하고 방향은 동쪽이다.

기운氣運은 모든 것의 시작이며, 생장이 싹트는 형상이다. 신체의 오장육부에 해당하는 것은 간肝을 다스리는 것으로 한방에서 인은 씨를 뜻한다. 예컨대 복숭아씨는 도인桃仁이고, 살구씨는 행인杏仁이다. 그래서 인은 바탕이고, 씨이며, 뿌리를 뜻하기 때문에 인간의 심성에 있어서도 으뜸이다. 옛날 우리의 선조들이 대문을 세워 현판을 붙일 때도 그 이치에 맞는 이름을 짓는 것을 보면 얼마나 슬기로운지를 엿볼 수 있다. 동쪽에 있는 건물에는 인정전仁政殿, 동쪽에 있는 동대문은 흥인문興仁門이라 하여 기운과 방위에 대응하도록 배치했다.

다음은 의義다. 의로움은 소리로 판별하기 때문에 청각에 따른다. 잘못된 일에 대하여 부끄러운 마음이 일어나는 단서가 된다. 의로움은 사랑 다음으로 인간에게 있어서 중요하다. 성서에서는 의에 대하여 백열다섯 곳에 의인義人을 빌려 말하고 있다. 인을 부모와 자녀 간의 사랑이라고 한다면, 의는 위와 아래를 분간하고 선善을 공경하고 어짊賢을 숭상하는 인간관계의 사랑을 뜻한다. 노여움과 두려운 마음은 여기에서 생기며, 오행으로 따지면 금金에 속한다. 오장육부 중에는 폐에 해당하며, 방위는 서쪽을 나타낸다. 절기는 가을로 결실을 뜻하며 서울의 서쪽에 있는 문을 창의문彰義門, 서대문을 돈의문敦義門이라 했다.

세 번째 예禮는 오관五官 중의 코에 속한다. 서로 후각의 감정이 일어나 사양하는 마음의 단서가 된다. 올바른 사람은 누구나 자기 것을 남에게 주었을 때 즐겁다. 그 주는 것 가운데서도 사랑이 더욱 그렇다. 사랑은 받는 것이 아니라 주는 것이라서 더 즐겁다. 이 즐겁고 사랑하는 마음에서 우리는 질서를 세운다. 움직이고 머물며, 돌면서 제자리를 찾고, 그 속에서 공경하고 사양하는 정情이 생겨난다. 만물이 가장 무성한 기운을 갖는 때로써 절기는 여름을 상징한다. 오행으로는 화이며, 방위는 남쪽에 배치된다. 우리 인체로는 심장에 해당한다. 그래서 서울의 남쪽에 자리한 남대문의 이름은 숭례문崇禮門이다.

마지막으로 지智다. 지는 옳고 그름을 따지고, 곡직과 사정, 진부를 가려내는 마음의 단서가 된다. 입을 통하여 말로 하므로 오관으로는 맛에 속한다. '달다 쓰다'라는 오미五味의 분별 역시 미각에 속한다. 애처로운 감정과 탐욕도 여기에서 나온다. 오행으로는 물의 기운에 해당되고 방위는 북쪽에 배치된다. 절기로는 겨울이다. 만물을 거두어 들여서 감추는 형상을 취하므로 동물은 겨울잠에 빠지고, 식물은 움츠려 낙엽으로 몸을 감싼다. 서울의 사대문으로 그 이름이 있을 법한데 유독 북문만 없다. 대신 흔히 북쪽을 현무玄武라 하여, 궁궐에는 북문을 신무문神武門이라 지은 예가 있다.

지금까지 사단四端에 대해 알아 보았다. 부모는 이런 사단에 해당되는 사람의 심성을 늘 염두에 두고, 자녀를 교육하고 기를 때에도 슬기로 대하면 좋을 것이다.

| 서두르는 부모가 아이를 그르친다

요즘엔 조급증 환자가 많다. 버스정류장이나 지하철 승강장에서 느긋하게 줄을 서서 기다리지 못한다. 잠시라도 가만히 있지 못하고 쉼 없이 스마트 폰을 보고 메시지를 보내고 검색에 빠져든다. 검색이 조금만 늦게 되어도, 버스가 5분만 늦게 와도 매사가 조급해진 현대인들은 '빨리빨리' 노래를 부른다. 모든 생활필수품이 기계화된 현대에 누구나 이 조급증을 갖고 있다. 텔레비전 채널도 적당한 프로그램을 골라 진득하게 보는 법이 없다. 조금만 지루하거나 전개가 없으면 리모콘을 돌려버린다. 때론 습관적으로 리모콘을 돌려보기도 한다. 이러한 조작 원칙에 적응한 인간들이 이제는 정치, 경제, 사회, 문화 등 모든 분야에서 '빨리빨리'를 외치고 있다. 조금의 생각할 여유도 가지려 하지 않는다. '인간은 사유하는 동물이다'라는 말이 이젠 고전에서나 찾을 수있게 되었다.

아이는 아직 모든 것이 서툴다. 서툴기 때문에 아이인 것이다. 그런데 어른들은 아직 모든 일에 미숙한 어린아이들에게 '빨리빨리'를 요구한다. 신나는 방학 날 학교에서 받아온 탐구생활을 문방구에서 팔고 있는 해답집 한 권으로 하루아침에 거뜬히 해치운다. 아버지가 어릴 때는 방학 숙제가 큰 걱정이었다. 상급학년의 형제가 없으면 어머니나 아버지의 도움으로 겨우겨우 숙제를 할 수 있었다. 그러나 요즘 아이들은 그럴 일이 없어졌다.

경쟁시대 속 조작시대에 살고 있는 현재에는 당연한 모습일지도 모른다. 그러나 아이들에게 인간성을 회복하고 도덕성을 갖으라고 충고하는 어른들이 오히려 생각할 여유를 주지 않고, "예."와 "아니요."로 대답하라고 재촉한다. 도무지 생각할 여지를 주지 않는 것이다. 이렇게 자라는 아이들은 인성이 무엇이며 도덕이 어떤 것인지 알 리가 없다. 보고 듣는 모든 것이 이기심을 부추기는 환경들뿐이다.

나라도 마찬가지다. 나라의 정치를 잘해 달라고 뽑아준 국회의원은 국민들에게 물어보지도 않고 민의를 앞세워 금배지를 떼었다 붙였다 한다. 정당의 최고 지도자라는 사람들도 자기에게 유리하다는 생각만 들면, '국민이 원함에 따라'를 앞세워 멋대로 일을 치른다. 어떠한 정책이나 시책을 마련하고, 국민 앞에 내세울 때는 앞뒤를 잘 검토하여 결론을 지어서 발표해야 한다. 그럼에도 함부로 일을 처리해놓고 국민의 반대 여론이 거세지자 '국민의 여론에 따라' 이 한마디로 바꿔치운다.

이렇듯 '빨리빨리'가 낳은 이 사회의 병폐는 한두 가지가 아니다. 정책은 말할 것도 없고, 법령이 그렇고, 건설공사가 그렇고, 모든 제도가 다 그렇다. 그런 세상에서 아버지마저 자녀들에게

'빨리빨리'를 가르친다면 다음 세대는 또 어떻게 되겠는가?

옛날 고전에서는 '못된 사람과 함께 어울리면 나도 함께 못된 사람이 되며, 먹을 가까이 하면 검게 되고, 붉은 주사를 가까이 하면 또한 붉은 물이 들게 된다'고 했다. 인간성을 보존하고 도덕성을 지탱하기 위해서는 세상의 모든 환경을 이에 맞추어 나가야 한다는 뜻이다.

곧고 길게 자라는 삼밭의 잡초는 누가 도와주지 않아도 그 본성대로 옆으로 퍼지면서 자라지 않고, 삼을 따라 위로 곧게 자란다. 사람의 양육도 마찬가지다. 앞에서 여러 번 이야기했듯이 창조주로부터 부여받은 본래의 성품 즉 인간성은 사단이다. 이 사단에서 출발한 칠정이 도덕성을 형성한다. 이 칠정이야말로 상대적이기 때문에 환경이다. 희喜의 상대가 있어야 기쁜 마음이 일어나고, 애哀의 상대가 있어야 애처롭고 가련한 생각이 일어나며, 사랑할 상대가 있을 때에 애정愛이 생긴다.

아이들에게 사람다운 인간이 되라고 윽박지르기에 앞서 아버지가 먼저 사람다운 사람 노릇을 해야 한다. 아버지는 한 가정의 가장으로 자리했을 때만 아버지가 아니다. 가정의 핵은 사회에서도 이 나라에서도 중심이고 아버지라는 사실을 잊지 마라.

힘이 있다고, 많이 가졌다고, 자식들이 갖고 싶다고 다 주고, 하고 싶어 한다고 다 들어주는 아버지가 되선 안 된다. 그랬다가는 온 세상 아이들을 다 못쓰게 만든다. 몸이 좀 아프다고 자가용으로 학교 앞까지 데려다 주지 말자. 과제물이나 학용품을 잊고 집으로 전화했을 때, 부랴부랴 학교에 가져다주는 일이 없도록 해야 한다. 날씨가 좀 차다고 오뉴월 한여름에 털옷을 껴입혀서 내보낼 수는 없지 않은가. 아이들이 편안하게만 살려는 버릇을 기르지 말자.

요즘 아이들은 배고픔을 모른다. 지난날에는 물자가 모자라서 어른들이 집을 비우고 나들이에서 늦게 돌아오는 날이면 아무리 배가 고파도 참고 기다려야 했다. 그러나 오늘날엔 먹을 것이 풍족하다. 아이들은 냉장고를 열어보고 먹을 것이 마땅치 않으면 앞집 구멍가게라도 가서 라면 한 봉지를 사다 끓여 배고픔을 해결한다. 도무지 참을 필요가 없는 것이다.

밥을 짓는 시간이 지루해서 라면이 생겼다. 이것저것 궁리해 가면서 가족에게 맛있는 음식을 만들어 주겠다는 모정은 온갖 인스턴트 식품에 빼앗겼다. 이런 흐름 속에서 생각할 여지를 빼앗긴 인간은 한탕주의로 내몰려 함몰되었다. 그러나 아버지만은 도도히 흘러 이 탁류에 휩쓸리지 않고 홀로 꿋꿋이 헤쳐 나와야 한다. 그런 당당한 모습을 자녀들에게 보여줄 때, 다음 세대는 사람다운 인간들이 사는 세상이 될 것이다.

세상의 부모가 되라

세상의 자식으로 키워라 : 내 자식이 곧 세상의 자식이다. 사람의 정은 접촉에서 생긴다. 자녀에게 이타행을 가르쳐라. 이기심이 아닌 자존심을 높여라.

믿음으로 키워라 : 자신의 참다운 본래 모습을 알게 하라. 무조건 믿을 수 있는 자녀로 키워라. 훌륭한 아이는 믿음과 사랑이 기른다.

자식은 부모의 거울이다 : 윗물이 맑아야 아랫물이 맑다. 버릇없는 부모 아래 버릇없는 아이. 자녀를 풀어놓고 키워라. 세상을 바라보는 눈을 열어라.

1. 세상의 자식으로 키워라

| 내 자식이 곧 세상의 자식이다

대부분의 부모들은 '내가 낳은 자식은 내 것이고, 내 것이기 때문에 내가 훌륭하게 가르치고 키워서 효도 받고 살다가 행복하게 죽으면 이 세상에 나와서 산 보람이 있다'고 생각한다. 그러나 세상의 변화는 이러한 공식을 받아들이지 않는다. 또한 자식의 교육이란 사람이 기계를 만들고 조작하는 것처럼 그렇게 공식화, 획일화할 수 없다는 사실도 알아두어야 한다. 기계를 만들 때는 애초의 설계도에 따라 한 개를 만들든 수만 개를 만들든 천편일률적이다. 그러나 사람 만들기란 열이면 열, 억이면 억이 다 다르다. 자식농사가 제일 어렵다는 말도 이 때문이다. 한 사람의 모태에서 태어난 아이들도 자라면서 각기 다른 특색으로 나타난다.

그래서 인간은 환경에 따라 운명적으로 살아가기 마련이다. 이것이 곧 현실원칙, 조작원칙적인 삶이다.

그런데도 불구하고 부모는 이 사실을 간과한다. 자녀의 환경 역할이나 기능만을 담당하면 되는데도 이를 넘어서 자기가 바라는 자식, 자기를 닮은 자식, 모든 것을 자기 마음대로 할 수 있는 자식으로 키우려는 욕심으로 가득 차 있다.

자식을 키움에 있어 부모는 오직 그릇을 만드는 도공의 심정이 되어야 한다. 도공들이 온갖 정성을 다해 흙을 빚어 그릇을 만들 때, 그 그릇을 자기 혼자서 다 쓰겠다는 생각은 추호도 없다. 모든 장인들이 그렇듯이 목수 또한 자기 집만은 짓지 않는다. 오히려 집을 지어 남이 잘 살 수 있게 하는 마음이 지극할 때 큰 목수가 될 수 있다. 이처럼 자식을 키울 때 한 사람의 훌륭한 인간으로 자라나서 이 세상 모든 인류를 위해 이바지하는 큰 그릇으로 만들어주는 것이 참다운 부모 노릇이다.

중국의 유명한 고전인 노자『도덕경道德經』에 이런 말이 있다.

"온갖 정성을 들여서 공을 세워 놓고도 그것을 자기의 몫이나 자기의 보람으로 여기지 않고, 스스로 물러가는 것은 하늘의 도리다."

"성인은 자기가 훌륭하게 이루어 놓은 일에 대하여 믿고 의지하지 아니하며, 큰 공을 세워 놓고도 그 공과를 받을 자리에 머물러 있지 아니한다."

주위의 부모들을 보면 "내가 너를 어떻게 길렀는데 이럴 수 있느냐? 까마귀도 제 어미의 은공을 아는데, 하물며 사람의 자식으로 태어나 부모님의 은혜를 모르다니!” 운운하면서 자식의 불효를 탓하는 딱한 모습을 종종 보게 된다. 물론 효가 인간의 덕목 가운데 으뜸임은 틀림없는 사실이며 은혜 또한 마찬가지다.

그러나 효와 은혜는 ‘바라는’ 것이 아니라 ‘드리는’ 것이다. “은공을 베풀었으면 곧 생각을 버려야 하고, 혜택을 받았으면 곧 보답함을 잊지 말아야 한다(施惠無念 受恩莫忘=시혜무념 수은막망).”는 옛말도 있다.

자녀들을 하나의 독립된 인격으로 인정해야 함에도 불구하고 요즘 시대의 부모들은 자기 자식을 마치 부모의 일부분으로 착각한다. 자식을 가르치고 기르면서 마치 애완동물을 다루듯 하는 것을 볼 수 있다. 말을 가르칠 때도 자라나는 자식에게 필요한 것이 아닌 흔히 유행하는, 그저 남이 듣기에 애교스럽게 들릴 말을 가르친다. 옷을 입힐 때도 아이의 위생이나 활동에 도움을 주는 것보다는 남의 눈에 곱고 아름답게 보일 수 있는 값비싼 고급품이나 유행 디자인을 골라 입힌다. 먹는 것 또한 마찬가지다. 사람이 사람의 젖을 먹으면서 자라는 것이 당연한데도 건강식이라는 것을 앞세워 다른 것을 먹이곤 한다.

이렇게 보면 하나부터 열까지 이치에 맞는 것이 하나도 없는 것 같다.

그러나 이전 세대와 요즘 아이들이 판이하게 다르다는 것을 간과해선 안 된다. 일단 겉모습에서부터 차이가 난다. 요즘 아이들은 용모도 훤칠하고, 평균 키도 커서 서양인을 능가할 정도다. 몸무게 역시 비만을 걱정할 정도로 과잉인 아이들이 이전에 비해 크게 증가했다. 체격 못지않게 학력도 뛰어나다. 이전 세대만 해도 아이들이 집에 들어와 가방 놓기가 무섭게 밖으로 나가 놀았다. 밖에 나가지 않고 방안에서 책을 읽거나 하여 꼼짝하지 않으면, 어른들은 으레 밖에 나가서 뛰어 놀라고 꾸중했다. 하지만 요즘 부모들은 방에 얌전히 앉아 공부하는 자식을 으뜸으로 친다. 이 모든 환경이 아이들을 그렇게 만들었다. 그 환경을 만든 것은 바로 우리다.

'사람이 사람답게 살아갈 세상'을 만드는 일. 참 어려운 일이다. 때문에 인간의 고뇌는 계속된다. 무려 60억이 넘는 인간이 살고 있는 이 지구촌에서 각자 나름대로 하는 일들이 인간에게 공헌한다고 자부하며 살아가고 있다. 원자 폭탄을 만든 과학자도, 화학 무기를 개발한 정치가도, 컴퓨터를 만드는 기술자도, '국민의 뜻'을 앞세워 때가 아니라는 궤변을 늘어놓는 국민이 뽑은 국회의원들도, 청소년들의 비행이 만연하여도 '내 자식만은 그렇지 않다'고 자부하는 부모들도 모두 하나같이 외친다. 다 제 몫을, 제 구실을 하고 있다고.

이러한 생각이 바뀌지 않는 한 '사람이 사람답게 살아갈 세상'은 유형, 무형의 공해로 인해 인간이 살아가지 못할 곳이 될 수도 있다. 이를 막는 것은 부모의 역할이 가장 중요하다. 부모는 자식을 만들고, 키우고, 가르치는 일에 충실하고 헌신해야 한다. 내 자식이 곧 세상의 자식이라는 생각을 가져야 한다는 것이다.

자식은 장차 한 집안의 기둥이고, 한 사회의 핵이고, 한 나라의 구심점이며, 세상의 구성원이다. 그릇이 큰 이들이 ‘사람이 사람답게 살아갈 세상’을 만들어 갈 일꾼이 된다면 앞날을 걱정할 일은 없을 것이다.

오늘날 부모들은 청소년이 어떤 지점에 와 있는지를 알고 이에 맞는 처방으로 앞날을 생각해야 한다. 내 눈앞에 보이는 착하고 똑똑한 자식에 만족하지 말고, 내 자식이 아닌 우리의 자식으로 생각해야 한다. 인간은 사회에서 제각각 할 일이 다르므로 모든 그릇이 훌륭해야 한다.

| 사람의 정은 접촉에서 생긴다

사람의 정이란 접촉에서 생기게 마련이다. 사람끼리 만났을 때 반가움의 인사로 손을 잡는다. 너무 그립고 보고 싶었던 사람과 만나면 서로 부둥켜안고, 만났다는 기쁨에 눈물을 흘리고 서로의 눈물을 손으로 어루만지며 닦아주기도 한다.

이 세상의 모든 것은 접촉 없이 소리가 나지 않는다. 정이 생겨나지 않는다는 뜻이다. 이때의 접촉은 직접 접촉하는 것을 말한다. 전화나 텔레비전 화면과 같이 기계가 중개한 접촉이 아니다. 서로의 체온이 와 닿는 접촉이다.

본래 인간은 자기가 직접 체험한 세계가 가장 중요하다고 느낀다. 그중에서도 뜻 깊었던 일들을 삶의 보람으로 여기면서 산다면 참으로 인간다운 삶이 될 것이다. 때문에 직접 체험이 무엇보다 중요하다. 그럼에도 불구하고 요즘은 매스미디어에 의한 경험을 직접 체험과 동일시하면서 그런 사실과의 관계를 혼동하게 만들고 있다.

요즘 젊은이들이 즐기고 좋아하는 것이 각종 정보가 든 카탈로그나 패션 잡지다. 젊은이들만이 아니라 어른들도 이와 비슷한 심리 구조를 가지고 살아간다. 물건을 하나 살 때도 우리는 광고나 카탈로그에 의존하여 그와 일치하는 상품을 손에 넣었을 때 그 자체에 커다란 심리적 만족을 얻는다. 아이들이 과자를 사 먹을 때도 텔레비전 광고의 영향을 받곤 한다. 옷을 사 입을 때도 텔레비전에서 탤런트가 입었던 옷을 사야 더 크게 만족한다. 이것이 매스미디어적 현실을 통해 얻어지는 정서, 그 자체를 얻는 것이다. 즉, 매스미디어를 통한 그 자체를 하나의 심리적 만족으로 삼는 새로운 의식을 탄생시켜 놓았다. 앞날을 걱정하는 이들은 흔히 매스미디어 문화의 대표격인 텔레비전을 '바보상자'라고 혹평했지만, 이제는 생활의식마저 바꿔놓는 지경이 되고 말았다.

우리나라는 물론이고 세계 어느 나라의 잡지를 보아도 다 비슷비슷하다. 저마다 비슷한 패션 카탈로그를 모아 제본한 것처럼 느껴진다. 특히 여성지는 더할 나위 없다. 실제 자기가 여행을 떠나지 않아도 여행 카탈로그를 보면서 공상에 사로잡혀 즐거워할 수도 있고, 호화찬란한 그릇이나 가구 사진을 보면서 아름다운 앞날을 설계하는 상상에 빠진다. 혹여 그 가운데 하나의 상품이라도 사게 된다면 소유하는 것에 만족하지 못하고 더 큰 공상을 만들어 나간다. 이러한 것들로 잴 수 없는 자기 자신의 존재 가치마저 매스미디어의 현실 속에 자리매김시킴으로써 때로는 웃고, 때로는 슬퍼하며, 스스로의 권위를 높이고 뜻을 부여하고 만족하며 그렇게 살아가고 있다. 직접 체험하는 현실을 매스미디어적 현실로 대리만족하며 살게 된 것이다.

이렇게 우리들은 자신이 직접 체험하는 현실에서 피드백하여 오는 느낌보다 매스컴이 제공하는 현실에 더 민감해져 있다. 그것들의 정보와 현실의 차이를 정확하게 보지 않고 그 정보에만 좌우되는 나날을 보내고 있는 것이다.

일 년에 한두 번 만나는 할머니, 할아버지나 사촌 형제들보다도 텔레비전에서 아침저녁으로 마주하는 탤런트가 더 친근하게 느껴지곤 한다. 이런 환경에서 자라는 아이들에게 할머니, 할아버지를 공경하라고 할 수 있을 것인가?

인간의 조작원칙에 의하여 발달한 산업사회와 첨단 과학문명은 마침내 사람의 마음까지 변화시키고 있다. 그렇다면 과학기술의 발달이 가져온 새로운 인간관계에 사람의 마음은 어느 정도 관여하는 것인지 알아보자.

정신분석학자이자 자아심리학자인 엘크손은 자신의 〈뿌리째 뽑다根絕〉라는 논문에서 현대인의 특성을 다음과 같이 적었다. 유럽에서 미국으로 이주한 그는 언제나 머릿속에 드보르작의 〈신세계〉라는 멜로디가 떠오르는 시기가 있었다고 한다. 그럴 때마다 그는 '역시 유럽이라는 뿌리를 떠나서 미국 사람이 되지 않으면 안 되는 것'이라는 마음의 번뇌가 떠올랐다고 한다. 결국 그는 미국으로 망명하였고 자신이 '뿌리 없는 풀'이 되었다는 사실을 자각했다. 그 후로 엘크손은 미국의 흑인들 역시 뿌리를 잃었다는 사실과 같은 처지로 '뿌리째 뽑힌' 인디언들의 실상을 보았다고 한다.

이를 비춰보면 현대인들은 단지 자기를 낳아준 고향을 버리고 다른 곳으로 이주하는 것만이 아니라, 산업화 과정에서 또는 환경이 인공화되는 과정에서 일찍이 뿌리를 잃어버렸다는 사실을 알게 되었을 것이라고 했다. 즉 공동체의 일원으로서 누구나 가지고 있던 뿌리를 잃고, 모두가 뿌리째 뽑힌 풀이 되고 말았다는 사실을 알고 있다는 것이다.

그렇다면 우리나라도 마찬가지다. 도시화와 농촌 경제의 변화는 많은 이들을 변화시켰다. 아버지를 중심으로 한 가정의 일체감은 이미 퇴색된 지 오래. 이 또한 '뿌리째 뽑힌 풀'과 같은 변화라고 할 수 있다. 이전의 대가족에서 핵가족으로 가족의 규모도 작아지고, 가족회의 같은 모임도 이제는 명절이나 경조사에만 존재하는 모양새가 되어 버렸다. 친인척간의 연대감 역시 사라진 지 오래다.

이렇듯 현대인들이 '뿌리째 뽑힌 풀' 신세가 된 반면, 개개인에게는 공통된 생활양식이 기계문명의 발달로 인해 제공되어 각자 비슷한 체험을 하며 자란다. 한 예로 새로운 기호나 취향을 공유하며 커뮤니케이션하는 새로운 연대가 생기는 것 등이다. 이제는 인터넷을 이용해 전 세계에 흩어져 있는 사람들끼리도 취미를 함께 나눈다. 중간에 기계가 개입함으로써 인간관계가 희박해지는 경향과 또 한편으로는 오히려 더 넓고 새로운 인간관계를 친밀하게 형성시켜준다. 그러나 이것이 인성계발에도 공헌하는지는 생각해 보아야 한다. 즉, 기계적 인간 유대와 천부적 인성 유지의 문제다.

옛날의 고전적 가족 형태가 허물어지고 핵가족화가 되면서 어린아이들이 고전적인 인성 중심의 인간으로 자랄 수 있는 기회를 잃었다. 동시에 어른들도 지금까지와 다른 인간관계 속에서 살아가기는 힘들게 되었다. 기존의 대가족은 폐쇄적이고 토착적인 특성을 갖고 있었다. 보통 그 지역에서 태어나서 학교에 다닌다. 결혼도 동창 아니면 친지끼리 이루어져 그곳에서 거의 일생 동안을 살아간다. 그러나 이젠 그와 같은 소속적인 인간관계에서만 있을 수 있는 의무나 책임은 가지지 않는 상태에서 자유로이 교류하는 세계가 되었다. 우리 아이들은 인공 환경 속에서 뒤따른 커뮤니케이션의 네트워크 발달로 더욱 가속화되고 있다.

경제적으로 풍요해진 현대 가정은 가족 구성원마다 다른 방을 쓰면서 방마다 자신이 이용하는 시설을 갖추고 있다. 하루하루가 바쁜 가족들은 생활 범위가 제각기 달라서 거의 한자리에 모여 앉기도 힘든 이유이기도 하다. 가족의 구성원은 줄어들었지만 한 지붕 밑에서 살면서도 좀처럼 만나기가 어렵고, 인터폰의 등장으로 가족이 드나들 때조차 얼굴을 대면하기 힘들어졌다.

아이들의 교육과 상담에는 부모 대신 텔레비전이나 라디오 등을 이용하기도 한다. 또한 '사랑의 전화' '여성의 전화' 등이 부모와 가족, 스승에게 상담할 내용들을 대신하기도 한다. 이렇게 얽어진 새로운 인간관계는 옛날과 같이 끈끈하고 깊은 관계가 유지될 수 없게 되었다. 또한 서로 어떤 구속도 없고, 사회적인 이해관계도 없는 것이 특징이다.

가정에서는 매일 시어머니와 다투는 며느리가 노인복지재단이 운영하는 노인문제 상담기관의 상담원으로 열심히 일하기도 한다. 참 아이러니한 경우다. 그러나 이것이 바로 현대가정의 자화상이다.

| 자녀에게 이타행(利他行)을 가르쳐라

이타행이란 불교용어의 하나로, 나 이외의 가까운 주변에 있는 남(다른 사람, 他人)을 배려하는 행위다. 부모는 자녀가 어릴 때부터 이기심과 이타심의 잘잘못을 가르쳐서 버릇을 들여놔야 한다. 버릇없고 참을성 없음의 뿌리는 이기심에 있기 때문이다. 모든 범죄의 뿌리인 이기심을 아예 자라지 못하게 하기 위해서는 처음부터 이타심을 길러야 한다. 이타심이 자라면 이기심이 크질 못한다.

오늘날 아이들에게 일어날 수 있는 몇 가지 예를 들어보자. 아이가 학교에서 돌아와 신나게 말한다. "학교에서 늘 라이벌로 앞뒤를 겨루던 짝이 교통사고를 당해서 입원했으니 이번 시험에서 1등은 문제없다."는 것이다. 또 아이들의 손을 잡고 고궁으로 놀러 갔는데, 깨끗하게 꾸며진 잔디밭을 가리키며 "남들이 들어가서 점심을 먹으니 우리도 들어가 놀자."고 부모를 조른다. 이때 부모는 어떻게 가르칠 것인가?

정보가 넘쳐나는 현대사회에서 자라는 자녀들은 살아가는 데 배워야 할 것도 배우는 것도 많다. 경쟁사회에서 살아남기 위한 방법과 기계조작에 의해 만들어진 생활을 편리하게 살아가기 위한 방법 등 하루가 멀다 하고 배워야 할 것이 넘쳐난다. 배운 것은 많지만 정작 이 모든 것의 근본인 이타심은 빠져 있다.

오히려 지난 세대의 아버지들은 많이 배우지 못했다. 그러나 이타행을 생활 속에서 배웠다. 새벽이면 개똥망태를 짊어지고 온 동네 골목골목을 헤매면서 쇠똥, 개똥을 주워 거름으로 모았다. 그러면서 골목길에 흩어져 있는 돌멩이나 막대기 따위를 주워서 한 곳에 모아 치우는 일을 하며 지냈다. 한밤중에 동네 어느 한곳에서 "불이야." 하는 비명소리라도 나면 남녀노소 할 것 없이 물동이를 손에 들고 집을 나섰다. 어느 집 손자가 위급한 병에 걸리면 누구의 부탁을 받지 않아도 힘 센 장정이 나서 들쳐 업고 가까운 의원을 찾아갔다. 이분들이야말로 그 마을의 아버지였고, 페

스탈로치였다.

조국이 일본의 식민지로 합병되기 전후에 걸쳐 뜻있는 많은 분들이 집과 권속을 버리고, 고향을 떠나 나라 안팎에서 독립을 위한 투쟁을 했다. 이는 자신의 목숨마저 건 희생이었다. 오직 자신의 혈육만을 위함이 아닌 이 나라의 모든 혈육을 위한 행동이었다. 이들은 겨레의 아버지이다.

조선민주당의 고당 조만식 선생은 광복된 조국에서 남과 북으로 갈린 조국을 한탄하면서 스스로 선 통일국가로의 이상을 고집했다. 그러다 결국 공산당의 총에 맞아 타계한 것으로 전해진다. 그가 끝까지 개인의 영광을 스스로 포기한 채 투쟁하며 억압과 고통을 달게 받은 이유는 통일 조국의 아버지가 되길 바랐기 때문일 것이다.

온갖 부귀영화와 높은 지위를 마다하고, 오히려 누구나 가기를 꺼리는 아프리카 밀림지대로 간 슈바이처 박사는 오직 원시인을 상대로 봉사활동을 펼쳐 세계 인류의 아버지가 되었다.

자녀에게 이분들이 어떻게 해서 자신의 혈육을 버리고 '겨레의 아버지, 조국의 아버지, 세계의 아버지'가 될 수 있었는가를 가르쳐라. 경쟁하던 짝이 교통사고를 당했다고 좋아하는 아이, 잔디밭에 들어가 놀자던 아이는 모두 하나같이 자기만을 위하고 남을 생각하지 않는 이기심이 버릇으로 있기 때문이다. 나만 아는 자식에게 남을 알게 하고, 남과 더불어 사는 우리가 무엇인가를 가르쳐서 이 큰 사랑, 넓은 사랑, 깊은 사랑을 몸에 배도록 해야 한다.

유명한 일화가 있다. 나라의 재상을 맡고 있는 아버지가 그의 아들에게 "오늘 너희 선생님을 집에 모시고 오너라."라고 당부했다. 그날 저녁 무렵 수업을 마친 아들이 선생님을 모시고 집에 당도했다. 선생님이 오셨다는 소리에 재상은 신발도 신지 않고 버선발로 뛰어내려와 큰절을 올렸다. 그 모습을 본 아들은 크게 놀랐다. 선생님이 돌아가신 뒤 아들은 아버지에게 물었다.

"아버지는 한 나라의 재상입니다. 임금 다음으로 높으신 어른이면서 어찌 한낱 어린이를 가르치는 낮은 사람에 불과한 선생님께 큰절을 하신 겁니까?"

궁금해 하는 아들에게 재상은 답했다.

"나도 선생님의 가르침이 있었기에 오늘의 재상이 되었단다."

나라(임금)와 스승과 어버이의 은혜는 하나같이 크고 높다君師父一體는 것을 깨우쳐 준 것이다. 이 재상은 이기심인 나를 버릴 줄 아는 훌륭한 아버지인 것이다.

이기심이 극에 달하면 자신은 죽음에 이르고, 이타심이 세상을 덮으면 모든 인간이 잘 살 수 있다. 사람은 개체이고, 인간은 전체임을 부모는 알아야 한다. 때문에 자식도 사람이고 아버지도 사람이며, 아버지와 자식의 관계는 인간관계로서 '우리'인 것이다.

아버지는 아버지이기 이전에 한 아내의 남편이었다. 남편이 되기 전에는 부모의 아들이었다. 남자는 이 세상에 태어나 아들이라는 신분을 갖게 되고, 자녀를 두면서 아버지라는 신분도 얻게 된다. 자식으로서 철이 들면 효성을 다하여 부모를 섬겨야 하고, 장성하여 결혼하게 되면 더불어 아내를 헌신적으로 사랑하며, 자식이 생기면 그들을 위해 있는 힘껏 기르고 가르쳐야 한다. 이렇게 한 가정의 기둥으로 가장이 되었을 때 자기 자신만을 위해 살아갈 수는 없다. 이는 육친에 대한 본능적 의무이기도 하다. 이러한 사랑은 마땅히 해야 할 것이기에 이기심에서 나오는 것이다.

이기심이란 무엇인가? 오직 나만을 이롭게 하고, 나만이 잘 살자는 마음이다. 남이야 죽든 살든 돌보지 않는 마음을 이기심이라고 한다. 나를 낳은 부모와 혈육을 같이한 형제자매마저도 돌보지 않는 마음이 오늘날의 핵가족을 형성하게 되었고, 그 핵가족마저도 모래알처럼 각기 나만의 즐거움을 위해 뛰는 세상이 되었다.

돈이면 무엇이든 다 되는 세상이다. 이기주의가 팽배한 세상에서 부모는 누구보다 슬기롭게 자식의 앞날을 걱정하고 대처해야 한다. 인류사회에 이기주의가 얼마나 큰 해독을 끼치는가를 알고 남보다는 남을 이롭게 하는 일에 앞장서는 참된 부모의 모습을 보여라.

이 세상은 혼자 살 수 없고 더불어 사는 세상임을 가르쳐야 한다. 동생에게는 형이 있으므로 동생이 되었고, 형에게는 동생이 없으면 형일 수 없다는 사실을 일러주어야 한다. 또한 아버지가 있으므로 어머니도 있고, 부모가 없으면 자식인 너희들도 있을 수 없다는 것도 알려주어야 한다. 즉 가족 중에 한 사람이라도 없으면 가정을 이룰 수 없기에 더욱 소중한 존재이며, 서로 위하고 사랑해야 한다는 것을 몸소 보여 주는 것이다. 이런 가정에서 자란 아이들은 학교에 가서도 더불어 잘 지낸다. 학교는 누가 만들었는가, 선생님들은 누구 때문에 땀을 흘리며 고생하고 가르치는가를 스스로 깨우치는 아이로 성장하는 것이다.

또한 부모는 우리가 먹는 쌀 한 톨, 몸에 걸쳐 입는 옷의 실 한 오라기, 집을 짓는데 필요한 벽돌 한 개, 예사로 찢어버리는 종이 한 장 등등의 물건이 어디서 나는지, 우리 손에 들어오기까지 얼마나 많은 사람이 힘쓰는지 자세하게 가르쳐야 한다.

나 한 사람이 아무리 재주가 많고 능력이 있어도 혼자의 힘으로는 그러한 물건을 만들 수 없다는 사회성을 가르치면서, 나뿐 아닌 많은 다른 사람들도 건강하고 잘 살아야 나도 더불어 편하게 잘 산다는 교훈을 끊임없이 터득할 수 있도록 해야 한다. 이 세상의 모든 것은 더불어 산다는 원리를 어릴 때부터 생활화해야 하는 것이다. 이 원리를 실천하기에는 사랑이 에너지임을 함께 가르치자.

자본주의가 몰고 온 자유시장경제는 남을 밟고 일어서야 내가 산다는 이기적 개인주의로 만연되고 말았다. 남이 살아야 나도 살고 내가 살기 위해서는 남과 더불어 살아야 한다는 협동상생의 원리를 아버지들이 먼저 익혀 다음 세대를 위해 자녀들에게 물려주어야 한다.

내 돈 내고 차표 사서 앉았던 자리라도 몸이 불편하거나 어른이 옆에 오면 얼른 자리를 양보하는 모습을 아이들에게 보여라. 잠시 동안 편안함을 포기했다고 평생 불편한 것이 아니다. 오히려 어른에게 자리를 양보한 이타심이 어린 자녀의 심성 깊숙이 입력되었을 때, 그 아이의 장래에는 평정과 자긍을 가져다주는 결과로 돌아오게 된다. 이타심에서 우러나는 행동. 즉 이타행을 몸소 실천하고 깨닫게 하라. 자기보다는 남의 이로움을 위하여 헌신할 때에 결국 그 이로움이 자기에게로 돌아온다는 사실을 말이다.

| 이기심이 아닌 자존심을 높여라

어린 자녀들의 눈에는 아버지가 돈 벌어오는 기계처럼 보일지도 모른다. 심지어는 아내가 자식들 앞에서 한 달 용돈을 줄이면서 남편의 기를 꺾는 일이 일어나기도 한다. 이럴 때일수록 가장인 아버지는 누구도 범접하지 못할 가장의 모습을 보여야 하고, 자존심을 가져야 한다.

사람들은 흔히 자존심을 이기주의와 혼동하여, 자기중심으로 일을 처리하는 독선으로 생각하는 경우가 많다. 그러나 자존심과 에고이스트는 전혀 다르다. 뿐만 아니라 자기 권익만을 위하는 권위주의와는 더욱 다르다. 자존심은 자기 마음에 들지 않으면 모든 것을 부정하는 편협한 마음이 아니기 때문이다.

이 자존심을 잘못 가르치면 석가세존이 말했다는 "세상에 오직 나 홀로 존귀하다天上天下唯我獨尊."는 뜻을 달리 해석하는 불자 꼴이 되고 만다. 그렇다면 자존심이란 정확히 무엇일까? 우리나라 역사를 거슬러 올라가 설명해 보도록 하겠다.

지구촌 한 모퉁이에 자리 잡은 반도인 우리나라가 세계에 자신 있게 내놓고 자랑할 만한 것이 무엇이 있을까? 5천 년 문화 역사를 가졌다고 하지만 어느 한 시대, 외침의 고통에 시달리지 않은 때가 없었다. 금수강산이라고 스스로를 위로하지만, 겨레가 살아가는 데 무엇 하나 넉넉히 남아도는 자원조차 없다.

오직 자부하는 게 있다면 외세에 짓밟히고 찢기면서도 겨레의 자존만은 뿌리 뽑히지 않았다는 사실이다. 이 뽑히지 않는 뿌리가 바로 자존심인 것이다. 겨레의 자존을 지켜왔기에 5천 년이란 긴 세월을 이어올 수 있었고, 그 속에서 배달겨레의 독특한 문화를 이루며 오늘의 번영을 누릴 수 있는 것이다.

우리는 지나온 역사를 뿌리로 두고, 내일의 희망을 그려가고 있다. 이러한 시대를 앞으로 누가 짊어지고 이끌어 나갈 것인가? 현재는 아버지들이 세상의 주역이지만 내일의 세상은 바로 우리 자녀들이 이끌어 갈 것이다. 그러나 지금 아이들의 모습은 세상의 주역이 되기에 부족한 점이 많다. 버릇없고, 참을성도 부족하고, 나약하며, 물건이나 돈을 아낄 줄 모르는 아이들이 대부분이다. 그래서 요즘 아이들의 자존심은 자기중심적이다.

3, 40대도 예외는 아니다. 이제 막 안정된 가정을 꾸린 그들은 어려운 경쟁사회를 뚫고 힘겹게 일어나서 그런지 '나만 잘 살면 그만'이라는 생각이 있는 모양이다. 이런 이기적인 생각은 알게 모르게 그들을 잠식해 왔다. 광복 후 물밀듯이 밀어닥친 자유 자본주의는 훈련되지 않은 우리들에게 생각할 여유를 주지 않고 옷을 갈아입혔다. 또한 일제 36년 동안 물심양면으로 가난과 억압 아래 살아온 세대에게 이를 악물고 보릿고개를 넘는 검약을 터득하게 했다.

오랜 세월 간직해 온 미풍양속은 서서히 배금주의에 의해 사라져갔다. 그리고 점점 핵가족 사회가 형성되어 마침내 이웃과 육친까지도 멀리할 수밖에 없는 환경이 되어갔다. 따뜻한 이웃은 말 잘 듣는 기계로, 놀이친구는 온갖 전자오락 기구로 대체되어 버린 이 시대에서 인간적인 관계를 바랄 수 없게 된 것이다.

물질문명을 발달시켜 오늘날을 만들어온 서구의 영향이 크다. 그렇다고 서구 사람들의 자존심을 닮아서는 안 된다. 그것은 아이들의 자존심과 근접하기 때문이다. 철학자 데카르트는 "나는 생각한다. 고로 존재한다."고 했다. 이는 서구의 자아확립을 제일 뚜렷하게 표현했다는 평가를 받으며, 최초로 자아를 확실한 지식으로 만들었다. '나는 생각한다'라는 '생각하는 사람'을 더욱 분명하게 귀중한 존재로 나타냈기 때문에 '이 생각하는 사람이 보다 잘 살기 위해서는 모든 물질을 지배하고, 이용하는 것은 당연한 일'이라고 생각했다.

인간의 정신을 지키기 위해서는 다른 존재 즉, 물질은 죽어 없어져도 좋다는 생각이 오늘날 조작원칙에 의한 물질만능 시대를 불러들였다. 더구나 데카르트는 인간 이상의 힘을 가진 신의 지배마저도 거부하고 인간의 절대화와 자아지배의 확립을 도모했다. 그 결과 사람들은 인간에게 '불가능이란 없다'라든지 '생명을 연장시켜 행복하게 할 수만 있다면, 자연을 어떻게든지 이용해도 좋을 것이다'라는 도그마(dogma, 독단)에 빠지고 말았다.

결국 독선이 낳은 근대 산업사회의 과학문명은 자연을 정복하고 훼손하여 온갖 공해를 양산했다. 또한 '정신의 삶과 물질의 죽음'으로 '나만'이라는 욕망을 비대화시켜 인간은 결국 장수하게 되었다. 그러나 물질의 욕망은 극심한 양극화를 발생시켰고, 고도로 발달된 기술은 질병을 일으켜 이를 위한 온갖 복지를 내놓았다. 첨단화된 기계는 인간을 더없이 편리하게 하였으나 공해의 늪에 점점 빠져들어가 익사 직전의 위험에 처하게 되었다.

이것이 서구 사회의 자아이고, 잘못된 인간 자존심의 철학이다. 이는 자기중심의 자존심이기 때문에 이러한 자존심으로 가정을 다스려선 안 된다.

우리나라에서 오랫동안 이어져 왔던 아버지의 자존심은 남他人을 살리면서 자신의 존재를 뚜렷이 하고, 그 가운데에 더불어 살아가는 모습이다. 온 가족을 먹여 살리면서도 화합하고 친목하며 인의예지를 울타리로 삼아 신信을 가운데에 두고 자기 존재인 아버지의 권위를 뚜렷하게 했다.

아버지의 자존심은 우리 역사 속에 나타나는 '선비'의 자존심이어야 한다. 가계를 뚜렷하게 세우고 앞으로 자손만대의 깨끗한 번영을 위해서는 내 한 몸 어떠한 희생이라고 달게 받는다는 선비의 고집스런 자존심이 곧 아버지의 자존심인 것이다. 선비의 이러한 자존심은 족보族譜에 있었다. 다행이 신분제사회에서 벗어나 족보를 만들 수 있게 되면서 요즘엔 족보 있는 집이 많다. 이는 아버지의 자존심을 살리는 도구가 될 수 있다. 자식들의 자긍심을 살리고, 아버지의 완고한 자존심을 보여주는 구실을 한다. 왜냐하면 족보에는 어느 가문이라고 해도 자기 조상의 결점은 전하지 않기 때문이다. 족보에는 가문의 자랑만이 전해진다. 그래서 자식들에게 종종 족보를 보게 하는 것도 아버지의 존엄함을 알게 하는 한 방법이 된다. 또 이를 이용하여 자존심을 높일 수 있는 방법이 있다.

바로 할아버지의 '휘(諱, 조상의 생전 이름)'다. 자녀들은 할아버지를 비롯하여 직계 선조의 이름을 왜 '휘'라고 하는지 모른다. 이를 알고 나면 선조들의 자존심과 자긍심에서 효심이 싹트게 된다. 휘자를 쓰는 이유는 자식이 감히 아버지나 할아버지의 이름을 함부로 입에 담기조차 못했기 때문이다. '휘諱'는 꺼려서 피한다는 의미의 한자로, 어른의 이름을 아이나 친구 이름 부르듯 해선 안 된다는 것을 뜻한다. 그만큼 자존심이 깃든 표현인 것이다. 자녀는 타인에게 아버지를 소개할 때도 "제 아버지 휘자는 ○자 ○자를 쓰십니다."라고 해야 맞다.

가정이란 단합과 융화의 표상이다. 그래서 가정에는 가족이 있다. 가족에는 위天와 아래地가 있고, 앞뒤가 있으며, 오른쪽 왼쪽이 있다. 예부터 아버지는 하늘이라 하여 가정의 핵으로 삼았다. 때문에 아버지는 굳건한 자아가 허물어지지 않는 완고한 자존심을 구심점으로 가정을 다스려야 한다.

어머니는 땅을 의미하여 모든 것을 받아들이고 수용하는 용광로 역할을 했다. 덕德에는 녹지 않는 것이 없다. 그래서 덕은 용광로이다. 잘못된 일도 잘된 일도, 자만심도 자존심도 이 덕으로 용해시켜서 화목으로 만들어낸다. 아무리 완고한 아버지의 자존심도 어머니의 덕에는 화합으로 동화한다. 자신이 부모에게 효를 하게 되는 것도 다 어머니의 덕으로 가능하게 만드는 것이다. 또한 형제의 우애도 돈독하게 했다. 형은 동생을 아우我右라고 부른다. 나의 오른쪽이란 뜻이다. 위에서 말했듯이 가족에는 전후좌우가 있다. 나의 가장 중요한 자리에 형제가 있기 때문에 아우라고 부르는 것이다.

자존심이 강하고 자긍심이 있는 가족들은 가정의 담 밖으로 큰소리가 새어나가지 않는다. 화목한 가정은 오순도순 재미있게 살아가기 때문이다. 부모의 허물이나 형제의 잘못은 절대 큰소리로 탓하지 않지만, 시부모의 자랑은 동네방네 다니면서 큰소리로 떠들어도 좋다. 그리고 섭섭한 일에는 혼자 은밀하게 덕으로 녹여버린다.

부모에게 허물이 있으면 말소리가 새어나가지 않는 구석방에서 형제끼리 모여 앉아 대책을 의논하고, 결과가 나오면 맏형이 아버지나 어머니를 뵙고 조용하고 부드러운 말로 아뢰어야 한다. 또한 어른의 언행에 대해서는 그 자리에서 당장 반응을 보이지 말자. 적어도 한나절이 지난 뒤에 옳다 옳지 않다는 뜻을 전해야 하는 것이다. 형제의 잘못도 마찬가지다.

칭찬은 소문내고, 허물은 집 밖으로 나가기 전에 묻어버린다. 이것이 참된 자존심이며 자긍심이다. 이러한 가정에서 크는 자녀들이 밖에 나와서도 기죽지 않으며, 맑고 밝게 자랄 수 있는 것이다.

2. 믿음으로 키워라

| 자신의 참다운 본래 모습을 알게 하라

요즘 젊은이들은 유행에 민감하다. 무엇보다 이미지를 중요시 생각한다. 텔레비전의 패션 프로그램이나 잡지에 실려 있는 이미지에서 자신의 것을 찾으며 사는 젊은이들은 언제나 자기 자신의 실체는 간과한다. 이미지만을 앞세우다 보니 몸은 늘 공중에 떠 있는 상태다. 조작원칙으로 사는 사람은 발로 땅을 딛고 살아가지 않는다.

옛말에 앙천부지仰天俯地라 하여 하늘을 우러러보고 땅을 굽어본다고 했다. 이러한 겸손과 배려의 마음은 찾기 힘들다. 주로 자기 위주로 살아간다. 배우자를 만나도 상대에게 충실하지 못할 때가 많다. 반려자伴侶者란 자기가 상대의 마음에 빠져들어야 하는데 그로 인하여 자기 이미지에 방해가 될까 염려되어 단호하게 거부한다. 때가 되어 새로운 이성과 만났더라도 자기 마음대로 상대를 조종할 수 있는 동안에만 표면상 사랑이 유지된다. 그러나 상대가 달라질 때에는 자기의 주장이 마음대로 되지 않는 현실에 부딪치기 마련이다. 이런 위기를 만났을 때 상대와 대화하고 타협점을 찾아서 융화를 시도해 볼 생각을 하지 않는다. 요즘 대부분의 젊은이들의 생각이다. 그들 사이에서는 골치 아픈 일은 아예 포기해버리는 풍조가 팽배하다. 무엇이든 자기 생각대로 할 수 있을 때만 자기 이미지 관리가 가능하다고 보기 때문이다.

이혼율이 날이 갈수록 늘어나는 근본 원인도 여기에 있다. 처음부터 자기 마음대로 조작되는 범위 안의 사람만을 사귀기 때문이다. 아무리 훌륭하고 진취적이고 인간적인 소양을 갖춘 사람이라도 배경이 볼품없거나 자기가 마음대로 할 수 없다고 판단되면 자신에게는 쓸모없는 사람이 된다.

요즘 젊은이들만의 문제는 아니다. 최고의 지성을 자부하는 이들도 마찬가지다. 현대를 사는 모든 인간은 자기를 연출하여 모든 관계를 넓고 얕은 범위에서 조작할 수 있는 기술을 몸에 익힌다. 현대사회에서 특히, 매스미디어의 사외에서 사람들은 이러한 방법으로 주목받기 위해 애쓰고 있다. 그러나 다른 이면이 있다는 사실은 인정하지 않는다. 화려한 모습으로 카메라 스포트라이트를 받으며 세상 사람들의 주목을 받던 사람들도 하루 아침에 몰락하는 경우가 있다. 사람들은 그런 모습은 보려고 하지 않는다. 오로지 위만 보고 달릴 줄만 아는 것이다. 화려함의 이면을 보기 위한 노력, 즉 천천히 걸으면서 생각하는 사람은 많지 않다. 자신을 속이고, 연출하고, 주위를 조작하는 것만이 자기 자신이라고 생각하고 착각에 빠진다. 자신이 연출하고 있는 현실과 현실을 살고 있는 자신의 한계를 구분 짓지 못하고 혼동하다가 결국 역전되는 순간이 오면 자기 자신을 완전히 잃어버리고 마는 것이다.

물론 예외는 있다. 현실원칙과 집행원칙의 조화로 바탕이 형성된 강한 자아와 이상을 갖고, '정신구조를 가진 인격'이 핵심을 이룬 기반 위에서 무엇을 연출하거나 세상에 주어진 역할을 수행하는 사람이다. 이들은 연출하는 자기 자신을 확고하게 인식하고 있기 때문에 파탄을 초래하는 행동은 하지 않는다.

그러나 현대사회는 구조나 환경이 강인한 자아로 성장하기보다는 미숙한 자아로 형성되기 쉬운 구조를 갖고 있다. 때문에 대부분의 현대인들이 '이렇게 되고 싶다'라는 자기 본위의 자화상을 갖고 살아가고 있다. 더 큰 문제는 이러한 현실을 심각하게 생각하지 않는다는 것에 있다. 모든 인간은 마침내 자기 마음대로 조작할 수 없는 현실에 언제인가는 직면한다는 사실을 깨달아야 한다.

그렇다면 현대사회에서 살아남을 적응하는 자와 낙오자는 어떻게 구분할 수 있을까?

사회에 일어나는 문제점들을 살펴보면 대략의 그림이 그려진다. 오늘날 학교폭력, 가정폭력 등 여러 가지 사회병리 현상이 발생하고 있다. 이는 사람들의 증가와 무기력 상태에서 오는 문제다. 이러한 여러 가지 문제점들이 왜 일어나는지를 생각해 보면 알 수 있다. 바로 현대 시대, 즉 조작원칙 시대를 잘 적응할 수 있는 심리상태를 갖지 못했기 때문이다.

세상 어디를 가나 인간관계는 정서를 잃었고, 진실한 인간관계의 적극성은 찾아보기 힘들게 되었다. 또 인간다운 인간으로 받아들이는 순수함이 점점 우리 주변에서 사라지고 있다. 그 결과 갈 곳을 잃은 부적응자들이 헤매고 헤매다가 마침내 스스로 좌절하고 만다.

컴퓨터에 의해 만들어진 수험, 진학체제에 편승하여 열심히 과외 공부도 하고 노력하면서 동조성 지향의 인간은 지금 세상에 적응하려고 한다. 그러나 그 속에서 이러한 현상에 대해 무엇인가 반감을 갖고 '이것은 진실일 수 없다'고 참다운 자기를 찾으려 노력하는 인간이 오히려 컨베이너 벨트에서 떨어지며 낙오자가 되고 마는 것이다.

옛날에는 가정과 사회와 국가를 지탱하여 온 인간은 이와 같은 생각으로 자기실현을 지향해 온 사람들이었다. 진실된 자기, 본래 모습의 인간다운 자기, 참다운 삶을 추구하기 위하여 누구나 똑같이 걸어가는 삶을 거부하고 자기실현을 꿈꾸고 이루고자 노력하는 사람들이 미래를 만들어왔다. 그러나 이제 그런 이들은 비행청소년에 불과한 낙오자가 되어버린다. 시대의 흐름이 이렇게 변해버렸다는 것이 가장 안타까울 따름이다. 부모가 이제 이러한 흐름을 다잡아야할 때이다.

세상의 큰 흐름을 따를 것인가, 자기실현을 위해 과감히 이탈할 것인가. 요즘에도 가끔 자신의 능력을 믿고 자아실현을 달성한 사람들이 있다. 처음에는 유별나고 흐름을 거스르는 문제아로 여겨져 이를 극복하는 과정도 이전보다 훨씬 더 힘들게 되었다. 때문에 자신의 목표를 달성하는 사례가 매우 드물다. 이런 흔치 않은 사람들이 사회의 각광을 받으면서 매스컴의 주인공으로 등장하기도 한다.

현대사회를 적응하며 잘 살아가는 동조형 인간이 살기 좋은 시대가 되었다. 부모의 선택이 매우 중요한 시기가 도래한 것이다. 그 선택 또한 여간 어렵게 된 것이 아니다.

컨베이어 벨트에서 떨어져 사회의 낙오자가 되는 한이 있더라도 다음 세대를 위해 사람다운 인간으로 키울 것인지, 아니면 동조형 인간으로 자기 조종에 능한 기계 같은 인간으로 키울 것인지의 판단은 바로 부모의 결정에 달려있다.

| 무조건 믿을 수 있는 자녀로 키워라

중국의 고전 『효경孝經』을 쓴 증자曾子는 당대의 효자로 알려져

있다. 그 뒤에는 그렇게 키운 어머니가 계셨다. 어느 날 모자母子
가 살던 동네에서 살인사건이 났다. 범인을 잡은 뒤부터 증자가
범인이라는 소문이 돌기 시작했다.

이 소문을 들은 이웃 아낙이 증자의 집으로 찾아와 베를 짜고
있는 어머니에게 "댁의 아드님이 살인을 했답니다." 하고 전하
였다. 그러나 증자 어머니는 베 짜던 손을 멈추지 않고 웃으면서
"우리 아들이 그런 짓을 할 리가 없지요."라며 이웃 아낙을 돌려
보냈다. 조금 있다가 또 다른 이웃사람이 찾아와 같은 말을 전하
였지만 먼저와 같이 웃어 넘기며 믿지 않았다. 그런데 연이어 세
번째로 사람이 찾아와 같은 말을 전하는 것이다. 결국 증자의 어
머니는 얼굴빛이 변하면서, 베 짜던 손을 멈추고 서둘러 거리로
나와 보았다.

생각한 대로 범인은 아들 증자가 아닌 같은 이름을 쓰는 다른
사람이었다. 어머니는 소문만 믿고 잠시나마 자식을 의심했던 바
를 깊이 후회하면서 사흘 동안 식음을 끊고 마음을 다스렸다고
한다.

우리는 이 이야기에서 두 가지 교훈을 얻을 수 있다.
"내 자식을 부모가 믿지 못하면 누가 그를 믿어주겠는가."
"내 자식을 누구든 믿을 수 있는 사람으로 키워라."

위의 이야기를 통해 인성교육의 키워드는 인의예지仁義禮智이지
만 이에 반드시 믿음信을 더해야 한다는 것을 알 수 있다.

| 훌륭한 아이는 믿음과 사랑이 기른다

세상에 둘도 없는 장인에 의하여 만들어진 칼이 있다. 이를 덕장이 쓰면 지휘도로써 보검이 되어 세상을 이롭게 만드는 데 쓰인다. 그러나 졸장이나 도적이 갖게 되면 사람을 죽이는 흉기로 변하게 된다. 자식교육도 마찬가지다. 부모가 어떤 마음으로 기르느냐에 따라 큰 그릇의 훌륭한 아이가 되기도 하고, 비행을 일삼는 패륜아가 되기도 한다. 그만큼 부모의 역할, 즉 자식을 교육하는 부모의 마음이 중요하다.

우선 교육은 지식 교육인의 교양敎養과 슬기를 바탕으로 교육하는 수양修養으로 나뉜다. 교양은 누구나 지식이 있고 자격을 갖추면 될 수 있는 것이지만, 수양은 부모로서 지식과 자격이 함께 있어야 한다. 그래서 '부모교사'라고 부르는 것이며, 부모교사가 가르쳐야 할 일은 오직 인성에 바탕을 둔 것이어야 한다.

흔히 인성이라 하면 철학적, 윤리적, 심리적 더 나아가 도덕적 측면까지 나아간다. 여기서는 심성에 대해 이야기하기로 한다. 본래 심성은 사람이면 누구나 가지고 있는 것으로, 남자나 여자 그리고 인종과도 관계없고, 시공간에도 구애받지 않는 바탕을 말한다.

"천지를 창조하신 하늘이 사람에게 준 명령이 성性이고, 이 성을 따라서 행하는 것이 마음이며, 이 마음을 바르게 닦는 것을 가르침이라 한다."

이 말은 유교 경전의 으뜸으로 꼽히는 『중용』의 첫머리에 나오는 말이다. 공자의 손자인 자사가 지은 중용은 주로 사람의 마음을 바탕으로 엮은 책으로도 유명하다. 그렇다면 인간 본래 바탕인 성(性)이란 무엇인가? 하늘로부터 받은 사람이 행할 명령이라 했다. 『구약 성서』 「창세기」 1장을 보면, 하느님이 사람을 만들 때 당신 모습을 닮은 사람을 만들었다고 나온다. 하느님은 전지전능하심과 더불어 순수하다. 그래서 노자의 『도덕경』에서는 하늘은 곧 길이라 했다. 길이란 진리이기 때문에 사람으로는 마땅히 가야 할 도리인 것이다.

도리는 사람의 기본 바탕으로서 누구나 갖추고 있어야 하며, 모든 것을 이에 뿌리를 두어야 한다. 중국의 성현 가운데 한 사람인 맹자는 사람의 본성은 본래 착했다고 하여 '성선설(性善說)'을 주장했다. 즉 사람이 이 세상에 처음 태어날 때는 선악의 구별도 없이 순수하여 분별없는 것이 바로 그것이었다.

『구약 성서』 「창세기」 2장에는 "이 동산에 있는 나무 열매는 무엇이든지 마음대로 따먹어라. 그러나 선과 악을 알게 하는 나무 열매만은 따먹지 마라. 그것을 따먹는 날, 너는 반드시 죽는다."고 했다. 즉, 시비를 알게 되는 날 사람의 본성은 죽는다는 뜻이다. 이처럼 바탕을 그대로 간직하기란 지극히 어려워서 최소한 가르치고 기르는 바탕만이라도 그 성에 뿌리를 박아 놓자는 것이다.

그럼 선인들의 교육을 들여다보자. 인류사회에 공헌하기 위하여 우리의 선인들이 개발한 모든 학문이나 행적을 보면 사랑(인=

仁)을 바탕으로 하지 않는 것이 없다. 인간을 대량으로 살상하는 무기만 봐도 그 기저에는 선량한 인간을 악으로부터 보호하기 위한 수단으로서의 단서가 깔렸다. 또한 당장 먹고 죽는 독약도 애초에는 사람을 질병으로부터 구제하기 위하여 약초를 연구하다가 발견하게 된 것이다. 농산물 공해만 해도 먹을 것이 모자라 식량을 증산하기 위해 개발한 각종 비료나 농약이 공해로 규탄받게 된 것처럼 말이다.

사람과 사람과의 관계에 있어서도 마음 쓰기에 따라 화합이 되거나 대결 상태가 되어 싸우게 되기도 한다. 아무리 첨단 과학이라도 그것을 조작하는 사람의 마음가짐에 따라 결과는 선과 악이란 극단으로 나타난다. 이처럼 인간이 행하는 모든 일은 사랑과 의로움과 질서와 옳고 그름이 바탕을 이룰 때 비로소 인간다운 일이 된다.

한 걸음 더 나아가서는 사단이 낳은 칠정이 더욱 현실에 와 닿아 절실하고 관능적이다. 이 칠정은 오직 오관을 통해서만 일어나는 것이기 때문이 인간에게 끼치는 영향이 크고 빠르다. 그렇다면 칠정七情이란 어떤 것일까?

흔히 인仁, 의義, 예禮, 지智, 신信을 말하면서 맹자의 사단칠정四端七情론을 들고 있다. 여기서 4단四端이 성性을 단서로 하였고, 이 사단에서 사람의 모든 정이 나온다고 하였다. 이 이론은 오늘날의 현대 심리학에서도 중요하게 여기는 대목이다. 사단칠정을 바탕 삼아서 자식교육을 한다면 다양한 현대의 교육체계 속에서도 능히 뿌리를 박고 줄기를 이룰 수 있을 것이다.

먼저 인仁의 단서에는 기쁨과 사랑이 일어난다. 의義에서는 노여움과 미움이 일어나고, 예禮에서는 즐거움이 일어난다. 그리고 지智에서는 슬픔과 두려움, 또는 욕심이 일어난다. 이 일곱 가지 감정은 사단에서 일어나는 근본적인 것이지만 사람에 따라서 나타나는 표정은 모두 다르다는 사실을 유의해야 한다. 예를 들면 바로 '눈물'이다. 너무 기뻐도 울고, 너무 슬퍼도 울며, 또한 즐거워도 우는 일이 있다. 이는 부모가 자녀들을 기르고 가르침에 있어서 분별력 있게 판단하여 정확한 마음의 바탕을 헤아려야 할 부분이다.

다음 신信을 단서로 해서는 어떤 정이 일어나는가? 바로 삼강오륜三綱五倫에서 말하는 오상五常의 정이 생긴다. 오상은 인, 의, 예, 지, 신을 뜻한다. 이것을 윤리에 맞추어 말하면 다음과 같다.

"아버지는 인의仁義로, 어머니는 자애慈愛로, 형은 우애友愛로, 아우는 공경恭敬으로, 자식은 효성孝誠으로 대한다." 이를 다시 오륜으로 말하면 군신 사이의 의리, 부자간의 친애, 부부간의 분별, 장유 사이의 차례, 벗 사이의 신의가 있어야 한다는 뜻이다.

부모의 사랑이 자식에게 지극할 때에는 자정慈情으로 나타나고, 백성의 사랑이 나라에 향하여 지극하면 충성忠誠으로 집결된다. 형제간의 사랑을 말할 때는 우애라 일컫고, 이성간의 사랑이 지극에 달하면 연정戀情이다. 이 가운데에서 가장 본능적인 사랑이 바로 '부모가 자녀에게 쏟는 사랑'이다. 때문에 자녀를 가르치고 기르는 데는 이 지극한 사랑 없이는 좋은 결과를 이룰 수 없는 것이다. 또한 사람과 사람 사이에 이루어지는 사랑이 성취되려면 그 바탕에는 믿음이 깔려있어야 가능하다. 믿음 없는 사랑은 물거품에 지나지 않는다.

자식의 장래를 위해 정성을 쏟아 그들을 가르치고 기른다는 의미의 자정慈情이지만, 부모가 자식을 마치 자신의 애완동물 취급하는 것을 자정이라 할 수 없다. 부모 스스로의 소망을 충족시키려는 욕정欲情일 뿐이다. 이 세상에서 욕정으로 이룩되는 일은 하나도 없다. 탐욕이기 때문이다. 사랑은 주는 것이다. 그러나 탐욕은 바라고 얻기만 하려는 수단으로서의 사랑이다. 즉 자식을 키워 효도받기 바라는 것이다. 게다가 자녀에게 외형으로는 사치품으로 꾸미고, 내면으로는 잔뜩 교만심만 불어넣어 고급 승용차에 태워 거리로, 학교로, 백화점으로 끌고 다니는 행동을 일삼는 것은 부모가 자식을 몸치장하는 장신구로 취급하는 것과 다름없다.

진정한 부모가 되려면 어떠한 것을 바탕을 갖추고 아이를 길러야 할지 다시 한 번 생각해 보자.

3. 자식은 부모의 거울이다

| 윗물이 맑아야 아랫물이 맑다

이 속담은 우리가 어렸을 때부터 자주 들어온 말이다. 주로 우리 사회에서 공직사회의 청렴결백을 바랄 때, 윗자리에 있는 사람이 먼저 청렴을 수범하라는 뜻으로 쓰인다. 그런데 요즘 세상은 그렇지도 않다. 윗물은 흐려도, 아랫물은 맑아야 한다고 주문한다.

아버지는 온갖 짓을 다하여 돈을 긁어모아서 몇천만 원짜리 외제 장롱을 사서 집에 들여놓고, 아내에게는 수백만 원짜리 외제 옷을 몇 벌씩이나 사서 입힌다. 아이들에게도 외제 문방구나 장난감이 아니면 아예 사주지도 않는다. 그러면서 아버지는 입버릇처럼 근검절약을 외치며, 가훈이라고 써 붙이기까지 한다.

이런 경우도 있다. 여름 장마에 극심한 피해를 입는 이재민이 생기면 학교에서는 위문품을 보내기 위해, 아이들에게 집에서 위문품을 가져오라고 한다. 집으로 가 부모에게 이를 말하고 챙겨달라고 하면 부모는 낡은 속옷이나 버리려고 했던 와이셔츠 몇 장을 아이들 손에 들려 보낸다. 그러면서 "우리도 넉넉하지 못한 판에 남까지 도우라는 게 말이 되느냐."며 불평한다.

값비싼 고급 외제가구가 집안을 메우고, 온 식구가 호화 비단을 두르면서 아이들에게 이러한 말들을 하면 이 말이 받아들여지겠는가? 그렇기 때문에 오늘날 아이들이 무엇이 잘살고 못사는 것인지를 모르는 것이다.

우리 기성세대들이 어릴 때 귀에 못이 박히도록 들었던 말이 있다. "잘살아 보세, 잘살아 보세, 우리도 한번 잘살아 보세." 이렇게 외치며 국민소득을 선진국 수준으로 끌어올리는 성과를 낳았다. 고속도로가 뚫리고 특급열차가 관광객을 실어 나르게 되어 외화벌이는 잘되었다. 도로변의 초가집은 헐리고 기와집으로 단장되었으며, 농촌에도 온갖 문화시설을 갖추게 되어 정말 잘살게 되었다. 그런데도 농촌의 자녀들은 대부분 고향을 버리고 도시로 모여들었다. 더 잘살아보겠다는 의욕과 더 편하게 살겠다는 허영이 자리한 것이다.

'어떻게 해서라도 돈을 모아서 잘살기만 하면 그만이다' 세상은 이러한 생각으로 가득 차 있다. 문제는 그 '잘살기만 하면'에 있다. 지금까지의 아버지들은 이 '잘 살기'를 물질적으로 편안하게 사는 것으로만 여기고 아이들을 가르쳤다. 온 세상 사람들이 눈을 부릅뜨고 소득증대에 힘을 쏟고 있는데 나 홀로 우뚝 서서 이상적인 삶을 산답시고 굶주리면서 자녀들에게 윤리도덕 교육이나 시키고 있을 수는 없는 노릇이었다. 그래서 아버지와 어머니가 합의하여 허리띠를 졸라매고, 먼저 해야 될 일도 뒤로 미루면서 열심히 돈 벌기에 골몰했다. 사실 오늘날의 아버지들은 물심양면을 동시에 이끌어갈 여유와 능력이 없었음을 고백해야 한다. 때문에 인간의 내면적 정신건강은 고려하지 않고, 물질지상의 외형적 번영만을 추구한 것이다.

그 결과 그렇게 소원하던 내 집 마련에도 성공했고, 불편한 것 없이 모든 문화시설도 갖추었다. 자가용도 중형으로 구입하여 주말이면 온 가족이 교외로 소풍갈 수 있는 생활의 여유가 생겼다. 그야말로 '잘살게' 된 것이다. 그러나 아버지는 헤어날 수 없는 괴로움에 빠지고 만다. 아이들이 자식답지 않아서다. 버릇없고 참을성도 없다. 자녀에게 도무지 인간다운 모습은 찾아볼 수가 없게 되었다.

어른을 몰라보고 제멋대로 하는 것은 기본이고, 자기 입만 알고 자기들 몸 가꾸기에만 마음을 쓴다. 생각하는 모든 것이 인간적이지가 않다. 부모들이 돈 벌기에 정신이 팔린 동안에 학교나 사회도 마찬가지로 경제 위주의 교육으로 일관했기 때문이다. 아무리 물질이 풍족해도 굳어진 나무는 휘어잡기가 어렵다. 이를 버릇없는 아이들 탓으로만 생각하면 안 된다. 위에서부터 경제를 외치며 '잘살아 보자'고 하는데 아래에서 '잘 사는 것은 경제만으로는 안 된다'고 외쳐봤자 소용없는 짓이다. 나라 전체와 가정의 부모들까지 잘살기만을 강조하여 미래의 주역인 아이들을 버릇 없고 참을성 없는 아이들로 만들어 놓은 것이다.

열심히 일하여 물질을 쌓고, 돈을 알뜰하게 모아 저축을 강조하면서도 그 물질과 돈을 어떻게 잘 써야 하는가를 가르치지 않았다. 예를 들면, 달걀 행상으로 2억 원이라는 큰돈을 모은 평범한 아주머니를 국가는 모범 저축가로 표창한다. 고아로 자라 독학으로 검정고시를 거쳐 일류 대학에 수석으로 합격한 젊은이를 모든 매스컴은 대서특필하여 보도한다. 그러나 2억 원을 저축한 아주머니나 고학으로 대학을 수석합격한 사람들의 그 뒤 소식은 모른다.

이 세상이 오직 물질을 모으고 성공하는 것에만 관심을 두고, 정작 그 삶의 진정한 의미에는 관심이 없기 때문이다. 아버지가 가르쳐야 한다. 자녀들에게 사람은 이 세상에 태어나서 어떻게 살다가 가야 하는가를 알려주고, 허영이 무엇이며 사치가 어떤 것인가를 가르쳐주어야 한다. 이를 자녀들에게 가르치는 것은 말이나 글로써 되는 일이 아니다. 부모의 행동과 실천만이 자녀들을 일깨울 수 있다.

그러니 자기 신변을 위해 돈을 물 쓰듯 함부로 쓰면서, 밖으로 어려운 이웃이나 가난한 사람을 위해서는 한 푼의 동전도 아깝게 생각하는 이기심에 가득 찬 아버지가 되선 안 된다. 가정에서 그러한 모습을 보고 자란 아이들은 일상 속에서 그대로 배워 항상 자기 것만 소중하고, 남의 것을 함부로 생각하는 이기주의자가 되고 말 것이다. 깨끗한 마음, 정직한 마음, 맑은 마음, 아끼는 마음을 자녀들에게 바라면서 그 부모들의 마음은 탁하고, 더럽고, 거짓투성이를 보여주면 마침내 아이들은 어디로 가겠는가?

가정의 기둥인 아버지가 어떠한 것이 참다운 행복인가를 알고, 불편하지만 행복한 경우가 있다는 것과 편리하지만 불행한 경우가 있다는 사실을 알려주어야 한다.

오늘날의 아버지는 어깨가 무겁다. 나날이 물가는 치솟아 생계비를 가중시키고, 그럴수록 아버지의 노력을 더욱더 요구한다. 새로운 기술 개발은 중장년에 접어든 아버지를 후진들로부터 쫓기게 만든다. 하루 일이 시작되기 전에 아버지는 거울을 보고 늘어난 흰 머리카락을 본다. 하루하루가 다르게 주름살이 늘어나고 더 깊어진다. 도시의 공기오염, 날로 심해지는 교통지옥, 메말라가는 동료 간의 인심 등 쌓이는 스트레스는 때때로 아버지를 허망하게 만들기도 한다. 그러나 꿈을 가지고 살아가는 아버지들은 이러한 문제로 좌절하지 않는다. 가난한 가정이라도 웃음꽃을 피우고, 누더기 옷이지만 깨끗하고 예쁘게 기워 입은 아이들의 얼굴에는 늘 사랑의 웃음이 감돈다. 이렇기 때문에 윗물은 맑고 이 맑은 물이 마을로, 사회로, 나라로 흘러가는 것이다.

맑은 물이 청렴을 뜻한다면 아버지는 결백해야 한다. 두려움

없이 의연하고 정정당당한 아버지가 되어야 한다. 몇 사람 되지 않는 식구에 수십 평짜리 호화저택에 살면서 외제 차 몇 대씩 자동차를 굴리는 졸부보다는 꿈을 꾸면서 살아가는 아버지가 더 훌륭하다. 승용차 없이도 당당하게 대문을 나서는 아버지의 뒷모습을 자녀들에게 보여야 한다. 딱 벌어진 어깨에 꼿꼿이 세운 허리와 힘 있게 걷는 모습으로 자녀들의 자긍심을 갖게 하자. 문 앞에서 자가용을 타고 뒷자리에 푹 파묻혀 오만상을 찌푸리며 출근하는 못난 졸부보다 꿈이 있는 아버지가 더 행복한 아버지다.

아버지의 꿈과 자긍심은 어머니의 꿈과도 조화되어야 한다. 어머니의 꿈은 자녀들이 무럭무럭 자라는 사랑스런 모습, 편안한 가정, 온 가족의 건강한 나날, 자기 취미를 살리는 여가선용, 남편의 늘어나는 흰 머리와 주름살을 덜어주는 역할, 이에 따른 경제적 풍요, 식탁에 정성 가득 넘치는 맛있는 음식… 이런 것이다. 이런 꿈은 아버지와 자녀들의 협력에서만 이루어질 수 있는 것이다. 아버지의 꿈은 안으로 추구되는 정신적 행복이고, 어머니의 꿈은 밖으로 나타나는 행복이기 때문에 안과 밖이 조화되면 그야말로 이상향이다.

맑은 윗물이 되기 위해서 아버지는 뚜렷한 가치관을 가져야 한다. 세상이 물질을 예찬한다고 무조건 시류에 휩쓸리는 나약한 가장이 되어선 안 된다. 경제적인 동물 노릇을 하면서도 자녀들에게는 뚜렷한 경제관을 보여야 한다.

특히 돈과 물질에 대해서는 더욱 엄격해야 한다. 예부터 어머

니는 자녀들을 몸으로 사랑하고 아버지는 마음으로 사랑한다고
했다. 어머니는 자식이 어릴 때는 젖을 먹이고, 자랄 때는 목욕을
시켜주면서 사랑을 표시한다. 그러나 아버지는 사랑 표시에 서툴
다. 자녀가 갖고 싶다는 물건을 사주고, 가끔 용돈을 주는 것으로
대신한다. 쉽게 할 수 있는 일인 것 같지만 그 속에 들어있는 것
은 결코 쉬울 수 없는 마음이 들어있다.

　아버지의 행복은 물질에 있는 것이 아니라 마음의 풍요에 있어
야 한다. 물질은 세상 어느 곳에나 널려 있어 생각만 있다면 쉽게
내 것으로 만들 수 있지만 마음은 보이지 않는 깊은 곳에 숨겨져
있다. 그러면서도 무한하다. 마음의 작용은 '말아 들여서 안으로
감추면 엄밀하여 만질 수도 없고 볼 수도 없지만 밖으로 펴서 늘
어놓으면 온 천하를 덮을 수 있다'고 했다. 이렇게 넓고 깊은 아버
지의 사랑은 능히 모든 물질을 앞질러 자녀들의 행복을 보장한다.
이 마음속에는 박애가 있고, 자비가 있으며, 인애와 자정이 있다.

　남과 더불어 사는 곳에 태어난 인간이 자기 혼자만의 이로움
을 위한 이기주의가자 된 것은 오직 그 부모들의 책임이다. 나아
가서는 사회와 나라의 탓이다. 윗물이 흐렸기 때문이다. 이 흐린
물은 인간으로 하여금 온갖 못된 버릇은 다 하게 만든다. 어느 날
갑자기 일확천금으로 졸부가 된 이웃을 보게 되고, 너도나도 가
진 자가 되려고 애쓴다. 이러한 사회 병리가 개인을 부추겨 사기,
협잡, 횡령 등을 일삼게 한다.

　슬기로운 아버지는 자녀에게 이러한 수단으로 진정한 행복은

마음의 풍요에 있음을 알고, 졸부가 되기를 스스로 거부하는 모습을 보여야 한다.

또한 나라의 민주주의가 아직도 튼튼히 뿌리박고 있지 않은 사회의 구성원인 아버지는 아이들 앞에서 지도자를 비판해선 안 된다. 어릴 때부터 부정적인 환경에서 자라는 자녀들은 커서도 모든 일에 대하여 저항적으로 대응하게 된다. 그리고 믿을 것은 오직 자기 자신뿐이라는 개인주의 사상이 자리 잡게 되어 이기적인 인간이 되고 만다. 남이야 어떻게 되든지 돌아보지 않는 것이다.

혼탁한 시류 속에 흘러가야 하면서도 아버지는 자신만의 의연한 세계관으로 자녀들을 가르쳐야 한다. 학교나 사회에서는 어떠한 교육을 시키더라도, 아버지의 고집스런 교육관을 자녀들에게 인식시켜야 한다. 세상이 온통 개인주의적 이기심에 만연되더라도 아버지만은 뚜렷한 세계관을 가졌음을 자식들에게 보여주어야 하는 것이다. 아버지는 자녀들 앞에서는 슬프다고 함부로 울어서는 안 되며, 꼭 울어야 할 때에도 이를 악물고 눈물을 삼켜야 한다. 이렇게 가치관이 뚜렷한 아버지를 보고자란 아이들은 절대로 버릇없거나 참을성 없는 아이로 자라지 않는다. 아버지가 자녀들의 거울이기 때문이다.

| 버릇없는 부모 아래 버릇없는 아이

어른들은 "요즘 아이들은 버릇없고 참을성이 없다."고 탓한다.

어느 세대에나 늘 그래 왔다. 그 버릇없음과 참을성 없음을 탓하는 사람은 기성세대인 어른들이다. 그들이 어렸을 때도 그들 세대의 기성세대가 버릇없다고 탓했다. 어른들은 오직 자기들이 만든 잣대로 재면서 옳고 그름을 가리기 때문이다. 그 잣대마저도 먼 지난 세대에서 전해 온 윤리도덕이다. 그야말로 전통적이고 보수적인 저울로 지금 세대를 저울질하고 있다.

산업사회에 접어들면서 조작원칙은 만연해지고, 기계문명의 첨단화는 오늘의 인간을 완전히 기계인간으로 만들어가고 있다. 그런 시대를 살고 있는 어른이 전근대적인 생각으로 어른 노릇을 하려고 한다. 눈뜨고 걸음마만 하면 텔레비전 채널쯤은 마음대로 조작하는 아이들에게 장유유서를 내세워서 어른들이 채널을 선택해야 한다고 설득하기에는 어려운 시대로 바뀐 것이다. 어른들은 전근대적인 사고를 버리고 시대에 맞는 질서를 개발하여 다음 세대를 선도해야 한다. 그러나 망연자실하여 포기한 채 지난 것에만 매달리며 '요즘 아이들은 버릇없고 참을성 없다'고 한탄만 늘어놓는다.

그렇다면 요즘 어른들은 얼마나 버릇 있고 참을성이 있는 것일까? 자식을 기르고 있는 아버지가 과연 아이들이 본받을 만한 거울 노릇을 잘하고 있는지 반문해 보자.

아침잠에서 깨자마자 담배를 꺼내 물고 아내나 아이에게 재떨이를 가져오라고 하는 아버지가 고등학교 1학년짜리 아들이 몰래 담배를 피운다고 그 잘못을 꾸짖을 수 있을까? 퇴근길에 친구들과 어울려 잔뜩 술을 마시고 취해 늦게 귀가하고 아내에게 온갖 욕설 퍼부으며 구박하는 아버지가 아이에게 하는 "잘못에 빠지지 말고, 좋은 친구를 사귀어야 한다."라는 충고가 설득력이 있을까? 모처럼 쉬는 날이라 늦잠을 자겠다며 아이들에게 "나 찾는 전화 오면 아침 일찍 나가셨다고 말해라."라고 거짓말을 하게 하는 아버지가 자식들이 부모를 속였다고 야단을 칠 수 있는 것일까?

이 외에도 아버지가 평소 가정에서 아무 생각 없이 저지르는 언행이 자식들의 눈에 그대로 비쳐지고, 그 행동이 곧 아이들에게 버릇으로 옮겨지는 것이다. 한창 감수성이 커가고 빠르게 자라는 아이들에게 그러한 아버지의 행동은 더욱 빠르게 인지된다. 이렇듯 아버지는 자녀의 거울이기 때문에 하고 싶다고 마음 내키는 대로 하면 안 되는 것이다. 아버지는 늘 자성하고 자제하여 은인자중하는 어른이 되어야 한다. 윤리도덕의 질서가 곧 버릇이라는 도리를 알고 "모든 일에 참고 견디어 스스로를 이겨서 사람의 버릇으로 돌아간다."는 공자의 말을 되뇌어야 한다.

아버지라는 자리는 외롭고 고달프다. 집에서나 밖에서나 변함없는 어른이어야 하기 때문이다. 특히 어린 자녀들을 데리고 밖으로 나섰을 때는 더욱 의롭고 어른다워야 한다. 슬기롭고 용감하며 의협심이 강한 아버지의 모습을 보여줘야 하기 때문이다.

자녀의 또래 아이들이 버릇없는 꼴을 보고도 눈감고 지나쳐서는 안 된다. 내 자식과 더불어 살아가야 할 남의 자식도 그때그때의 잘못된 버릇을 깨닫게 하여 고쳐주어야 한다. 설령 못된 아이들로부터 봉변을 당하는 일이 있더라도 두려워해선 안 된다. 내 자식만 잘 길러서는 그들과 함께 사는 세상이 잘 된다고 보장될 수 없기 때문이다.

아이들의 그릇된 버릇은 한계에 와 있는 경우가 많다. 상황을 구체적으로 묘사해 보자. 길거리에서 고등학생 정도 됐을 법한 아이들이 담배를 피우거나 술을 마시고 있을 때, 그들에게 다가가 술과 담배의 해로움을 알려주고 그러한 행동을 하지 못하게 말려야 한다. 만일 버릇없는 아이들이라면 "왜? 남의 자식이 담배를 피우건 술을 마시건 무슨 상관이야?" 혹은 "뭔데 남의 일에 간섭이야? 댁의 자식이나 잘 가르치시죠." 하며 대들 것이다. 그럼 '세상의 모든 어른은 모든 아이들의 아버지'임을 알아듣게 설명하라. 아버지란 아이들을 가르치고 타이를 공부가 되어 있어야 하며, 공부한 것을 갈고 닦아 실천할 줄 아는 어른이 되어야 하는 것이다.

아이들에게 있어서 어른이란 무엇일까? 나이를 먹고 덩치가 커서 힘이 센 존재가 어른은 아니다. 지난날의 어리석은 아이들은 나이를 먹고 성년이 된 어른들을 깍듯이 대접했다. 그러나 오늘날의 아이들은 덮어놓고 그러한 사람을 어른으로 대접하지 않는다. 행동거지에 있어서 아이들의 존경을 받을 만한 때에 어른 대접을 한다는 뜻이다.

삼강오륜을 사회 질서의 벼리로 삼았을 때에도 어른의 개념을 분명하게 했다. 단순하게 나이를 따져서 어른으로 삼았을 때는 '어린 사람과 어른은 차례가 있다'고 하여 어른을 차례의 앞으로

섬겼을 뿐이다. 이는 빨리 태어나 나이가 많은 어른長을 뜻한다. 참다운 어른大人은 아버지다. 아버지의 어른은 할아버지와 할머니이고, 자녀의 어른은 아버지와 어머니이기 때문에 자녀가 남에게 자기 아버지를 말할 때 바깥어른大人이라 하는 것이다.

자식들은 자기 어른들과 버금가는 어른에게도 어른 대접을 한다. 그것은 모든 어른을 존경하는 마음에서 우러나는 충정이다. 이렇듯 윤리 도덕에 입각한 언행을 할 때에만 어른으로서 아랫사람의 존경을 받는다. 이것이 어른大人과 어른長의 차이인 것이다.

진정 어른으로서 존경받는 어른이었는지 생각해 보자. 버스나 전동차를 탔을 때, 하루의 피곤을 이기지 못해 눈 감은 학생들 앞으로 다가가 나이 많음을 무기삼아 자리를 양보해 주길 은근히 바라지 않았는가? 예의바른 젊은이가 자리를 양보했을 때, 원래 내 자리인양 당연하다는 듯 빼앗아 앉은 일이 없었는지 되돌아보라. 이러한 일은 어른다운 모습이 아니다.

자리를 양보해도 사양하는 것이 당연하고, 몸이 늙고 병들어 고달파서 어쩔 수 없이 양보된 자리에 앉아야 된다면 양보해 준 이에게 깍듯이 인사하고 고마움을 표하는 것이 어른다운 모습이다. 이러한 버릇을 자식들에게 보여주면서 아이들의 좋은 버릇을 바라야 한다.

요즘 가정에서 흔히 볼 수 있는 모습을 사례로 들어 알아보자. 오랫만에 시골에서 어른들이 오셨는데 자식들이 할아버지 할머니가 오셨다고 반가워서 야단들이다. 어르신들이 힘들여 들고 온

보자기는 받아들 생각은 하지 않고 어른이나 아이나 똑같이 반기기만 한다. 방에 들어와서 자리를 잡고 앉아도 그동안 별고 없으시고 일가친척 어른들도 안녕하시냐는 말인사만 늘어놓았지 절을 하진 않는다. 이러한 예의는 먼 곳에 계시든 가까운 곳에 계시든 어른이 집에 오셨거나 자손이 어른을 뵈러 갔을 때 꼭 지켜야 할 예다.

특히 절은 예의의 표상이다. 우리나라는 물론이고 세계 어느 나라든지 예를 나타내는 몸가짐이 있다. 그중 동양의 문화권에 속하는 나라들은 절을 통해 예를 나타낸다. 절에는 여러 가지 구분이 있는데 조부모에게는 최대의 공경을 뜻하는 문외배門外拜를 올리는 것이다. 같이 사는 어른이 먼 길을 떠나거나 여러 날 집을 비웠다가 돌아오면 반드시 문외배를 드렸다. 그러나 오늘날의 가정은 그런 모습을 보기가 어려워졌다. 부모가 어른에게 절을 하고 공경하는 모습을 자녀에게 보인다면 이를 보고 배운 자녀들은 커서 버릇없는 아이라고 욕먹지 않을 것이다. 이렇게 어른들이 아이들 앞에서 어른 섬기는 모습을 먼저 보일 때에 자식들이 보고 익혀서 몸에 배어 버릇이 되는 것이다.

오늘날 아이들이 '버릇없고 참을성 없다'는 말을 왜 듣게 되었을까? 지난날 어려운 시절을 보내며 한을 품고 자란 오늘의 어른들이 그렇게 만들어 놓았다. 배고픔에 찌들었던 자신의 어린 시절을 생각하면서 내 자식만은 배고픔의 설움을 겪지 않게 하겠다는 사랑이 참을성을 가르치지 못한 것이다. 일제 36년 동안의 온갖 압박과 고통을 겪은 어른들이 자신의 자손들에게는 더 이상 억압을 체험시키지 않겠다고 생각했고, 그 생각이 서양풍조의 자유바람을 타고 민주사상으로 승화되어 오늘날까지 이어지게 되었다.

또한 현대사회가 산업화되면서 발달하는 첨단기술과 정보화로 인해 아이들에게 하고 싶은 일을 참아야 할 필요성을 없게 만들고 말았다. 현실원칙 시대의 유교적 덕목이 퇴색되면서 자기가 하고 싶은 일은 무엇이든 할 수 있다는 사회적 병리가 깊숙이 침투되어 버렸다.

부모들은 자식이 사달라면 무엇이나 거침없이 사주었고, 아이들이 바라는 일이면 분별없이 하도록 버려두었다. 이는 씨앗이 되어 돈만 있으면 무엇이나 가질 수 있다는 생각을 심어주었고, 아이들이 자라면서 그 씨앗도 물질만능주의의 배금사상으로 자라 마침내는 극단적인 이기주의자로 만들었다. 어릴 때부터 이기심으로 자란 아이들은 무엇이든 제 마음대로 할 수 있다고 생각하기 때문에 참을성이 없다. 그런 아이로 만든 부모가 반성할 차례다. 부모가 먼저 바뀌어 몸소 실천으로 보여주는 모습으로 자녀를 가르쳐야 한다.

슬기로운 아버지, 어른다운 아버지의 모습을 보여라. 지금 당장 작은 것부터 실천하자. 먹고 싶은 음식을 참고 하고 싶은 일도 미루어야 한다. 아무리 배가 고파도 자식들 앞에서는 내색하지 말아야 한다. 아버지가 저녁 늦게 직장에서 돌아오면서 현관에 들어서기도 전에 자식들 앞에서 호들갑을 떨며 배고픔을 호소하지 말라는 것이다. 그래야 아이들에게 참을성을 가르칠 수 있다.

아버지는 아이에게 먹고 싶은 음식을 참을 줄 알고, 갖고 싶은 것은 무엇이나 가질 수 있는 것이 아니다. 돈만 있으면 무엇이나 가질 수 있다는 생각은 좋지 않다는 사실을 가르쳐야 하는 것이다. 아버지는 한 집안이나 사회는 물론 나라와 세계를 위하여 어떠한 값을 치르더라도 자식들을 제대로 가르쳐야 한다. 사람이 사람답게 살아갈 수 있는 세상이 되도록 자식들의 거울이 되어야 한다. 그것은 사람이 잘살기 위하여 만든 기계문명의 노예에서 벗어나 사람의 근본에 입각한 마음으로 길러내는 것이다.

| 자녀를 풀어놓고 키워라

어느 시대를 막론하고 당시의 젊은이들은 어른에게 반항적이었다. 때문에 늘 버릇없는 아이로 여겨왔다. 그런데 만약 그들이 순한 고양이처럼 사회의 미풍양속에 따라 고분고분했다면, 오히려 어딘가 잘못되어 가는 듯 이상스러울 수도 있다. 어른들은 언제나 젊은이란 생기발랄하여 때로는 난폭하고 때로는 반항하면서 말을 제대로 듣지 않는다고 생각한다. 그러나 그들이 커서 어느새 어른이 되고 나면, 다음에 자라는 아이들 또한 그러했기 때문에 어른들은 항상 그러려니 했다.

현대의 젊은이 또한 다를 바 없는데도 오늘의 어른들은 '우리가 젊을 때는 저렇지 않았는데…’ 하면서 바로 보지 않으려고 한다. 그러니 이를 당하는 젊은이들은 기분이 뒤틀려서 매사에 더 반항적이게 되는 것이다.

옛날의 젊은이와 지금의 젊은이의 다른 점이 있다면, 지금의 젊은이는 태어날 때부터 텔레비전이 있었다는 사실이다. 그러나 이 텔레비전은 말할 줄은 알지만 대답할 줄은 모른다. 때에 따라 텔레비전이 질문은 하지만, 시청자는 그 질문에 대답할 필요가 없다. 또한 대답을 하지 않는다고 해도 상관없이 진행될뿐더러, 텔레비전과 시청하는 사람과의 사이는 아무 관계가 없다.

이러한 문화를 아주 어릴 때부터 길들여지며 자라온 젊은이들은 누가 말을 걸어와도 자기 기분에 들지 않으면 모르는 척하면서 귀찮게 여긴다. 특히 텔레비전 프로그램에 매달린 아이에게 엄마가 무엇인가를 도와달라는 말을 걸면, 아이는 텔레비전에서 눈도 떼지 않은 채 “지금 한창 재미있는 것을 보고 있단 말이야.” 하고 꾸짖듯이 말한다. 심지어 어떤 엄마는 ‘텔레비전은 베이비시터baby-sitter’라고 생각하여 아이 보살피기가 귀찮을 때마다 아이가 좋아하는 텔레비전 프로그램을 틀어 놓은 채 늘어지게 낮잠을 즐기기도 한다.

인간은 어릴 때 인성교육을 어떻게 받으며 자라느냐에 따라 사람됨이 결정된다. 텔레비전에 의하여 자라는 아이가 텔레비전 속의 누구를 닮겠으며, 장차 어떠한 인격으로 세상을 살아갈 것인가?

시대에 따라 아이들의 커가는 모습이 달라져 왔다. 봉건시대의 가부장적 가정교육에 이어, 2차 대전 이후의 민주주의 유입으로 인한 사조는 지금까지의 부모 특히 아버지들의 새로운 역할 전환이 중요한 시대를 맞게 했다.

자녀들에게 회초리질은 체벌이란 명목으로 사라지게 되었고, 아이들에 대한 말씨도 함부로 할 수 없게 되었음은 물론, 경어를 잊고 거친 말을 예사로 쓰는 아이들을 가르치기 위해서라도 부모가 아이에게 경어를 쓸 수밖에 없게 되었다. 자녀들에게 친구 대하듯 언제나 친절하고 상냥하게 변해버린 아버지로 인하여, 가장 피해를 보는 쪽은 다름 아닌 아이들이라는 사실을 깨달아야 한다. 지난날의 아버지들은 권위를 휘두르는 바람에 아이들의 반항은 억눌림에서 벗어나기 위한 것이었고, 스스로 서기 위해 발버둥 치다 어느덧 성장하여 어른이 되었던 것이다. 그런데 유약해진 지금의 아버지는 상대할 거리가 되지 않을 뿐 아니라, 학교 교사도 아이들에게 어쩔 수 없이 지식만 가르치는 방관자가 되었다. 아이들은 겁나는 것 없이 제멋대로 커가는 환경이 된 것이다. 아버지도 나쁘지만 엄마의 잘못 또한 크고, 더불어 학교 선생님도 책임을 면하기 어렵다.

앞으로는 아이들을 '금지옥엽金枝玉葉' 온실의 화초처럼 가꾸며 키우지 말고, 텔레비전이 없었던 그 시대처럼 아기 때부터 자연스럽게 풀어놓도록 하자. 차라리 타고난 그대로 인성교육이나 시킨다면 사람답게 훌륭히 잘 자라지 않을까.

| 세상을 바라보는 눈을 열어라

부처님으로 득도하는 능력의 하나로 '세간해世間解'라는 말이 있다. 한 사람의 훌륭한 아버지가 되려면 이 세간해를 가져야 한다. 세간해란 세상의 모든 이법은 몰라도 자녀들의 크는 모습을 보면서 그들의 마음자리를 꿰뚫어 보는 천안天眼을 말한다. 여기서 천안통天眼通은 무엇으로도 조작하지 않고 세상일을 능히 보는 마음의 슬기이며, 세간해와 천안통은 서로 일맥상통하는 의미다.

옛말에 아버지는 하늘이라 했다. 푸르고 맑게 보이지만 막연하다. 만져지지도 않고 감각도 없다. 아득히 먼 곳에서 기운만 내보내므로 원심력을 행사하는 천안통이고 세간해다. 보이지 않는 것이 없고, 세상사 해결 못하는 일이 없다.

이에 어머니는 땅이다. 두 다리를 굳게 디딜 수 있는 넓은 땅덩이와 두터운 덕을 가지고 만물을 자라게 한다. 자식에게는 구심력을 행사하여 포근히 감싸 안고 끊임없는 사랑을 베푼다. 그러나 때론 어머니의 사랑이 지나쳐서 도를 넘어서는 경우도 있다. 어머니의 자기희생적인 헌신으로 자신의 인생에 자식의 인생까지 합하여 생각하는 것이다. 마치 자기 소유의 애완동물이나 패물처럼 자식의 독립된 인격마저 사유화시킨다. 자식에게 지나친 애착을 갖는 구심성은 자식의 홀로서기를 막는 행위다.

이런 잘못된 모정을 천안통으로 꿰뚫고 세간해의 슬기로 바로잡아주는 것이 아버지의 역할이다. 아버지의 세간해는 어머니와 자식의 마음을 열어 밖으로 향하게 하는 힘이 있다. 세상을 바르게 알려주는 일은 자식들의 인생을 구하여 장래를 열어주고, 어머니의 이기심을 깨뜨려준다. 또 아버지의 세간해는 천안통에 의하여 관찰된다. 거짓 없는 정직한 눈으로 먹고, 입고, 잠자는 것 어느 하나도 자기들 혼자의 힘으로 만들 수 없다는 사실을 알려주는 슬기의 눈이다.

인간이란 절대적으로 환경의 지배를 받는 존재다. 그래서인지 물질이 풍요해진 요즘, 세상의 젊은이들은 돈과 물질을 아낄 줄 모른다. 물질을 생산해내는 기업의 공장에서도 쓰고 버리는 물질만을 만들어내는 경향이 많다. 그러나 아무리 물자가 풍부해도 의식주를 지탱하는 단 한 가지라도 한 사람의 능력만으로는 만들 수 없다. 자연의 혜택, 인간의 노력들, 사회의 온갖 조직, 기구가 있어서 가능한 것들뿐이다. 집과 음식, 옷가지 모두 각자의 자리에서 각자의 몫을 해냄으로 인해 만들어지는 것이다. 즉, 세상의 모든 역할 없이는 우리들의 삶도 있을 수 없다는 것이다. 바로 이 점에 아버지는 눈을 돌려야 한다. 그리고 자식들에게 근검과 절약을 가르쳐야 한다.

서울에는 중산층 이상의 가정이 밀집한 고층 아파트 단지가 있다. 그 지역에 위치한 여러 학교들이 있는데, 각 학교의 분실물 보관창고에는 찾아가지 않은 학용품이나 옷가지들이 산더미처럼 쌓여있다고 한다. 선생님이 찾아가라고 타일러도 잃어버린 어린아이들이 찾으려는 생각을 하지 않는다고 한다. 처리가 곤란해진 선생님들이 울상이다. 여기에는 어머니의 잘못된 가르침이 한몫하고 있다. 물품을 잃어버리고 돌아오는 아이들에게 어머니는 꾸중은커녕 놓고 온 물건을 가지러 학교에 가겠다고 하면 오히려 어머니가 말리기 때문이다. "얘, 몇 천 원짜리 필통을 찾으려고 학교엘 또 가니? 그만둬라. 엄마가 다시 사줄게." 이 한마디로 간단하게 해결된다.

이전 세대의 학교 생활과는 너무 다른 모습이다. 고무지우개 하나도 학교에 두고 오면 찾아오기 위해 40리나 되는 학교를 다시 돌아갔다. 그 시대를 살았던 부모가 자녀에게 잘못 가르치고 있는 것이다. 아버지라도 이 사실을 깨닫고 올바른 정신을 심어줘야 한다. 지금도 지구촌 다른 곳에 굶주리고, 헐벗는 사람들로 하루에도 4만여 명이 목숨을 잃어가고 있다는 사실을 가르쳐야 한다. 아버지는 자식을 언제까지나 어린아이로만 봐서는 안 된다. 사랑에는 명분이 있고 서로의 관계가 있다. 이를 분명히 알고 행동하여야 한다. 아버지와 자식 간의 사랑은 인자와 효성이다. 형과 아우간의 사랑은 우애와 공경이다. 남편과 아내 사이의 사랑은 애정과 정열이다. 나라와 국민간의 사랑은 복지와 충성이다. 친구와 친구는 신의가 있고, 어른과 아이는 질서가 사랑의 표상이다. 예수의 사랑은 박애고, 석가의 사랑은 자비이며, 공자의 사랑은 인의에 근본을 두고 있다. 이를 분간할 줄 모르고 자기 자식이 50이 넘었어도 어린이 취급을 하다가는 부모의 그릇된 사랑의 말로를 맞을 것이다.

이에 관한 오래된 이야기가 있다. 한 선비가 가까운 마을에 효자라고 칭송받는 사람이 있다기에 효성을 배우러 그 집을 찾아갔다. 선비는 해질 무렵이 되어 그 마을에 닿아 어렵지 않게 효자의 집을 찾았다. 마침 대문 앞에 아흔 가까이 되어 보이는 어른이 계시기에 물었다고 한다.

"아무개 댁이 이 집 맞습니까?"

그러자 그 노인의 대답은 선비를 기가 막히게 했다.

"당신이 찾는 사람이 내 자식이요. 그 아이가 아침에 장을 보러 나갔는데 해가 져도 돌아오지 않아 내 걱정이 되어 대문 밖에 기다리는 것이오."

"그럼 같이 좀 앉아서 기다려 보겠습니다."

한참을 기다리는데, 저 멀리 일흔에 가까운 노인 한 분이 오고 있었다.

기다리던 노인은 벌떡 일어서며

"애야 왜 이렇게 늦었느냐? 걱정이 되어 견딜 수가 있어야지."
하며 반기는 것이었다.

선비는 얼떨떨하여 물었다.

"누구신지요?

"바로 당신이 찾는 내 아들이오."

그렇게 선비는 자신이 찾던 효자 아들과 만나 반갑게 인사를 나눴다. 그리고 하룻밤 쉬어 갈 것을 허락받았고, 밤새 아들과 효에 대한 여러 가지 이야기를 나누며 밤을 지새웠다. 다음날 아침, 늦잠을 잔 선비는 문밖에 아버지 노인의 목소리에 깨어났다.

"얘야, 그만 일어나 거라. 밤새 함박눈이 내려서 날씨가 차구나. 마루에 더운 세숫물을 떠다 놓았으니 식기 전에 세수하여라."

그 말을 듣고서야 아들 노인은 부스스 일어나면서 대답과 함께 방문을 열고 나갔다. 선비도 잠에서 깨어 밖에 나가보니, 무릎까지 내린 함박눈을 아흔이나 된 노인이 빗자루로 마당을 깨끗이 쓸어 놓았고, 마루에는 자식이 세수할 더운 물이 모락모락 김을 내뿜고 있었다. 효를 배우러 먼 길을 간 선비는 할 말을 잃었다. 그는 속으로 '에잇, 천하에 불효막심한 인간 같으니. 저런 인간을 누가 효자라고 칭송을 했단 말인가?' 하고 욕을 하면서 아들 노인에게 물었다.

"여보시오 주인장, 천하에 이런 법이 어디 있소? 아흔이 넘은 어른에게 마당을 쓸게 하고 더운 세숫물까지 대령시키다니! 이래 놓고도 효자라는 칭송을 듣기가 부끄럽지도 않소?"

면박을 주자 아들 노인이 말했다.

"당연한 말씀입니다. 때문에 나는 칠십 평생을 두고 마음 편한 날이 하루도 없었소. 오직 아버지의 마음을 편하게 해드리려고 이러한 고통을 감수하면서 살고 있는 것이오."

그리고 나름대로의 효론孝論을 말했다.

"5대 독자인 아버지가 또 아들 하나만을 두었는데, 그가 불행하게도 바로 저입니다. 어릴 때부터 저를 애지중지 키우셨는데, 나이가 일흔인 지금까지도 외동아들을 갓난아기 취급을 하고 계십니다. 저도 보기에 딱하여 아버지가 할 일을 제가 미리 해 놓으면 그것이 애처로워 야단을 치시고, 아버지는 마음 아파하시면서 그

날 하루 종일 두문불출로 방 안에 누워 걱정을 하십니다.”

아들은 나이 50이 되어서야 무엇이 효행인가를 자기 나름대로 터득했다고 한다. 바로 ‘효도란 부모의 마음을 편안하게 해드리는 것’이었다. 그래서 일흔이 다 된 지금까지도 아버지의 뜻이면 무엇이든 따르는 것이 부모의 마음을 편안하게 해드린다는 것이다. 선비도 이에 동의하고 효도의 핵심을 배우게 되었다는 이야기다.

효의 바탕은 시대가 흐르고 세상이 달라진다고 해서 변하는 것이 아니다. 하지만 부모가 자녀를 기르는 방법은 변화해야 한다. 시대의 흐름과 환경의 변화에 적응하는 능력을 가르치고, 한 사람으로서 인격을 형성시켜 사람다운 사람으로 만들어 인간이 사는 세계에서 살 수 있도록 이끌어 주어야 하는 것이다. 그것이 아버지의 세간해이며 천안통이다.

천안통은 세상의 모든 일을 알아야 한다. 이 세상 일을 다스리는 법을 아는 것이 세간지世間知이다. 아버지의 원심력 있는 세간지는 편중되지 않고 공정한 통찰로 자식들의 인격을 이해하는 것에 있다. 내 자식이 언제까지나 어리니까 감시해야 한다거나 하는 것에 깊은 사려를 한다는 뜻이다.

불경에 보면 ‘네 가지 가벼이 해서는 안 되는 일’이 있다.

첫째는 불이고, 둘째가 뱀, 셋째는 왕자, 넷째로 부처를 꼽는다. 성냥개비 하나의 불이 세상을 다 불바다로 만들어 망칠 수도 있고, 작은 뱀의 독이라도 사람을 죽이며, 아무리 어린 왕자라도 마침내 커서 세상을 휘어잡는 권력자가 되며, 젊은 나이의 석가도 득도하여 부처가 된다. 이는 작고 어림을 가볍게 봐서는 안 된다는 것이다.

가정의 어린 자식이라도 자라서 장차 한 가정의 중심이 되고, 세상의 구심점이 된다. 때문에 가벼이 길러서는 안 된다. 아버지의 세간지는 이것을 알기 때문에 자식을 하나의 인격으로 보면서 그 완성을 위해 노력해야 한다.

위의 일화처럼 자기 마음 편하자고 자녀의 마음을 불편하게 하는 아버지, 평생을 부모 품속에서 스스로 인격을 완성시키지 못하게 하는 아버지가 되어서는 안 된다. 아버지는 세상의 미련하고 어리석은 어른과 부질없이 나이만 먹으며 허송세월하는 늙은이가 있다는 사실을 인지해야 한다. 그래서 자녀들에게 나이만 많다고 존경받는 것이 아니라, 그 사람이 갖는 인격의 알맹이가 진정한 값어치로 존경받는다는 사실을 가르치자.

아버지는 지식을 가르치는 것이 아니다. 세상의 일들을 슬기로 비추는 것이다. 그러기 위해 아버지는 부질없이 세월을 보내는 어리석은 늙은이가 돼서는 안 된다. 일벌이 종일 꽃과 꽃 사이를 날아다니면서 먹이를 따다 나르고, 일개미가 쉴 새 없이 염천의 모래밭을 기어다니는 것처럼, 부지런하고 성실하게 땀 흘리는 모습의 아버지상을 그려주어야 한다.

아버지라고 위에서 윽박을 질러선 안 된다. 아버지와 아들이 아니라 인격과 인격이라는 대등한 위치에서 격론을 벌여야 한다. 그래야 참다운 커뮤니케이션이 가능해진다. 대화에 임하는 자세와 마음가짐이야말로 자식은 아버지의 원심력을 접하게 되고, 세간지를 배우면서 세상에 공헌하는 훌륭한 봉사자가 되는 길을 열어주는 것이다.

원심력 있는 아버지, 천안통을 가진 아버지, 세간지에 능한 아버지, 광활한 산천의 맥박을 전하는 아버지, 땀방울을 흘리며 일하는 아버지, 어머니와 가족을 감싸는 아버지가 참다운 아버지임을 아는 아버지가 되라. 왜냐하면 자녀들은 아버지를 마음속 깊이 새기면서 자라기 때문이다.

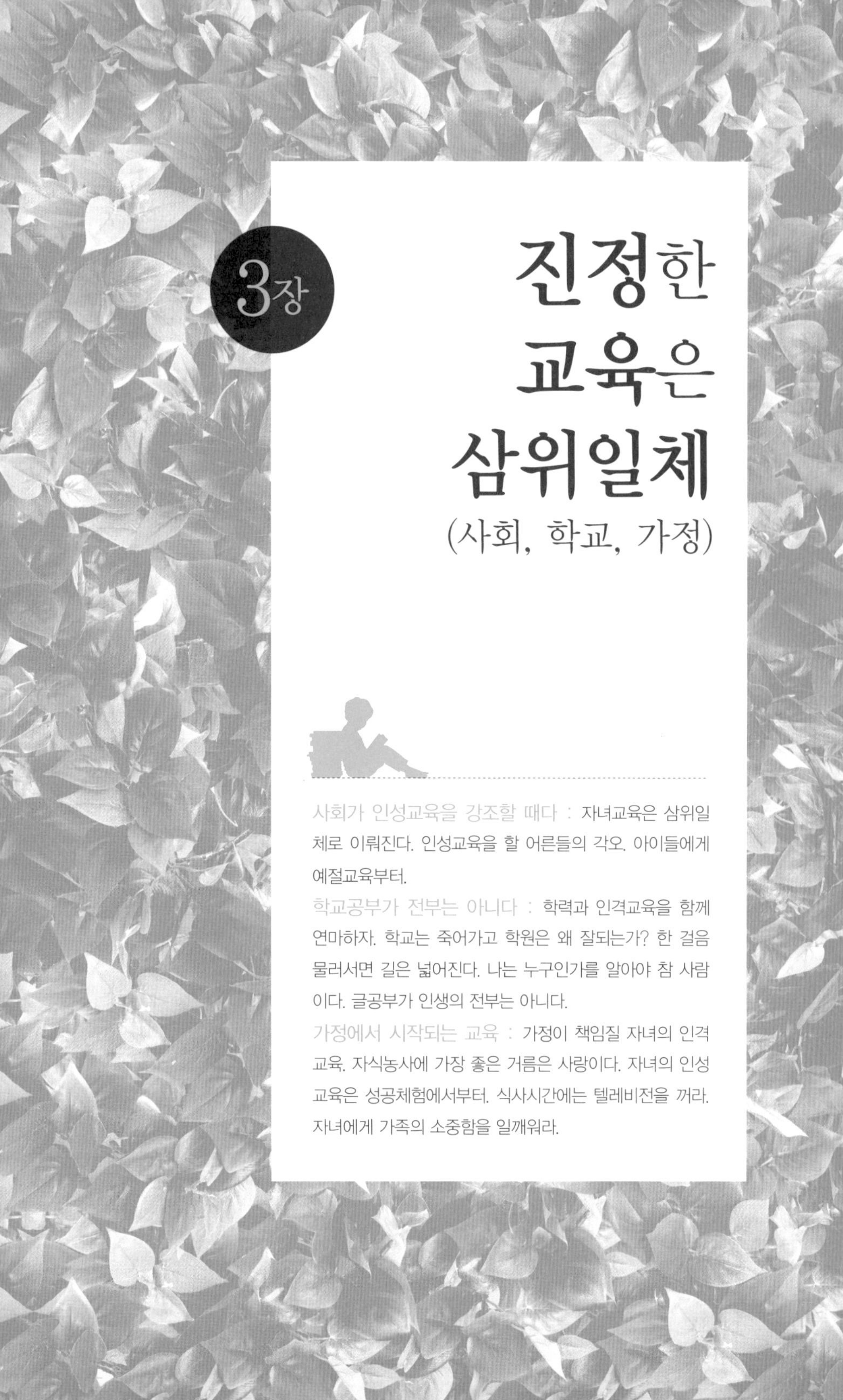

3장 진정한 교육은 삼위일체
(사회, 학교, 가정)

사회가 인성교육을 강조할 때다 : 자녀교육은 삼위일체로 이뤄진다. 인성교육을 할 어른들의 각오. 아이들에게 예절교육부터.

학교공부가 전부는 아니다 : 학력과 인격교육을 함께 연마하자. 학교는 죽어가고 학원은 왜 잘되는가? 한 걸음 물러서면 길은 넓어진다. 나는 누구인가를 알아야 참 사람이다. 글공부가 인생의 전부는 아니다.

가정에서 시작되는 교육 : 가정이 책임질 자녀의 인격교육. 자식농사에 가장 좋은 거름은 사랑이다. 자녀의 인성교육은 성공체험에서부터. 식사시간에는 텔레비전을 꺼라. 자녀에게 가족의 소중함을 일깨워라.

1. 사회가 인성교육을 강조할 때다

| 자녀교육은 삼위일체(가정, 학교, 사회)로 이뤄진다

자라는 어린아이들에게는 가정과 학교, 사회가 삼위일체로 교육의 균형을 잡았을 때 비로소 완전한 인격 형성을 기대할 수 있다. 가정은 사회를 만들고, 좋은 사회 속에서 가정을 이룬다. 가정에서 교육을 받고 더 넓은 사회로 나아가기 위해 학교에서 교육을 받는다. 가정과는 또 다른 집단생활을 통해 사회성을 기르며 더 크고 많은 지식을 쌓는 곳이 학교다. 가정은 학교처럼 단순히 지식만을 학습하는 곳이 아니다. 오랜 시간 꾸준히 부모의 바탕 아래서 배움에 걸맞은 인성을 쌓아가는 곳이다.

아이가 가장 먼저 접하는 교육은 가정교육이다. 부모들은 결코 짧지 않은 기간을 자녀의 먼 장래를 위하여 헌신한다. 뱃속에 있을 때부터 수재로 키우기 위해 진자리 마른자리 가려가며 부모가 할 수 있는 모든 환경을 동원한 가정교육에 골몰하면서 유아기를 보낸다. 그리고 아이들은 더 넓은 사회로 나아가기 위해 교육을 하는 곳인 학교로 보내진다. 부모는 자녀를 학교로 보내기에 앞서 그 많은 지식을 받아들일 그릇을 먼저 만들어야 한다는 사실을 알아야 한다.

이전 세대만 해도 축척해야 할 지식이 그다지 많은 양은 아니었다. 하지만 오늘날 정보화시대에 접어들면서 나날이 쏟아지는 지식의 양이 너무나 방대해졌다. 지난 세대처럼 그저 사람의 바탕인 인성만을 갖추면 되는 시대는 이미 지나간 것이다. 사람다운 인성은 기본이고 방대한 지식을 수용하여 인간세계에 공헌할 가치를 익히는 시대가 되었다. 이 엄청난 지식을 축적할 그릇으로 자식을 키워주는 것은 먼저 아버지의 역할에 달렸다.

아무리 훌륭한 환경의 사회에 자녀를 내어놓아도 적응할 능력이 없으면 살아갈 수 없다는 사실을 미리 알고 교육해야 하는 것이 바로 아버지의 역할이다. 역할에 충실하기 위해서는 어머니와의 협력이 필요한데, 어머니로 하여금 어느 한 때도 놓치지 말고 아이들과 끊임없이 접촉하도록 환경을 만들어야 한다. 그리고 아버지는 세대를 초월하는 커뮤니케이션의 달인이 되어야 한다. 아이들이 게임을 즐겨하면 아버지도 그 게임을 할 줄 알아야 한다. 자녀와 더불어 게임을 즐기면서 넌지시 그들의 마음을 묻고 짚고 넘어갈 수 있는 것이다.

커뮤니케이션은 대상이 서로 대등한 관계일 때 진지하고 연속성이 생긴다. 부모는 자신이 어른이라고 하여 아이들을 깔보거나 자녀들의 말을 대수롭지 않게 받아들인다면 그것은 대화가 될 수 없다. 그저 어른이 아이에게 하는 지시나 꾸중이 되는 것이다. 물론 꾸중의 필요성도 있다. 자녀들의 잘못된 일은 바로잡아주는 것이 꾸중이다. 꾸중은 그때그때 지적하여야 한다. 오래된 잘못을 끄집어내는 것은 듣기 싫은 잔소리가 되는 것이니 오래된 일은 덮어두는 것이 좋다.

자녀의 잘못을 발견하는 것은 부모가 서로 협력하되 어머니가 밀고자가 되어서는 안 된다. 어머니가 알아낸 자녀의 잘못은 어머니가 꾸짖어야 한다. 아버지의 꾸중은 추상같아야 한다. 엄하고 단호해야 하는 것이다. 그러나 어머니의 꾸중은 아버지와 달리 너그러워야 한다. 아이를 끌어안고 더불어 뉘우치게 하는 역할이 어머니의 꾸중이다.

이전의 대가족 세대에서는 꾸중을 할머니나 할아버지가 하였다. 물론 고발자는 아버지와 어머니가 된다. 할아버지가 꾸짖을 때는 온 가족이 꾸중의 대상이며, 잘못을 저지른 손자가 아닌 평소에 자식을 잘못 가르친 부모를 꾸짖는다. 추상이 아닌 벼락같은 꾸중이다. 이는 슬기로운 대처였다. '풀밭을 쳐서 뱀을 놀라게 한다'는 방법을 쓰는 것이다. 할아버지의 간접적인 꾸중으로 아이는 잘못을 저지른 자기 대신 아버지와 어머니가 꾸중을 듣게 되는 것이 죄송하여 더 큰 뉘우침을 얻게 된다. 이 효과를 노린 슬기로움이 할아버지에게는 있었던 것이다. 그렇게 할아버지의 꾸중이 끝나면 부모는 자식을 데리고 다른 곳으로 가 반성할 기회를 함께 갖는다. 바로 이때가 가장 좋은 대화시간이 될 수 있다. 이렇듯 자연스럽게 이뤄지는 자녀와의 대화시간에서 슬기로운 어른들은 스스로 어린아이가 되어 대화를 이끌어 간다.

요즘은 세대 간의 대화가 없다고 한다. 그것은 일대일의 대등한 관계로 이뤄지지 않기 때문이다. 자식들이 성장하고 있다는 것은 그들도 부모와 같은 어른이 되고 있다는 증거다. 어른이 되고 있는 아이들을 언제까지나 어머니 품 안에서 젖을 먹던 갓난아기로만 생각해서는 안 된다. 자라나는 자녀에게 걸맞은 대화로 분위기를 이끌어 나가는 부모가 되어야 한다.

사람의 그릇은 성장하면서 환경에 따라 이루어진다. 가정교육이란 한마디로 그릇 만들기인 것이다. 때문에 자녀의 기량을 크게 하여 사회에 공헌하는 인간을 만들기 위해서는 아버지의 끊임없는 보살핌과 노력이 필요하다. 큰 그릇에는 작은 것이 들어가지만 작은 그릇에는 큰 것이 들어가지 못하는 법이다. 그러니 아이의 그릇이 작으면 학교에서 아무리 훌륭한 지식을 가르쳐도 받아들이지 못하고, 조그마한 지식에도 그릇이 차고 넘쳐서 바라는 성과를 얻지 못하게 되는 것이다.

학교는 가정보다 큰 집단이다. 아이들은 가정이라는 한정된 둥지를 벗어나 아주 다른 환경에 놓인다. 또한 많은 또래들과 어울리게 되어 재미있는 놀이도 하게 된다. 산업사회로 진보하면서 교육제도도 다변화되었다. 학교에서 선생님은 앞서있기 때문에 아이들을 가르치고 이끄는 구실을 하고, 스승은 우뚝하게 뛰어난 사람이므로 아이들이 보면서 배우는 대상이다. 그래서 선생님은 직업을 가진 교사이고, 스승은 직업으로 여기지 않는 사부인 것이다.

스승이 스스로를 비하하여 선생님이 된 것이 아니라, 시대의 흐름이 가져온 체제가 그렇게 만들었다. 지난날의 스승은 기껏해야 열 명 안팎의 제자를 데리고 함께 기거하면서 제자들의 본보기가 되는 존재였다. 학문은 물론이고 그 마음, 바탕, 몸놀림까지 스승을 본받아 배우게 하는 것이다. 그러나 늘어나는 인구에 걸맞게 만들어진 현대사회에서는 한 사람의 스승이 몇 안 되는 제자를 앞에 놓고 '가라사대'를 읊조릴 수 있는 시대가 아니다. 그러니 부모들은 아이들에게 "지난날의 스승들은 지금의 선생님들과는 달랐는데….."라는 식의 말을 해선 안 되는 것이다.

오히려 옛날의 교육방법보다는 지금이 더 향상되고 좋아진 건 사실이다. 세상을 살아가는 데 필요한 온갖 지식을 전문적으로 배운 전공 선생님들의 기술적이고 체계적으로 가르치고 있기 때문이다. 그러니 안심해도 된다. 정작 걱정해야 할 것은 학교 선생님이 우리 자녀들에게 지식을 전달했을 때 이를 얼마나 받아들일 수 있느냐 하는 그릇의 크기 문제다.

큰 그릇은 아버지의 책임 아래서 만들어진다. 어머니가 검은 띠 태권도복을 입은 딸아이를 피아노 교실로 보내려거든 잘 타일러서 한 가지에만 열중하도록 이끌어야 한다. 속셈학원에 다녀온 아들이 책가방도 놓기 전에 어머니가 수영장으로 데려가려거든 아버지가 설득해야 한다. 쟁반에 물을 담으려 한다거나, 1리터 그릇에 10리터의 물을 담으려고 하면 당연히 넘치는 것처럼 아이의 그릇 역시 많이 넣어 준다고 커지지 않는다.

큰 그릇은 서둘지 말아야 한다. 유아기를 지나 초등학교에 다니는 어린이들은 얼마든지 그 그릇을 더 키울 수 있다. 자라는 어린이들을 꿈나무라고 하듯 아이들의 꿈은 희망이다. 부모가 그들에게 희망을 주어야 한다. 사람다운 마음을 바탕으로 그릇을 크게 하려면 아버지가 세상이 넓다는 것을 가르쳐 주어야 한다는 것이다.

"한 마리 노루를 잡으려고 그놈만 쫓다 보면 온갖 짐승이 다 살고 있는 산을 보지 못한다."는 말이 있다. 눈을 크게 뜨고는 넓은 세상을 볼 수 없어도, 그릇이 큰 사람은 반드시 넓은 세계를 보는 법이다. 아이들의 그릇은 지각이 열려서 굳어지기까지 자라면서 큰다. 이 그릇이 커서 굳어지기까지는 오직 아버지의 힘으로 만들어야 한다. 가정의 어머니도, 학교의 선생님도, 사회의 정치가도 할 수 없는 일이다.

학교 교육은 인격 형성의 한 과정이다. 우스갯소리로 하는 "학교 성적이 인생의 전부가 아니잖아요."가 이제 철학이 되었다. 이 시대가 어떻게 해서 한참 꿈을 먹으며 자랄 아이들을 입시지옥으로 몰아넣고 있는 것이지 모르겠지만, 이 나라의 지옥 같은 교육 제도에서 그들을 건져낼 천사는 오직 큰 그릇을 가진 아버지밖에 없다.

아버지는 그릇이 커야 한다. 그래야 그 큰 그릇 속에서 자녀들이 큰 그릇으로 자라는 것이다.

아이가 집에 돌아와 울면서 옆자리에 앉은 공부 잘하는 아이를 미워할 경우 어머니는 슬기롭게 타일러야 한다. 만약 짝이 수학을 100점 받았다고 울상이면, "너는 전에 국어를 100점 맞았잖니." 하고 자긍심을 갖게 해주는 것이다. 큰 그릇으로 자라는 아이들은 학교에서도 또래끼리 시샘하거나 미워하지 않으며 큰 그릇 구실을 한다. 아이들에게 지나지게 경쟁심을 부추기면 큰 그릇이 되지 못한다.

경쟁의 승부수에서 시작된 삶은 죽을 때까지 그 사슬에서 벗어날 수 없다. 그렇기 때문에 평생을 초조하고 고달픈 길을 걷게 된다. 경쟁에서 앞장 선 사람은 희망적인 가능성이 없다. 언제나 탈락의 우려와 추월될 염려만이 있을 뿐이다. 그러나 뒤쫓는 사람은 앞지를 수 있다는 희망이 있다. 따라가는 동안 자기 삶을 돌아보고, 찾아 볼 여유가 있고, 즐거움이 있음을 자녀에게 가르쳐야 한다. 학교의 1등이 사회의 1등일 수 없고, 인생살이의 1등이 아니라는 것을 알려주어야 하는 것이다.

아버지들은 참다운 인간으로서 나란 무엇인가를 생각하고 자녀를 키워야 한다. 그래야 오늘까지 애써 키운 큰 그릇을 깨뜨리지 않고 잘 보존할 수 있을뿐더러, 이 세상을 위해 공헌하는 그릇으로 커가는 것이다.

| 인성교육을 할 어른들의 각오(覺悟)

국가의 교육정책이 갈팡질팡하는 가운데 물결에 휩쓸리지 않고 '교육은 백년대계'임을 깨닫고 끊임없이 노력해야 한다. 그러나 사회에서는 열심히 일하면서 가정에서는 인성교육을 게을리하는 사람들이 많다.

그런데 이들을 도와줄 제도적 장치가 취약하다. 또 누구라도 나서 사회에 바람을 일으켜 효과를 거두기는 어려운 실정이다. 인성교육의 전문가가 아닌 일반적으로 생각해 볼 수 있는 문제들을 생각하고 깊게 자각하는 계기를 마련했으면 한다.

인성교육이 오늘과 같이 절실하게 된 시대적 배경에는 중세기를 지배했던 봉건사회의 '헌신적 도덕윤리獻身的 道德倫理'의 붕괴를 들 수 있다. 봉건사회는 물질중심으로 인간과 인간과의 관계를 생각하는 경제학이 대두된 시대였다. 이러한 국면에서 인간사상을 객관적 몰가치적 영역으로 몰고 갔다. 거기에는 자연과학적 방법을 충실하게 적용할 수 있었지만, 그 당시 시대에 살았던 인간의 가치판단이나 결의 등은 쉽게 버리지 못했다.

경제 중심적 사상사思想史는 '정신적 영역이 인간의 주체적인 실존을 지탱한다'는 사실을 너무 가볍게 만들었다. 당시의 헌신적 도덕은 목숨을 건 절대 절명의 극한상황에 직면한 선비儒生와 무사武士들의 모습에서 볼 수 있다. 봉건사회가 주종관계主從關係로 이루어진 사회이기 때문에 가능한 일이었다. 특히 동양문화에는 도덕을 떠난 경제를 생각할 수 없었던 것이 가장 아름다운 특징이라고 할 수 있다. '온몸을 바치면獻身, 반드시 그 대가代價를 받는다'는 것인데, 국가와 주군에게 헌신하면 국가로부터 녹봉(토지)을 받는다거나 가문과 조선에게 헌신하면 반드시 국가나 사회 또는 가문에서 그에 응당한 보상을 받게 되었다.

이러한 풍조는 면면히 이어져 지금에 이르고 있다. 아이가 어른에게 어깨를 주물러 드린다거나 심부름을 하면 어른들이 으레 용돈을 주거나 그에 해당하는 요구 등을 들어준다. 이런 행동으로 습관화된 것이 바로 '헌신적 도덕'이 낳은 부산물인 것이다.

우리 사회에 대두되고 있는 것은 경제인간(homo economicus=호모 에코노미쿠스)사회다. 사람이면 누구나 경제생활을 떠나서는 하루도 살 수 없다는 기본적 사상을 말하는 것이다. 곧 '경제중시사상'인데 이는 근대사회에 들어와 '잘살아 보세'라는 구호로 목소리를 높였고, 돈벌이가 된다면 못할 일이 없다는 가치관이 전도되어 사회 구석구석에 파고들었다.

경제학의 대부로 알려진 영국의 아담 스미스(1723~1790, 옥스포드대 교수)는 "도덕을 떠난 경제를 말할 수 없다."고 경고했다. 그럼에도 불구하고, 이 시대의 경제는 어떠한가?

오늘날 서구근대사회西歐近代社會는 제2차 대전 이후, 극단적인 이기주의利己主義=egoism가 팽배하기 시작했다. 마침내 전 세계를 석권하여, 우리나라 어린아이들에게까지 번지고 말았다. 그러니 오늘날 인성교육이 얼마나 중요한가를 강조하지 않을 수 없게 되었다. 즉, 오늘에 이른 우리 사회에서 사람을 사람답게 살도록 가르친다는 일이 얼마나 중요하고 어려운지 알아야 한다는 것이다.

결론을 말하자면 '인간의 피상적인 평등의식皮相的平等思想'부터 알아야 한다.

민주시민이라면 누구나 '법法 아래에선 누구나 공정公正 평등平等하다'는 것을 알고 있다. 그러나 경제적 평등에 대하여 다른 말을 하는 사람이 없다. 또한 안타깝게도 인격人格과 인격의 평등까지를 파고드는 사람이 없다. 즉 법률적, 문화적, 경제적, 정치적 등 생활의 모든 분야를 지탱하고 있는 인간바탕人性의 존엄성에 대하여 알아야 한다는 것이다.

우리는 평등을 말하기에 앞서, 인간이 세상에 태어날 때부터 가진 천부적天賦的인 존엄성을 알아야 한다. 관념철학자 임마누엘 칸트(Kant, 1724~1804)도 보편적인 인격만이 아니라 실존철학이 말하는 개별적, 주체적인 실존을 생각하여 "개인끼리 교환 불가능한 존엄을 갖고 있다."고 말했다. 서로가 인격이나 실존을 존중하면, 경건하고 겸허한 인성이 표출된다는 것이다. 그러나 칸트가 본 보편적 도덕률은 인간의 유한성과 왜소성矮小性에 맞지 않은 부분이 있다. 때문에 이를 보완하여 인성을 설명하는 것에는 동양의 성리학이 말하는 사단칠정론四端七情論이 가장 적절하다고 생각한다.

이상과 같이 어려운 과정을 겪은 지금 사회에서 인성교육을 논하기 위해서는 먼저 현대사회의 병리病理를 꿰뚫어야 할 식견이 있어야 한다. 왜냐하면 사회병리란 짧은 시간에 형성되거나 만연되는 것이 아니라, 오랜 시간을 두고 많은 사람에게 보편적으로 오염된 습관이기 때문이다. 이를 치유하려면 '어떻게 해야 남을 위하여 일할 수 있는 자녀로 키울 수 있는가'에 달려 있다. 이를 어른들이 자각하여 앞서 마음을 가다듬고 언행言行을 올곧게 하지 않으면 인성교육은 이루기 어렵게 된다.

인성교육에 대한 현행 문교정책의 커리큘럼에 따르면, 그 첫째가 '목적의식의 상실'을 들 수 있다. 보통 유치원이나 초등학교에서 가르치는 내용을 보면, 지난날 도덕교과나 사회교과의 내용과 다를 바 없는 '부모나 선생님 말씀 잘 듣고, 친구와 이웃끼리 잘 지내며, 공중도덕을…'이다. 교육의 중점이 고작해야 윤리도덕의 범주를 못 벗어나고 있는 것이다.

또한 중·고등학교의 교제를 보면 천편일률적으로, '견실한 국가관, 세계 인류의 평화와 복지사회 구축, 아니면 지역사회를 위한 기여' 등을 가르치는 지식교육에 머물고 있다. 더구나 모든 교육들은 늘 '경제중시사상'을 우위에 놓고 있어서 결국 인간으로 하여금 이해타산적 감정을 고무시켰다. 또한 시간이 흐르면서 점차 사람들을 완전한 이기주의의 노예로 만들어 버리고 말았다.

이러한 사회병리가 만연한 가운데에서 인성교육을 말한다는 자체가 어려운 일이다. 그러나 아직 감염되지 않은 어린이들을 보호하고, 앞으로 사회를 이끌어갈 이들을 위해 어른들은 이미 사회병리를 앓고 있더라고 이를 스스로 깨닫고 인성교육에 앞장서야 할 것이다.

| 아이들에게 예절교육부터

인간에게 있어서 예절은 법률보다 중요한 일이다. 사람들이 어울려 살기 위해서는 더욱 그렇다. 사람이 예의범절을 익히고 있느냐 아니냐에 따라서 까다로운 사람과 편안한 사람, 타락한 사람과 청렴한 사람, 저속한 사람과 고상한 사람, 조악한 사람과 품위 있는 사람으로 구분한다. 뿐만 아니라 도덕적인 범위까지 판단하는 잣대가 된다. 또한 예절은 도덕의 아주 작은 기초이기 때문에 우리들은 일상생활에서 남을 존중하고, 인간관계를 좋게 구축할 뿐 아니라, 그것이 쌓이고 쌓이면 전체의 도덕적 생활기반으로 삼고 있다.

어릴 때부터 예절교육을 잘 받은 사람을 보면 공통적으로 인사성이 밝다. 복잡한 엘리베이터를 탈 때도 "미안합니다."라고 양해를 구하고, 여러 사람이 둘러앉아 식사를 할 때도 "먼저 드십시오."라고 기다릴 줄 안다. 또한 많은 사람이 함께 걷는 길에서 보행에 불편한 장애인을 만나면 길을 비켜주는 등의 배려를 한다. 아주 작고 사소한 일일 수도 있지만 이러한 예절들이 모이면 이

사회가 훨씬 밝아질 것이다.

요즘 학교에 가보면 선생님들은 아이들에게 바른 예절을 가르치느라 곳곳에 좋은 글귀를 써 붙여 놓은 것을 볼 수 있다. 그러나 수업이 끝나고 복도에 나온 아이들은 정작 시끄럽게 떠드느라 옆 사람의 말을 알아듣지 못할 지경이다. 하물며 수업시간에도 선생님이 계신 앞에서 공부에 열중하는 옆 친구에게 장난을 거는 아이들을 볼 수 있는데, 그런 아이의 대부분은 가정에서 기초예절조차 교육받지 못한 경우가 많다.

어른 사회에서도 사람이 많이 모인 곳에서 뻔뻔스러운 행동을 하는 사람들을 흔히 볼 수 있다. 그들 중 대부분은 고등교육을 받고, 모든 면에서 남보다 많은 것을 가진 사람들인 경우가 많다. 그런 사람들을 잘 살펴보면 건방을 떠느라 그런 것이 아니라, 불행하게도 어릴 때부터 예절교육의 기회를 놓친 것을 알 수 있다. 그래서 예절의 바탕은 '겸손과 사양'이라는 말이 여기에서 나오는 것이다.

예절교육의 적기는 아이들이 초등학교에 들어가기 전이다. 보통 유치원에서 준비과정을 거치는 동안 기초예절교육을 익히도록 해야 한다. 그러나 요즘의 엄마들은 예절은 뒷전이고 영어공부부터 가르치길 원한다. 때문에 유치원에서도 엄마들의 바람에 맞게 영어공부를 우선적으로 하고 있다.

반면 이웃 일본의 유치원을 가보면 화장실 앞에 길게 늘어선 줄을 볼 수 있다. 먼저 들어간 친구가 나오기를 기다리는 아이들의 모습이다. 예절을 기본으로 질서를 지키는 모습에서 그들의 바른 미래가 그려지는 장면이다.

예절교육은 생활의 기초질서다. 영어공부뿐 아니라 그 어떤 공부보다도 중요한 것이 바로 예절교육이다. 아이들에게 인사예절부터 시작해 사람이 서로 어울려 살아가는 법부터 가르쳐야 한다. 예절교육은 그들이 어른이 되었을 때 앞으로의 사회가 사람답게 살 수 있는 세상이 되도록 하는 가르침이기 때문이다.

미국의 뉴욕주립대학의 도덕성발달심리학 교수인 토마스 니코나 박사가 쓴 책 가운데, 아이들의 기초 예절교육의 지침을 알파벳순으로 엮은 것이 있어 소개하고자 한다.

Accept a compliment graciously. = 칭찬하는 말을 좋게 받아들이자.

Be on time. = 시간을 지키자.

Clean your hands. = 손을 깨끗이 씻자.

Do chew with your mouth closed. = 먹을 때 잡담을 금한다.

Elbows off the table. = 책상 위에 팔꿈치를 올려놓지 말라.

Friendliness to others. = 친구끼리는 사이좋게 지내자.

Good grooming shows self-respect. = 몸가짐을 아름답게 하여, 자기를 소중하게 여기라.

Hang up your clothes. = 옷은 반드시 옷걸이에 걸어라.

Interrupt only for a very important reason. = 별일도 아닌 일에 끼어들지 말라.

Join in and include everybody. = 친구와 어울릴 때는 여러 친구와도 함께

어울려 즐기라.

Kindness to all living hand. = 모든 생물을 상냥하게 대하라.

Lend a helping hand. = 어려운 이웃을 도와주자.

Magic words "please" and "thank you" = 항상 고운 말로, "〜먼저" 또는 말끝마다 "고맙습니다." 하고 인사한다.

Never point or laugh at others. = 남을 손가락질하거나, 함부로 웃는 일이 없도록 하라.

Obey the rules. = 약속을 꼭 지킨다.

Pleasant tone of voice is a plus. = 기분 좋은 어조로 말하자.

Quiet when others on special occasions. = 남이 일할 때나 잠자고 있을 때는 조용히 하라.

Remember others on special occasions. = 축하할 남의 일을 잊지 말고 챙겨라.

Sit up straight. = 앉을 때는 자세를 바르게 한다.

Thank the host of hostess. = 친구의 부모에게도 감사의 인사를 하자.

Use your beautiful smile. = 언제나 웃는 얼굴로 남을 대한다.

Visit a friend who is lonely or sick. = 외로운 친구나 병든 친구를 위로하라.

Watch out for little ones. = 형제는 특히 자매를 잘 돌봐 준다.

"X" out bad had habits. = 나쁜 습관을 과감하게 버려라.

Yawn if you must, but cover your mouth. = 하품할 때는 자연스럽게.

Zip your zipper. = 지퍼(단추)는 항상 잠궈라.

2. 학교 공부가 전부는 아니다

인성교육을 강의하면서 인격교육을 강조하면, 학교 교사나 학부모들은 하나같이 입을 모아 "공부하기도 힘겨운데, 인격교육을 언제 시켜요." 하고 반론한다. 이는 인격교육을 너무 어렵게 여기거나 잘 모르기 때문에 하는 말이다. 한 그루의 나무가 자라는데도 비옥한 토양과 공기는 물론 적당한 물과 비료 등 그에 맞는 환경이 필요하듯, 한 사람이 인격적으로 커가는 데도 복합적인 양육이 필요하다.

국가에서는 교육구청 단위로 초, 중, 고등학교별 '인성교육 시범학교'를 지정하여 집중적으로 인격교육을 실시하고 있다. 사실 모든 학교에 시행해야 할 인격교육(인성교육)을 지금에야 시범적으로 실시하다 보니 인격교육을 무슨 기능교육인 줄 착각하고 있는 것 같아 걱정스럽기도 하다.

인격교육이란 사람으로서 마땅히 갖추고 있는 인성을 훼손 없이 본래 그대로 가꾸며 키우는 것이다. 비유한다면 어린 나무를 땅에 심어 놓고, 잘 돌보며 가꾸면 쓸모 있는 재목이 되는 이치와 같다. 만약 우리가 아이들에게 인격교육은 도외시하고, 학력 향상을 위한 공부에만 치중하여 일류대학을 나와 대기업이나 관료 사회로 진출하여 출세를 하게 됐을 때 그에게 인격이 없다면 어떻게 될까를 생각해 보면 답은 쉽다.

사람에게 인격이 있듯 물품에도 품격이 있다. 생산 공장에서 물건을 함부로 만들어 포장만 근사하게 싸서 백화점에 진열해 놓은 것을 고객이 구입하여 알맹이를 써본다면 반품은 십중팔구다. 하찮은 물품도 이러한데 사람인 경우에 지식이나 재능으로 포장된 인간이 사회에 출세하여, 모자란 인격으로 제 역할을 할 수 있을 것인가? 이를 일찌감치 파악한 세계의 선진국들에서는 벌써부터 인격 향상과 학력 향상교육을 병행하는 프로그램을 짜서 모든 학교가 시행하고 있다. 그 효과에 대한 결과 보고는 세계의 여러 학회지의 논문으로 게재되고 있는 중이다.

한 예로 미국 캘리포니아주 주립발달교육센터에서는 3년간에 걸쳐 '인격발달 프로젝트'를 실시한 12곳 초등학교와 실시하지 않은 초등학교 12곳을 비교한 결과를 발표하였다.

인격발달 프로젝트는 총합적인 인격교육의 프로젝트로서, 여러 가지 커리큘럼, 올바른 가치관을 배양하는 아동문학, 협력학습, 발달적인 과제와 더불어 학급과 학교 내에서의 자진학습추진, 가정과의 연대강화 등으로 짜여 있었다. 그 결과 프로젝트를 실시한 학교의 아이들은 학급 내에서의 소행, 공부에 대한 향상심, 독해력과 창의성에서도 높은 평가를 받았을 뿐 아니라, 중학교에 진학한 뒤에도 학력이 뛰어났음을 확인할 수 있었다.

더 나아가 그들은 대학생활에서는 물론, 사회에 진출한 뒤에도 대인관계에 있어서나 협력하여 문제를 해결하는 능력이 뛰어났고, 종합학력 테스트나 일상생활에서도 평균 평점 이상의 능력을 발휘한 것으로 나타났다고 한다.

이제 우리도 변화해야 한다. 특히 자녀를 키우는 부모는 우선적으로 아이들에게 훌륭한 인격자가 될 수 있도록 가르쳐야 하며, 그 다음으로 장차 인류사회를 위하여 공헌함으로써 행복한 인생을 누릴 수 있도록 진정한 가치를 일깨워 주는 것이다. 그러지 위해선 멀리 봐야 한다. 단지 눈앞에 보이는 학력일변도에서 아이들을 가르치지 말고, 인격과 학력이 더불어 향상되는 인격교육은 가정에서 아주 쉬운 기초부터 실시할 수 있도록 하자.

1. 공부를 왜 열심히 해야 되는가의 책임감 심어주기(일류대학에 가는 것만이 아닌 다른 목적을 설정함)

2, 하찮은 일이라도 시작했으면 끝을 보는 근성을 길러준다

3. 정리와 정돈의 습관화(일상생활도구 – 침구, 책장 – 정리 등)

4. 시간 지키기와 시간 활용하기

5. 자기통제와 분발심 기르기

6. 정직함의 가치를 알게 한다

7, 남을 배려하는 습관과 존중하는 마음가짐 키우기

8. 철저한 준비

9. 무슨 일이건 최선을 다해야 한다는 저력 키우기

10. 집중력과 인내력 키우기

11. 깜짝 놀랄 일도 예사롭게 수용하는 담력 키우기

12. 싫은 일도 참고 견디며 해낼 수 있는 덕을 길러준다

학교는 죽어가고 학원은 왜 잘되는가?

중·고등학교의 교육은 정부의 평준화 정책과 입시 수능시험 등의 정책변화로 자주 혼탁해지는 경우가 많다. 교육의 백년대계를 위해 시행착오를 겪으며 연구에 연구를 거듭한다면 마침내는 좋은 효과를 거둘 수는 있을 것이다. 그러나 지금까지는 정권이 바뀌고 교육부처의 수장首長이 갈리면, 어김없이 잘나가던 시책도 180도로 방향을 틀고 만다. 이는 백년대계가 아니라 5년 대계에도 못 미치는 꼴이라고 볼 수 있다.

이처럼 국가의 교육정책이 난맥상일 때 그 피해는 고스란히 학부모와 학생들에게로 돌아간다. 그럴수록 피해자인 국민(학부모들)이 정신을 차리고, 자녀교육에 정신을 쏟아야 한다. 우리 사회에

만연한 출세가도. 즉, '특수고등학교와 유명학원을 보내서 대입 성적을 높여 일류 상위권대학에 입학해야 졸업해서 대기업에 취직할 수 있다. 이것이 곧 밝은 인생이 보장된다'는 출세 방정식을 버리지 않는 한, 앞으로도 악순환은 계속될 것이다. 이는 우리의 사회를 건강하게 할 수 없다. 우리가 후세의 장래를 걱정하는 이유이기도 하다. 이러한 병폐를 불식拂拭하려면, 모든 교육의 밑바닥에 인성교육이 깔려야 된다. 누구나 알고 있는 사실이지만 막상 실천을 하자니 막연하여 손을 쓸 수 없다는 게 관심있는 이들의 걱정이다.

인성교육의 대개大槪를 말하면 '사람이 사람답게 되는 교육'이라 말할 수 있다. 그래서 우리의 자녀들이 어릴 때부터, 잘살 수 있는 기능 교육에 앞서 사람다운 심성교육에 더욱 관심을 두어야 한다.

요즘 언론에 따르면, 초등학교 때부터 기능교육을 시켜 글로벌시대에 살아남을 수 있는 인재를 양성해야 된다는 주장이 대두되고 있다. 물론 어릴 때부터 뛰어난 기능을 연마하여 남보다 더 이 세상을 잘 살아나가게 된다면 좋은 일이다. 그러나 나만 혼자 살아가는 세상이 아니다. 특히 글로벌시대에 남을 뛰어넘어 잘살려면 그에 따른 사람됨이 성숙되어 있어야 한다. 그러기 위해선 아이들의 인성교육을 어떻게 시켜야 될까. 가장 쉬운 길은 가정에서의 부모들의 역할이다.

가장 먼저 자녀들에게 자연自然을 가르쳐라. 어릴 때부터 호연지기浩然之氣를 체험시켜야 한다.

세계는 물론, 우리나라도 도시화의 급격한 발달로 인해 농촌에도 고층아파트가 들어서고, 아이들의 생활환경은 인공화人工化를 벗어나지 못하고 있다.

걷는 곳은 온통 아스팔트로 덮여있고, 위를 올려다보면 고층빌딩에 가려 푸른 하늘을 볼 수 없으며, 길거리는 온통 오색찬란한 퇴폐간판으로 숲을 이룬다. 아이들은 점점 자연과 멀어져 가고 있는 실정이다. 순박한 어린 심영에 투영되는 이미지는 인성을 갉아먹는 벌레뿐인 것이다.

시장에 늘어놓은 먹음직한 과일이나, 아침저녁으로 밥을 짓는 쌀과 보리 등의 곡식이 어떻게 생산되는지를 잘 모른다. 농촌에 가보지 못한 아이들은 논밭의 형태도 모르고 있는 것이다. 벼가 익어가는 가을의 금빛물결을 모르고, 사계절 땀 흘려 일하는 농부의 노력은 더욱 알 리 없다. 그러니 집안에서 일상으로 쓰고 있는 가구나 책상은 물론 문방구에 이르기까지 못이 빠지거나 사소한 고장이 나도 고쳐 쓸 줄 모르고 버리고 마는 것이다.

옛날에는 초등학교 교과목에 공작, 서예, 제봉, 작업 등이 있어서 고쳐 쓰는 것은 예사였다. 학교과목에는 없지만 요즘에는 많은 돈을 들여야 할 수 있는 체험학습이 많다. 오히려 옛날에는 체험교실의 과정을 교실에서도 체험할 수 있었다.

현대는 편리한 라이프스타일을 추구한다. 이런 생활습관은 아이들에게 생활체험의 폭을 좁힌다. 게다가 아이들은 할 줄 모른다는 핑계로 잡다한 신변처리를 모두 부모에게 맡기면서 어른으로 자라난다. 단추 하나가 떨어져도 세탁소로, 양말 빠는 일도 엄마가, 학교에서 내준 만들기 실습 과제마저도 문방구에서 돈을 주면 완성된 모형을 살 수 있는 시대에 어찌 제대로 된 인성교육을 논할 수 있을 것인가. 이런 세태일수록 인성교육이 절실하다.

현대를 살아가는 아이들에게 부모는 일부러 틈을 내서라도 함께 생활체험의 현장을 찾아 인성교육을 시켜야 한다. 돈이 남아돈다고 저들끼리만 어울리는 예절교육이니, 무슨 교육이니 하는 상업적 놀음에 휘둘리지 말고, 참교육의 현장을 수소문하여 농촌으로, 어촌으로, 산으로 들로 부모가 함께 아이들을 데리고 콧노래 부르며 떠나는 것이다.

꼭 외부에서 하는 체험활동이 아니어도 좋다. 그냥 집에서 하루정도 날을 잡아 체험교육을 시켜도 된다. 가구 고치는 날, 빨래하는 날, 바느질하는 날, 요리하는 날, 청소하는 날 등을 정하여 가족이 함께하는 인성교육을 시도하는 것이다. 이렇게 키워서 장차 훌륭한 사람으로 세상에 내보낸다면 인류의 행복을 위하여 제구실을 하는 사람다운 사람이 될 것이다.

| 한 걸음 물러서면 길은 넓어진다

세상을 편안히 살아가려면, 한 걸음 물러서서 비켜 가야 좋다.

만약, 전국학력 평가고사가 있어서 각 급에 성적표가 나왔다고 가정해 보자. 성적표를 가져 온 아들에게 "이번엔 몇 등을 했냐?" 며 엄마는 훑어보기 시작할 것이다. 학력고사를 치르고, 성적표가 나오고, 그것을 받아 엄마에게 드리기까지 학생의 가슴은 얼마나 조렸을까.

이를 본 부모의 입에서 무슨 말이 나오는가에 따라, 그 학생의 장래에 큰 영향을 받는다는 것을 알아야 한다.

부모도 학생 시절이 있었다. 이를 겪어왔기에 학교성적이 등수가 장래를 결정하는 데 중요한 것이 아님을 잘 알고 있다. 그러면서도 언제나 남에게 지기 싫은 부모는 자신의 욕심 때문에 자녀의 성적등수에 민감하게 반응하게 되는 것이다. 그렇기에 학생을 가진 부모는 석차席次에 대한 철학을 터득해야 한다.

1등은 가장 괴롭고 조심스러운 자리다. 뒤쫓아 오는 후속後續 때문에 늘 조바심이 나고 불안하기 때문이다. 중간 등수는 언제나 안절부절 못한다. 앞선 사람을 뒤쫓아야 할 생각과 뒤따르는 사람을 따돌려야 하는 처지에 있기 때문이다.

가장 희망적인 등수가 꼴찌 그룹에 속하는 것이다. 그런 학생들은 이를 악물고 앞만 보고 달리면서 한 사람 한 사람씩 따돌리면 되기 때문이다. 때론 여유를 갖고 마음을 다잡아가면서 최선을 다하면 올라가는 기쁨을 맛볼 수 있다는 것을 알게 된다. 경쟁의 굴레에서 벗어나 유유자적한 인생을 젊어서부터 경험하며 살아갈 때 큰 성공도 바라볼 수 있는 것이다.

『채근담茶根譚』에도 "앞서기를 다투는 곳에는 언제나 좁은 길 뿐이고, 한 걸음 뒤로 물러서면, 스스로 편안하게 살아갈 첫걸음이 될 수 있다."고 말했다. 또한 "길이 좁으면 한 걸음 머물고, 비켜서서 남을 앞서가게 하고, 맛있는 음식은 남겨서 다른 사람도 맛보도록 남기는 것이, 극락세상을 사는 길일 수 있다."고 했다.

세상을 살아갈 때, 언제나 남에게 한 걸음 양보하는 것이 지름길이다. 한 걸음 남에게 뒤처졌다는 것은 곧 앞으로 나간다는 전제가 된다. 뒤처져 가면 많은 사람을 만날 수 있기 때문이다. 남을 만날 때는 남의 이익을 먼저 알면 그 이익은 결국 자기 것으로 돌아옴을 알고 베풀어야 한다. 요즘 세상에는 그렇게 살다간 밥 굶기 딱이라고 말하는 시대라 어른이건 아이건 앞다툼과 경쟁하는 것이 일반적 흐름이다. 거리에서 자동차가 끼어들기를 하기 위해 경적이 금지된 곳임에도 불구하고 시끄럽게 빵빵 거린다거나 추월은 예사이고, 신호를 무시하고 건널목을 지나다 사고를 일으키는 사례는 허다하다. 이렇게 매사에 참지 못하고 서두르다 보니 초조한 나머지 스스로 목숨을 끊는 세태世態가 되어가고 있다.

사람끼리의 대화에서도 마찬가지다. TV에 나오는 대담 프로그램을 보면 더욱 실감할 수 있다. 거기 나오는 사람들이 거의 다 지식인이고 지성인들일 텐데, 사회자의 말에도 오불관언吾不關焉으로 조금이라도 남보다 더 말하려고 애쓰고, 남의 말을 중간에 잘라 자기가 나서기 일쑤다. 이를 보는 사람의 입장에서는 긍정적으로 보일 리가 없다.

남을 앞서려고 발버둥치는 사람치고, 앞선 사람이 없다는 사실을 알아야 한다. 방송에서도 보면 조잘조잘 거리고, 남의 말 잘라먹기 잘하는 출연자치고 오래가는 사람이 드물다. 이러한 예로도 알 수 있듯이 자녀들에게도 지금 당장의 1등 자리에 연연할 필요가 없다. 앞으로 우리의 자녀를 좀 더 큰 사람으로 만들려면 부모는 욕심을 버리고, 지금은 뒤처져도 큰 꿈을 품고 천천히 나아가면서, 저 나름대로의 성공을 이루도록 가르쳐야 한다.

| '나는 누구인가'를 알아야 참 사람이다

'나는 누구인가?' 이 말은 일찍이 석가세존을 비롯하여 공자는 물론, 많은 성자聖者들이 우리에게 던져놓고 간 화두話頭다.

오랜 세월이 흐르는 동안 헤아릴 수도 없는 많은 사람들이 매달려 고민하고 공부한 덕분에 오늘과 같이 살기 좋은 세상이 만들어졌다. 그러나 사람이 만든 과학문명이 첨단화되어 갈수록 사람은 문명에 메커니즘의 노예가 되었다. 막상 주인인 사람이 그에 얽매어서 점점 인간본성人性을 잃어가고 있는 것이다.

세계는 나(自我=사람)를 되찾으려는 일환으로 늦게나마 입을 모아 자연보존을 위한 녹색운동을 펴고 있다. 이에 한 가지 걱정스러운 것은 밖으로 눈에 보이는 자연환경에만 정신을 쏟고, 막상 잃어가고 있는 인간의 주체인 '내가 누구인가?'를 고민하는 사람은 드물다는 사실이다. 그나마 19세기까지만 해도 마음을 다스리는 종교들이 신神을 통하여 나의 본체를 찾으려는 공부가 만연蔓延하여 다행스러운 부분이었다. 그런데 지금은 산사山寺가 사부대중을 찾는답시고 도심 한가운데로 나와 포교당이 되어서 점점 그 수가 늘어가고 있다. 또한 오순도순 모여 이룬 작은 교회의 종소리도 차츰 사라져 이제는 주일이면 수천, 수만 명이 모이는 매머드 교회가 앞을 다투어 세계의 자랑거리로 세워지고 있다. 과연 거기에서 참된 자아를 찾을 수 있을 것인지 의문스럽기까지 하다.

이전의 선인들은 어떤 환경 속에서도 마음만 모질게 다잡으면 마귀의 유혹에도 흔들림이 없고, 아귀다툼의 지옥 속에서도 극락세계를 맛보며, 시중처화時中處和하면 본성을 잃지 않는다는 앞선 성현들의 가르침을 실현시킬 수 있다고 믿으며 노력해 왔다.

나를 찾는다는 것은 잃었던 나를 '재발견'하는 것이고, 나를 재발견한다는 것은 '나를 다시 만난다'는 뜻이다. 그러니 저 멀리 떠나버린 나를 찾기 위해 다시 길을 잡아(여정=旅程)야 할지도 모른다.

지금까지는 좋은 것이 좋다는 식으로, 많은 사람이 즐겁게 놀면 나도 덩달아 즐겁고, 남이 얼굴을 고쳐 아름다워 보이면 나도 성형외과를 가야 하고, 남의 질문에 '아니요' 해야 할 일도 그 사람의 뜻을 맞추느라 '예'라 한다면, 도대체 나는 어디에 있는 것일까. 차라리 '아니요'라고 할 경우에 억지로 '예'라고 답하지 말고, 그냥 입을 다물고 있는 것이 낫다. 그나마 자기발견自己發見의 방법으로는 최선이다.

엄한 아버지 앞에서 말 잘 듣는 효자노릇 하느라고 당치도 않는 말씀에 '예! 예!' 한다거나, 대통령 말씀에 장관이 무턱대고 '예 지당한 말씀입니다'라 해놓고, 막상 실천을 하지 않는다면 오히려 그것은 면종복배面從腹背에 해당하는 잘못이다. 차라리 당시에는 좀 민망하더라도 '아니요'라 하는 것이 나의 주체도 살리고 마침내는 효자로서, 충직한 부하각료로서 피차가 도리를 다하는 것이 된다.

예를 들어, 한 조용한 도서관에서 많은 사람들이 공부를 하고 있는데 어떤 두 사람이 시끄럽게 대화한다고 가정하자. 그냥 가만히 참고 있는 옆 사람들은 하나같이 자기를 상실한 것이다. 최대한 예의를 지켜 대화하는 이에게 직접 말하거나 쪽지를 건네거나 해서 '미안하지만 공부하는 데 지장이 있으니 좀 조용히 할 수 없을까요'라고 자기 뜻을 밝히는 것이, 자기를 찾는 것이다.

만약에 '남들은 다 참고 있는데 유별나게 왜 내가 나서야 하나' 하고 참는다거나, '젊은 사람 잘못 건드렸다가 봉변이나 당하면 나만 손해지' 하고 도서관을 나와 버렸다면, 그것은 매사에 너그러운 군자가 아닌 언제나 남의 뜻만 쫓아다니는 종노릇에 불과하다.

우리가 진정 주관을 가지고 세상을 굳세게 살아갈 때 사람이 사람답게 잘 살 수 있는 건강한 세상이 만들어지는 것이다.

| 글공부가 인생의 전부는 아니다

백년대계가 되어야 할 교육정책이 아이들을 입시 지옥에 몰아넣고 있다. 범죄심리학의 저명한 교수는 "지금의 강퍅해진 사회현상은 오직 잘못된 교육 탓이다."라고 지적했다. 한참 뛰어놀면서 맑고 밝게 자라야 할 나이의 아이들은 한순간 옆마저 볼 수 없게 짜인 틀에 갇혀있는 꼴이다.

사람은 '생각하는 동물'이라고 하여 동물과 구별된다. 그러나 공부로 시작되어 공부로 끝나는 아이들의 하루하루는 인간이 무엇이며 도덕성이 무엇인가를 생각할 여유가 없다. 인간의 바탕이 무엇인가를 생각할 여유도 없을 뿐 아니라 짜인 커리큘럼마저도 이러한 문제를 중시하지 않는다.

인간성 회복을 부르짖고 도덕성 타락을 걱정하는 소리는 높으면서, 세상의 모든 체제는 점점 인간성을 잃게 하고, 도덕성은 더욱 타락하게 만든다. 정치가 그렇고, 경제가 그러하다. 사회는 물론이고 교육제도와 커리큘럼마저 인간성과 도덕성 회복을 외면하고 있는 실정이다. 문화정책마저 관능적 시각에서 짜여 자라나는 아이들에게 무엇 하나 인성 계발에 도움을 주는 것이 드물다.

지난날 누구의 잘못이었었건 나라를 빼앗겼었고, 36년의 긴 세월을 압제에서 시달리다가 겨우 그 어두운 그림자를 벗어났다. 조국은 두 동강이 난 상태에서 자본주의의 서구 문명이 갑작스레 물밀 듯이 들어왔다. 그렇게 만들어진 사회에서 지금 아버지 세대와 다음 세대의 자식들이 함께 살고 있다. 뿐만 아니라 아버지들을 가르치고 길러준 지난 세대의 할아버지와 할머니까지 더불어 살고 있는 이 3세대는 바야흐로 21세기를 맞았다. 그러나 세대 차라는 괴리현상 속에서 생활문화의 갈등은 점점 깊어지기만 하고 있다. 아버지와 할아버지의 세대 간은 문제될 것이 별로 없다. 그러나 자식과 아버지, 손자와 할아버지 사이의 골이 깊어 쉽게 메워지지 않는다. 이 깊게 파인 골을 메우지 않는 한, 도덕성 회복이니 인간성 회복 등은 바라지도 못한다.

인간세계에 있어서 인간성과 도덕성 문제는 창세기 때부터 관심거리였다. 모든 종교가 이 문제에 대하여 하나같이 인간을 우주의 주인으로 규정짓고, 이 세상은 인간에 의하여 다스려져야 한다는 데는 뜻을 달리하지 않는다. 오늘날 과학 문명이 발달하여 인류가 크게 팽창하였음에도 불구하고 지금까지도 도덕성, 인간성의 회복 문제가 강조되고 있을까?

인간성 회복이란 말은 인간성이 상실되었다는 뜻이고, 도덕성 회복의 필요성은 곧 도덕성이 상실되었다는 뜻이다. 그렇다면 인간성이란 무엇이며, 도덕성이란 무엇인가? 인간성이 회복되어야 할 사람은 누구이며, 도덕성을 잃은 사람은 누구이기에 회복되어야 하는가? 할아버지와 아버지는 인간적이고 도덕적인데 자식들만 이를 잃은 것일까?

자식들은 부모를 보면서 자란다. 자라면서 아버지로부터 받아들이는 느낌이 있다. 이 느낌이 입력되어 잠재의식 속에 쌓이고 쌓였다가 어떠한 계기로 촉발되어 행동으로 나타난다. 그 행동을 보고 우리는 인간적이니 도덕적이니 평가한다. 그 아이에게 도덕적이고 인간적인 입력이 전혀 되지 않았는데도 그러한 것을 기대하는 어른은 도대체 누구일까?

학자와 교수와 교사는 인간적이고 도덕적인데, 배우는 학생들은 인간성을 잃고 타락된 도덕의 늪에서 헤매고 있는 것인가? 가난에 쪼들리고 힘없어 억눌리는 불쌍한 민중들만 인간성을 잃고 도덕성을 상실하였기에 온갖 죄를 짓고, 인간적이고 도덕적인 법률의 심판에 따라 교도소에 가서 채찍을 맞는 것일까? 도둑질한 사람은 비인간적이고 비도덕적인데, 도둑맞은 사람은 그렇지 않다는 법은 없다.

인간이 사물화되고 기계화되는 산업사회에서 조삼모사朝三暮四하는 정치지도자, 어느 날 갑자기 졸부가 된 이웃, 죄 짓고도 법망에 걸려들지 않는 유명인… '돈 있으면 죄 없고, 돈 없으면 죄가 있는 것'을 보면서 자라온 사람들에게 인간성, 도덕성이 마음 어느 구석에 깃들고 있겠는가?

아이들의 눈으로 보자. 우리 아버지는 별을 보고 집을 나갔다가 달을 보고 돌아오시는 부지런한 분인데도, 내 집 한 칸 없어서 전세방을 전전한다. 그런데 같은 반 누구의 아버지는 하는 일 없이 빈둥빈둥 놀면서도 호화주택에 외제 승용차만 타고 다닌다.

같은 반에 어떤 친구는 한 과목에 몇십만 원이나 하는 돈을 들여가면서 국어, 영어, 수학을 과외 받고 있다. 그래서인지 그 친구는 항상 성적이 상위권이다. 그러나 그렇지 못한 같은 반 아이들은 기를 펴지 못하고 주눅들어 한다. 공부를 했는데도 성적이 오르지 않은 몇몇의 친구들은 갈수록 의욕을 잃어 결국 자포자기하고 비행청소년의 길로 들어가 버린다.

이런 모습을 보고 자라는 아이가 만약 "왜 못된 사람 중에 잘 사는 사람도 있고, 착한 일을 하는 사람이 못살아요?"라고 물으면 어떻게 답할 것인가? 슬기로운 아버지는 인간의 참다운 가치와 올바른 삶이 무엇인가를 인식시켜야 한다.

인생에서 글공부만이 공부가 아님을 가르쳐야 한다. 이 세상에는 수십억 인구의 사람들이 살아가고 있지만 어느 누구 하나 똑같지 않고, 다 나름대로의 가치를 지니고 있다는 사실을 인식시켜야 한다. 자녀가 듣는 앞에서 돈 없는 자신을 무능하다고 자탄하거나, 세상이 잘못되어 감을 원망하는 모습을 보여선 안 된다. 그리고 자녀에게 과외 공부하는 친구를 미워한다거나 시기하지 않도록 가르쳐야 한다.

우리 인간은 우주 속의 한 존재다. 세상에 만능인간은 없다. 그 크고 넓은 공간 속에서 무엇인가 하나의 역할만을 할 수 있는 것이 인간 개개인이다. 그리고 그 역할은 꼭 글공부를 잘해야 할 수 있는 일이 아니다. 성실한 사명감을 가진 오직 나만이 할 수 있는 일임을 아이들에게 가르쳐야 한다.

아버지가 한 가지 직업에 전념하는 집념의 모습을 보여라. 사람이 백 가지, 만 가지를 다 잘해서 남을 제압할 수는 없다. 오직

한 가지를 특출하게 잘해야 가능하다. 누구도 감당할 수 없는 한 가지 일에 능숙한 아버지의 모습으로 아이들에게 아버지의 직업에 보람을 갖도록 해야 한다.

한여름, 아이들을 두메 마을 대장간으로 데려가라. 그곳에서 비지땀을 흘리며 쇠를 다루고 있는 대장장이를 보여주며 아이들에게 설명을 해주는 것이다. "이분들은 요즘 기능인들처럼 학교에서 교육을 받았거나 무슨 설계도면이 있어서 그걸 보고 연장을 만드는 것이 아니란다. 오랜 세월을 두고 앞선 장인의 어깨 너머로 보고 듣고 일하면서 터득하여 이렇듯 누구도 따라올 수 없는 훌륭한 연장을 만들어 내는 것이란다."

기회가 있을 때마다 아이들에게 화살을 만드는 장인이나, 가야금, 붓 등 유형문화재를 다루는 인간문화재의 모습을 접할 수 있게 하는 것이 좋다. 그 일이 얼마나 대단하고 어렵고 훌륭한 일인가를 보고, 이를 통해 스스로 삶의 가치를 깨닫도록 하는 것이다.

인간이란 자기 단련 없이는 자기 자신의 직업에 보람을 느끼기 어렵다. 자신의 단련과 수양이 자기 직업에 충실히 적응하게 되고, 하나의 성숙한 직업인이 사회와 나라에 공헌하게 된다. 물론 그 대가는 가정으로 환원되어 가족의 행복을 보장하게 된다. 이러한 사실을 다음 세대인 자식들에게 확인시켜야 한다.

3. 가정에서 시작되는 교육

| 가정이 책임질 자녀의 인격교육(人格教育)

아이들의 비도덕적非道德的인 문제는 이제 가정을 떠나 사회문제의 한 축을 이루고 있다. 장래를 생각하는 모든 어른들이 고민해 왔지만, 문제는 점점 독버섯처럼 퍼져 만연해 가고 있다. 뜻있는 교육학자들은 그 책임이 가정교육家庭教育에 있다고 입을 모으고 있지만, 한편으로는 높은 능력을 가진 성실한 부모일수록 나날이 자녀교육에 고심하고 이러한 현상에 좌절하는 사람이 많다고 한다.

옛날에는 조부모를 비롯하여 많은 가족이 가정을 이루고 생활해서 그런지 자녀교육에 필요했던 트레이닝에 관해 크게 대두되지 않았다. 어느 날부턴가 핵가족화가 되어가면서 갈수록 어려움을 겪고 있는 실정이다.

가정의 스트레스는 점점 더해가고, 아이들의 환경은 수많은 마이너스 영향이 미치고 있다. 때문에 부모는 제대로 된 가정생활을 경영하고 도덕적인 자녀로 키우기가 여간 마음을 기울이지 않으면 불가능한 상태에 이른 것이다.

이처럼 현대의 도덕환경으로는 제대로 된 인격이 자연스럽게 몸에 익히는 것을 기대하기 어렵다. 학교에서는 '가정에서 우선 모든 가사家事 중 자녀교육이 가장 중요한 부분이므로 늘 관심을 둬야 한다'고 당부한다. 하지만 가정에서는 '돈을 벌어야 학원에도 보내고, 좋은 학교로 진학을 시킬 수 있는데, 무슨 소리냐' 하며 그다지 귀담아 듣지 않는다. 이것이 사회적 풍조風潮이니 이를 누가 감당할 수 있을 것인가.

건강한 가정만이 아이들의 지성과 도덕성의 기초가 될 수 있다. 때문에 아이들의 인격과 학력을 높일 수 있도록 하기 위해서는, 부모가 좋은 부모 노릇을 할 수 있도록 도와야 한다. 그리고 이 일은 국가의 문교정책文教政策이 근본적으로 탈바꿈을 해야 가능하다.

그 첫째는 인격-인성교육人格-人性敎育을 우선해야 한다.

문교정책과 더불어 우선 부모들이 자녀의 장래에 대한 기대와 가치관을 어디에 두는가에 있다. 대부분의 부모들은 아이들이 학교에서 공부를 잘하고, 높은 성적으로 좋은 학교에 가서 높은 자존심을 가지고 성공하는 것이 중요하다고 여긴다. 아이들이 제대로 된 인격자로 자라서 충실한 인생을 보내는 것을 더 중요하게 여기지는 않고 있다.

인격이란 말로나 글로써 하루아침에 이뤄지는 것이 아니라, 어릴 때부터 어른이 되기까지 나날의 습관으로 형성되는 것이다. 그래서 가정교육이 중요할 수밖에 없다.

둘째는 권위 있는 부모가 되어야 자녀의 인격교육을 시킬 수 있다.

부모는 확고한 도덕적 권위가 있어야 자녀에게 존경을 받는다. 그래야 자녀는 부모의 말에 순종하게 되기 때문이다. 실제로 보면 자녀교육에 임하는 부모의 스타일은 세 가지로 나타난다. 하나는 자신 있는 가치관으로 매사를 이성적이고 공정하되 사랑을 겸비한 것, 다음은 자녀에게 무조건 명령과 억압을 일삼고 그 이유를 자녀에게 설명하지 않는 권위주의적인 부모, 끝으로 자녀의 일이라면 어떠한 일에도 무조건 응석으로 받아들여 부모로서의 권위 따위를 내세우지 않은 부모를 말한다.

셋째는 자녀를 목숨 걸고 사랑하는 부모가 되어야 자녀는 부모의 가슴속(마음)으로 들어온다.

자녀란 부모의 지극한 사랑이 있을 때, 안정감, 존재의식, 자신에 대한 긍정적 가치를 느낄 수 있다. 그 속에서 정서적인 애착을 가지며, 부모의 권위에 응할 뿐 아니라 그의 가치관을 받아들이게 되는 것이다.

그러면 부모의 사랑이란 어떤 것인가? 흔히 부모의 사랑은 자녀를 위하는 일이라면 목숨을 거는 사랑이라고 표현한다. 이를 나타내는 방법으로는 자녀와 늘 몸과 마음이 함께 있어야 하고, 특히 1:1의 시간이 중요하다. 그것은 밀착되고 독점적인 사랑의 표현이며, 이러한 현상은 부부 사이도 마찬가지로 작용한다.

다음 넷째는 매사에 모범적인 부모가 되어야 자녀의 인격교육이 이루어진다.

그렇다면 자녀에게 있어 모범적인 부모상은 어떠한 것인가? 그 으뜸은 자녀들 앞에서 어머니 아버지가 서로 도우면서 열심히 일하는 모습을 보이며 서로 존중하는 것을 말씨로 표현할 때다. 그런 모습을 보고 자란 자녀들은 인격이 저절로 자라게 된다.

요즘 흔히 보면 자녀들 앞에서 입에 담지 못할 욕을 하면서 싸운다거나, 아이들이 알아서는 안 될 프라이버시를 함부로 말함으로써 서로를 경멸하는 모습을 보이곤 한다. 이러한 부모의 모습은 아이들의 인격 향상에 전혀 도움이 되지 않는다. 그리고 인간관계의 중요성을 가르치기 위해서는 좀 힘들어도 가까운 친인척은 물론 자녀들의 친구 가릴 것 없이 자주 초대하여 서로 어울리는 모습을 보여주어야 한다. 이러한 과정을 통해 자녀들에게 생명존중, 경쟁과 협동, 환경문제, 빈곤과 풍요 등 일상적인 도덕문제를 좁은 가정에서라도 경험할 수 있게 하는 것이다. 부모의 노력으로 가정에서 도덕적 환경을 만들고, 그 환경을 통하여 직접적인 부모의 지도 아래 자녀들에게 양심과 좋은 습관이 형성될

수 있다. 또한 아이들에게 슬기롭고 올바른 판단력을 가르치게
되고, 대립을 공평하게 처리하는 능력과 도덕을 실천하는 기회를
부여하여, 정신적으로 결함 없는 인성적 인격자로 키우게 되는
것이다.

| 자식농사에 가장 좋은 거름은 사랑이다

'채마밭의 푸성귀는 농사꾼의 발자국 소리와 함께 자란다'

이 말은 시골에서 농사를 지어 본 경험이 있거나 농사에 관심
이 있는 사람이면 다 알고 있는 사실이다. 어디 푸성귀뿐일까? 특
히 인삼같이 여러 해를 두고 가꿔야 제값을 하는 약초나 비닐하
우스에서 자라는 채소 등은 더 그렇다.

적당한 수분 공급과 그때그때에 알맞은 온도를 맞추기 위하여
농사꾼은 밤낮을 가리지 않고 정성을 다한다. 열대지방에서 자라
는 과일을 생상하기 위해 골몰하는 사람들의 피나는 노력과 정성
은 마치 인간이 제 자식을 기르는 모습과도 흡사하다. 적성에 맞
는 환경을 만들어 주어야 하고, 그가 자라는 데 필요한 충분한 영
양을 공급해야 한다. 이중 가장 어려운 것은 적성을 알아내는 일
이다. 문제는 이 소질과 특성을 가려내는 슬기가 필요하다. 자녀
를 기를 때도 부모가 아이들의 소질과 특성을 가려내는 일이 가
장 중요하다. 농사꾼이 약초를 가꿀 때 인삼인지 도라지인지도
모르고 재배한다면 그 농사는 실패하고 만다. 부모 또한 자녀들

의 소질과 특성을 모른다면 자식농사는 실패하고 말 것이다.

다시 푸성귀 이야기를 살펴보자. '채마밭의 푸성귀는 농사꾼의 발자국 소리와 함께 자란다'는 말이 있다. 비록 비닐하우스에서 자라는 농작물이라도 주인을 알아본다는 뜻이다. 이는 눈과 귀가 있어 알아보는 것이 아니다. 마음에서 느껴지는 진심으로 알아보는 것이다. 그래서 농부가 아무리 다른 일로 바빠도 하루에 한두 번은 그들을 돌아보면서 발자국 소리를 들려주어야 한다.

농사꾼이 아무리 열심히 돌봐도 자라는 농작물은 알아차려서 한 고비 진통을 겪는다고 한다. 이 얼마나 절실한 말인가? 감정이 없는 식물도 이처럼 돌보는 사람의 정성을 느끼는데 하물며 사람은 어떨까?

사람을 식물에 비교할 수 없지만 이치가 그렇다는 것이다. 인간은 태어나 '인, 의, 예, 지(사단)'를 바탕으로 자라면서 환경에 따라 칠정七情이 일어난다. 물론 사람도 사는 데 먹고, 입고, 살 곳이 있어야 한다. 그러나 이러한 의식주는 사람이 사람답게 가꾸어지면 저절로 따르기 마련이다. 창조주이신 하느님은 이렇게 말했다.

"너희는 무엇을 먹고 마시며 살아갈까, 또 몸에는 무엇을 걸칠까 하고 걱정하지 마라. 목숨이 음식보다 소중하지 않느냐? 또 몸이 옷보다 소중하지 않느냐? 공중의 새들을 보아라. 그것들은 씨를 뿌리거나 거두거나 곳간에 모아들이지 않아도 하늘에 계신 너희의 아버지께서 먹여 주신다."(신약 성경 마태오 6:25-26, 루가 12:22-34)

그러나 오늘날의 부모는 돈벌이로 사람을 만들고, 사람을 길러 내고, 사람을 가르치려 한다. 자녀를 사람답게 만드는 것은 소홀히 하고, 사람답게 가꾸어지면 저절로 따르는 의식주를 위한 돈벌이에만 마음을 빼앗기고 있는 것이 오늘날의 실정이다.

이 세상에서 가장 힘든 일이 사람 만들기다. 생식작용이 아니라 인격형성을 말한다. 가정에서 자녀를 가꾸는 일은 부모의 책임이다. 사람답게 가꾸어지면 의식주는 저절로 따르게 된다. 즉 부모의 역할은 자녀에게 의식주를 제공하는 것이 아니라 먼저 사람답게 만들어야 한다는 것이다. 언제인가 텔레비전 뉴스에서 범죄를 저지른 비행 청소년의 어머니를 인터뷰한 내용이 보도되었다. 기자가 그 어머니에게 질문했다.

"아들이 범죄를 저지른 것에 대해 어떻게 생각하십니까?"

자기 자식의 억울함을 호소하고 싶은 어머니의 첫마디는 "내 자식은 내가 제일 잘 알아요…."였다. 시간이 지나도 그 어머니의 첫말은 잊히지가 않았다.

길고 긴 열 달 동안의 잉태 기간을 거쳐서 고통의 출산과 혼신의 희생적 양육 등… 자기 자식을 속속들이 하는 것은 어머니밖에 없다. 그래서 예부터 사람은 '아버지의 은혜는 하늘과 같이 높고, 어머니의 덕은 땅과 같이 두텁다'고 한 것이다.

하늘, 땅의 도리가 낮에는 움직이고 밤에는 머물러 조용히 쉬어야 한다. 양은 흩어지고, 음은 모여드는 기운이기 때문에 만물은 그 이치에 따라 낮에는 움직여 일하고 밤에는 잠을 자고 쉰다.

물론 예외의 경우도 있다. 나라에서는 사회복지를 향상시킨다면서 오직 물질지향의 시책에 일관한다. 이것은 세계의 흐름이기도 하다. 돈을 벌기 위해 직장을 갖는 여성들에게 탁아소를 제공하고 있다. 정서적으로 감수성이 빠른 유아기의 아이들을 맡기는 것이다. 탁아소에 맡겨진 아이들의 미래, 우리의 다음 세대는 누가 책임질 것인지 의문이 든다.

오늘날의 어지러운 세상을 보자. 내 인생 내가 살기 위한 운동이 잘못 오도되어 자기가 낳은 자식을 버려두고 탐욕의 즐거움에 빠지는 것인 줄 안다. 내 인생 내가 사는 가운데는 자녀를 잘 키우는 일이 포함되어 있다. 여성이 결혼을 하고 아이를 낳아 어머니가 되면 그 여성은 어머니의 인생을 살아야 한다. 내 자식을 잘 키우는 것이 어머니의 인생을 잘 사는 것이다.

어머니와 자식은 천륜이라고 했다. 자식과 어머니는 태중에서 한 몸이고, 태어나서는 분신이기 때문이다. 불행하게도 태중에 아버지를 잃는 경우가 있어서 유복자로 태어나는 아이도 있다. 그런데 자세히 보면 어머니를 잃은 경우보다 아버지를 잃은 유복자가 더 많다. 이는 어머니가 죽으면 태중의 자녀도 같이 죽기 때문이다. 이렇듯 한 몸은 삶과 죽음을 같이하고, 분신은 즐거움과 쓰라림을 같이하는 존재다.

유복자에 관한 이야기가 나온 김에 좀 더 짚고 넘어가도록 하자. 자녀가 세상에 태어났을 때 어김없이 부모가 존재해야 한다. 부모란 아버지와 어머니를 나타내는 말이다. 그러나 불행하게도 일찍 아버지나 어머니 중 한쪽이 죽으면 조실부早失父 또는 조실모早失母라 하여 유복자라고 했다. 더욱 불행한 것은 성년이 되기 전에 부모를 잃는 조실부모하는 것이다.

위에서도 말했듯이 어머니보다 아버지를 잃은 유복자가 더 많은 비중을 차지한다. 역사적으로도 유복자가 현인이 되어 그 어머니의 은덕을 기린 이야기가 많다. 남겨진 이야기를 통해 알 수 있는 사실은 남들보다 어머니의 사랑이 지극했다는 것이다. 이 세상에 없는 남편을 대신해 아이에게 아버지 역할까지 해야 하기 때문이다. 그런 어머니의 마음을 알아채기라도 한 듯 자녀는 한 번도 보지 못한 아버지의 모습을 닮아간다. 자라는 자녀의 얼굴을 보며 자나 깨나 남편을 생각하고, 편모가정에서 자란 아이라 버릇없다고 손가락질 받지 않기 위해 어머니는 자녀를 더욱 지극하게 보살폈다. 유복자가 더 훌륭하게 자란 이유는 바로 어머니의 위대한 덕이다. 그런데 오늘날은 편모가정이 아님에도 어머니가 아버지의 역할을 하기 위해 돈을 벌고, 자녀를 돌보지 못하는 가정이 많다. 아버지가 죽지도 않고 살아 있으면서 제 구실을 못하는 가정의 자녀는 거의가 비뚤어지는 경향이 있다. 그러한 과정에는 부모의 다툼이 잦고, 목소리가 문 밖으로 새어나가 이웃들까지 듣게 된다. 힘이 약한 어머니는 능력을 길러 남편에게 큰소리 한번 쳐보겠다고 돈을 벌기 위해 집을 나간다. 그리고 남편에게 쌓인 한과 원망을 자녀에게 풀려고 한다. 그러니 무슨 정이 생기겠는가?

나라에서는 어머니에게 직장에 나가 돈을 벌라고 탁아소를 지어주었다. 탁아소에 자녀를 맡긴 어머니는 직장에 나가 돈을 번다. 어머니가 돈벌이에 집중하도록 탁아소를 만들어 주면서, 자녀를 기르고 사람을 만들어야 할 어머니의 자리는 빼앗는 것이다.

　우리 주변에서 흔히 듣는 말이 있다. '사람 나고 돈 났지, 돈 나고 사람 났느냐' 이 말의 뜻을 곰곰이 생각하면 의미가 깊다. 사람들은 잘살아보겠다고 피땀 흘려 돈을 모으고, 집도 마련하고, 재산도 모은다. 이제 한숨 놓고 편안하게 살고자 가족들을 모은다. 그러나 자녀들은 이미 사람답지 않은 사람이 되고만 후다. 그 차이의 골이 너무 깊고 넓어서 융화될 수 없을 정도다. 부모는 돈벌기에 너무 골몰하여 어린 자녀가 깊은 골에 빠졌다는 사실을 미처 알지 못했다. 시간이 지나 이제는 돈이나 재물로도 끌어오기엔 역부족이다. 그렇게 자녀를 내버려둔 채 부모는 편한 노후를 보내지도 못할 것이다.

　자녀와 떨어져 양로원에 갈 수는 있다. 돈과 재산이 있으니까 양로원에서는 환영할 것이다. 그곳에는 놀이가 있어서 노후가 심심하지는 않을 것이다. 또 가끔 봉사활동하러 오는 사람들이 재롱을 떨기도 한다. 자선단체들의 끊임없는 배려가 있어서 흐뭇하게 한다. 그러나 거기에는 자기가 배 아파 낳아 기른 자녀도 없고, 온정도 없다. 조작원칙에 의한 기계적인 인간의 집단일 뿐이다. 돈과 재물로 만들어진 생활에서 얼마간의 세월이 흘러 정이 싹틀 수는 있지만, 부모와 자식 간의 천륜도 인륜도 없는 곳에서의 정과는 확실히 구별되는 것이 사회이다. 굳이 물질이 아니더라도 사람다운 삶을 영위할 수 있는 사회를 이룩할 수 있는데 왜 물질을 위해 스스로 포기하는 것일까?

아버지는 오직 굳건한 힘과 위엄 있는 사랑으로 그늘을 만들어, 아내가 어머니 역할에 충실하도록 이바지하면 된다. 그 그늘에서 어린 자녀들이 사람답게 자랄 수 있는 에너지를 끊임없이 공급하는 것이다. 그것이 아버지의 기운이고 사명이다. 아내사랑과 자녀사랑은 돈이나 재물로도 안 된다. 그래서 자식농사는 소작농, 대리영농을 할 수 없는 것이다. 오직 어머니의 따뜻한 사랑이 품에서 자라도록 아버지는 튼튼한 울타리를 쳐주어야 한다.

| 자녀의 인성교육은 성공체험에서부터

자녀에게 성공부터 맛보게 하자. 세계 어느 나라든 자녀의 장래문제를 걱정하지 않은 부모는 없다. 그러나 우리나라만큼 극성을 떠는 곳은 별로 없다고 한다. 그 이유는 여러 가지가 있겠지만 가장 큰 비중을 차지하는 것은 바로 시시각각 변하는 교육정책에 있다. 시대의 흐름에 따라 바뀌는 국가의 교육정책에 따라 학부모들이 걱정하는 수준을 정하기 때문이다.

우리나라의 지난 교육정책을 대강 보면, 소위 선진국이라는 미주美洲나 서구西歐 또는 이웃나라 일본이 이미 시행착오를 경험했던 정책을 깊은 연구도 없이 시행해 왔다. 그러다 보니 당사자인 학교 당국이나 학부모들의 아우성이 발생하고, 그 아우성에 부랴

부랴 다른 방법을 찾아 우왕좌왕하는 식이다. 교육은 백년지대계라고 하는데 이런 원칙을 그냥 구닥다리 소리로 흘려보내고 있는 실정이다.

여기에서 유대인과 비교를 안 할 수가 없다. 교육문제만은 세계만방에 자랑할 수 있는 민족이 바로 유대민족이다. 시대의 어떠한 변천에도 온 세계의 구석구석에 흩어져 수천 년 동안 면면히 이어 살면서, 그들만의 독특한 전통적 교육법으로 자녀들을 키워왔다. 지금은 각 분야의 지도자로 잘 살아가는 모습을 볼 수 있다. 여기서 가장 중요한 점은 무엇일까?

그것은 교육의 근간(根幹=뿌리와 둥치)과 지엽(枝葉=가지와 잎)을 뚜렷하게 구별한 교육방법으로 자라나는 2세들을 가르치고 키워야 한다는 것이다.

우리 민족인들 왜 이러한 교육방법이 없었겠는가? 단군개국檀君開國 이래, 정권王朝이 바뀌는 수백 년 동안은 통치권자가 바뀜에 관계없이 절대 교육의 근간은 흔들리지 않았다. 당시의 집권자의 정치식견이나, 사회적 여건에 맞도록 지엽적 방법만 달리 시행했을 뿐이었다. 그러다가 교육이 달라지기 시작한 것은 광복 이후부터다. 그 후로 우리 문교정책, 특히 교육문제는 정권이 바뀔 때마다가 아니라 주무장관이 바뀔 때마다 달라지고 있다. 그러니 자녀를 가진 학부모와 교육의 당사자인 학생들은 언제나 당혹한 형편에서 벗어나지 못하고 있는 것이다. 당혹스런 현대를 살아가는 청소년들에게 궁극적인 방편의 하나로써 처방을 내린다면, 그들에게 작은 성공체험이라도 끊임없이 경험하도록 하는 것이다. 그럼 최소한 탈선은 막을 수 있다.

성공체험을 겪어 볼 수 있게끔 부모가 절대적으로 이끌어 주어야 한다. 그것은 아무리 작은 노력이라도 그에 걸맞은 보상報償이 있다는 경험을 하는 것이다. 만약 이러한 성공체험을 하지 못할 경우, '나는 아무짝에도 쓸 수 없는 놈'이라는 강박감에 사로잡히게 된다. 거듭하여 쌓이게 되면 '나는 쓸모없는 놈이 아니다'라는 이미지를 심는 법을 몰라 결국 탈출 방법을 잊어버리게 되는 것이다.

머리頭腦가 좋고 나쁨은 학교 같은 곳에서의 성적이나 점수로는 지속적으로 비례될 수 없다. 우리가 일반적으로 주위에 머리 좋다는 사람을 보면 '일에 대한 신속한 판단'을 내리는 것으로 평가된다. 이미 알고 있는 지식을 상대로 하는 학교의 공부와는 전혀 다른 것이다. 물론 학교 공부를 전혀 하지 않았다면 그러한 일은 절대 없다.

미지未知에 대한 판단력을 단련하려면 이미 알고 있는 것으로 훈련하는 수밖에 없는데, 학교에서의 공부, 특히 정기시험이나 수업은 이러한 점에서 중요한 역할을 하게 된다. 그러나 이에 한계는 있다. 현실사회는 과거의 지식이나 체험만으로는 해결되는 단순한 것이 아니기 때문이다. 이를 감안하여 우리는 아이들의 눈높이에 맞추어, 사소한 것부터 큰 것에 이르기까지 경험할 수 있는 기회를 자주 주어야 한다. 부모는 정부의 교육정책에만 매달리기보단 아이에게 성공체험을 맛보도록 하여 인성교육을 위주로 하는 2세 교육에 유의해야 할 것이다.

| 식사시간에는 텔레비전을 꺼라

집안에 어린아이가 태어나면 집안의 텔레비전은 꺼져 있을수록 좋다. 다른 때 켜 놓는다고 하더라도 식사할 때만은 절대로 키면 안 된다. 만약 아이가 자라는 환경에서 식사시간에 텔레비전을 꺼놓지 않는다면, 두고두고 후회할 일이 생길 것이다.

특히 가정의 기둥인 아버지가 먼저 알고, 식사시간에 텔레비전을 끄고 하는 습관을 기르도록 해야 한다. 식사시간에 꼭 텔레비전을 꺼야 하는지 그 이유를 알아보자.

첫째로 식사를 하기 위해 모인 모든 식구(가족)에 대한 소중함을 다시 생각하는 시간이다. 그러나 텔레비전을 시청하게 되면 식사에 대한 감사의 마음을 갖지 못한다. 또한 식사시간을 가질 수 있도록 맛있는 음식을 만들어준 사람에게 감사하는 마음을 가질 수 없어 실례를 범하게 되는 것이다.

둘째로 입에 음식을 넣고 씹는 중에 주의력이 분산되어, 참다운 맛(미각)의 발달장애를 일으킬 확률이 높을뿐더러 커서도 식사의 즐거움을 모르게 된다.

셋째는 식사를 즐기는 습관을 기르지 못한다. 텔레비전에 눈이 팔려 음식재료를 관찰할 수 없으며, 텔레비전에서 나오는 소리에 정신이 팔려 청각이 산만해지고 식사에 집중할 수 없다.

넷째로 식사시간에는 가족이 서로 눈을 맞추고 맛있게 먹는 모습을 보면서 이런저런 대화를 나누며 사회공부를 할 수 있는 기회다. 그 유일한 기회를 텔레비전에 집중하므로 인해 잃게 된다.

다섯째로 본래 밥상(식탁)이란, 먹는다는 생존경쟁의 터전이다. 텔레비전을 켜놓음으로써 이러한 인식을 가지지 못하여, 면역력이나 서바이벌survival, 存續 능력을 육성할 수 없게 된다. 경쟁, 승부욕 등을 통해 얻는 운동능력이 나름대로의 배양이 되지 않으면 21세기를 충분히 살아남기 어렵기 때문이다.

만약 초등학교 5학년이나 고교 1학년 정도의 자녀에게 아버지가 "텔레비전을 끄고 식사해라."라고 말하는 데도, 아이들이 들은 척도 하지 않는다면 문제가 있다. 이미 그 가정은 힘의 균형이 깨져 가정적 지옥상태로 돌입한 징조다.

식사시간에 텔레비전을 꼭 봐야 한다는 생각을 단순히 아이들의 문제로만 받아들여선 안 된다. 또한 사회적 문제라면서 남의 일로 돌리지 말고 자신의 가정문제임을 진지하게 인식해야 한다. 왜냐하면 이러한 현상은 아이들이 태어날 때부터 부모들에 의하여 길들여진 것이기 때문이다. 부모가 아이들을 옆에 앉혀 놓고 텔레비전을 켜 놓은 채 식사하기를 예사로 했기에 발생된 상황이다. 결국 식사 중에 텔레비전을 끄지 못하는 아버지는 이후에도 권위가 실추되어 명령이 서지 않고 아이들은 텔레비전에 길들여지는 악순환에 빠지게 될 것이다. 그렇다고 가정에서 아버지의 말이라면 무조건 순종해야 된다는 것은 아니다. 식사시간에 텔레비전을 끄라는 정도의 말은 들어야 위험한 사태는 모면할 수 있다는 뜻이다.

여기에는 젖먹이 때부터 시작해야 쉽게 길들여진다는 것을 알아야 한다. 아버지가 말하면 작은 일이라도 아이들이 진지하게 받아들인다는 것이야말로, 육아의 기본인 인성교육이다.

이러한 분위기가 가정에 깔려 있지 않으면, 꾸중이나 협박이 작용하게 된다. 부모 자식 간에 '조건부 상호관계'가 성립되는 함정이 생겨 마침내는 매사에 불협화음이 판을 치게 되고 마는 것이다. 자녀의 인성교육을 어렵게만 여기지만 말고, 부모들은 일찍이 작은 일에서부터 관심을 갖도록 하자. '세살 버릇 여든까지 간다'는 속담을 잊지 말고, 우선 '식사시간에 텔레비전 끄기'부터 시작하여 하나씩 개선해 나가도록 노력하자.

| 자녀에게 가족의 소중함을 일깨워라

대개 저녁식사를 마치고 넓은 거실에 가족들이 오순도순 모여

앉아 텔레비전을 시청하고 있는 모습을 보면, 얼핏 단란한 가정
처럼 보인다. 그러나 그들은 말 한마디 없이 프로그램에 열중하
고 있어서 웃다가, 울다가, 때로는 분노하며 만들어진 감정에 충
실히 따를 뿐이다. 옆에 앉아 있는 아버지나 어머니의 존재는 조
금도 아랑곳하지 않는다. 뿐만 아니다. 아내는 남편을, 남편은 아
내를 도외시하는 시간이다. 그래서 프로그램이 끝나면 한마디 말
도 없이 각자 자신의 방으로 돌아가 버린다. 서로의 체온을 느끼
며 진지한 대화를 나누는 시간이 없는 가정이 흔한 세상이다.

첨단 기계문명은 지금까지도 그러했듯이 앞으로는 더욱 인간
으로 하여금 사람의 바탕인 심성을 서서히 빼앗아 마침내 기계화
된 로봇인간을 대량 생산할지도 모른다. 그 조짐의 하나로 요즘
사람들은 밖으로만 치닫고 안으로 거두어들여 자기 안에 있는 내
면세계를 보려고 하지 않는다. 인간의 능력이 무한하다는 사실을
궁리하려 들지 않고, 나타난 현상에만 얽매여 쉽게 처리하는 방
법만 생각한다는 것이다.

사실 지금 세상은 살아가는 데 궁리하지 않아도 되는 시스템일
지도 모른다. 길거리만 지나가도 자동판매기처럼 전원만 누르면
원하는 것을 척척 얻을 수 있고, 손안에 작은 스마트폰만 보아도
언제 어디서나 원하는 정보를 얻기까지 어떤 궁리나 배려가 덜
필요하다. 이는 가정이나 학교에서도 동일하다. 만들어진 기계를
조작하기만 하면 가까운 생활 주변 어디에서든 마음대로 얻고 이
룰 수 있는 세상이 되었다.

이러한 시대를 살아가는 요즘 아이들은 자기 마음에 들지 않으면 거침없이 상대를 바꾸는 지식을 쌓아간다. 텔레비전을 시청하다가도 마음에 들지 않는 프로그램이 나오면 생각할 여지도 없이 버튼 하나로 채널을 바꾼다. 이는 젖먹이 어린아이도 조종이 가능하다. 이렇게 유아시절부터 자기중심적인 조작과 전능감에 사로잡혀 자란 아이들은 사람을 바꾸는 일도 예사다. 옛날 같으면 어린아이들이 부모와 떨어지는 것만으로도 죽는 일처럼 여겼다. 한나절 들판에 나가는 어머니의 손을 잡고 악착같이 따라다녔다. 그러나 요즘 아이들은 아침에 엄마와 헤어지는 것이 일상이 되었다. "엄마 안녕." 이 한마디 인사로 끝이다. 엄마 대신 모든 일을 해주는 편리한 문명의 이기와 이미 친해졌기 때문이다. 어머니는 이것저것 잔소리를 늘어놓지만 기계는 시키는 대로 한다. 움직이는 장난감, 말하는 장난감, 같이 놀아주는 장난감이 천지에 널려 있다. 아이들은 이러한 인위적인 환경 속에서 자란다. 이렇게 자란 아이들은 자신이 가족의 한 사람이라는 사실과 현실은 자기 마음대로 조종되지 않는다는 사실을 모른다.

조작과 전능감에 사로잡혀 자란 아이들은 조부모, 부모와 형제자매들에게 둘러싸여 살아가고 있음에도 상대를 제 마음대로 움직일 수 있다는 자기중심적 성격이 된다. 자동차나 전동차에 탔을 때 '경로석'이라는 표지를 보면서 재빨리 앉았다가 나이든 어른이 앞으로 다가오면 눈을 감고 자는 체하는 아이, 밥상에 앉아 어른들은 제쳐놓고 자기 입맛에 맞는 반찬이 보이면 재빨리 자기 자리 앞에 갖다 놓고 먹는 아이가 되는 것이다. 부모는 이런 행동을 보면 아이를 혼내거나 타이른다. 그러나 아랑곳하지 않는 아이에게는 '쇠귀에 경 읽는' 꼴이 되고 만다. 어른들의 가르침이 마음속 깊이 새겨질 수가 없는 것이다.

아이들의 생각에는 아무것도 모르는 어른들과는 서로 대화할 가치조차 없다고 독단하고 있는지도 모른다. 아이들을 꾸중하고 탓하려면 우선 부모가 훨씬 앞서 알아야 하고, 능력이 있어야 할 때만 효험이 있다. 그래서 요즘에는 부모 노릇하기가 쉽지 않다는 말이 나오는 것이다. 만약 그렇지 않고서는 아이들이 어떤 핑계를 대면서라도 집 밖으로 돌거나 자꾸 어긋나는 행동을 일으키는 원인이 된다.

비단 가정에서만의 문제는 아니다. 시대가 변했기 때문이다. 인간이 스스로 만들어 놓은 기계들을 조작하게 되고 조작원칙에 따라 세상이 발달되었다. 아이들을 데리고 병원에 가보자. 질환의 정도에 따라 진찰 방법이 다소 다를 수는 있지만 예전의 병원과는 사뭇 다르다. 예전에는 의사들이 진료하면서 이것저것 환자에게 물어봤다. 그럼 환자는 하나 둘 묻고 답하다 보면 어느새 병이 다 나은 것처럼 기분이 좋아지곤 했었다. 이전의 기억을 갖고 요즘 병원에 가면 현실은 그렇지 않다. 모든 검사들을 기계들이 한다. 더구나 진맥과 진단으로 병명을 가려내고 처방해야 할 한방병원마저 그러한 실정이다. 한의사가 손으로 환자의 손목을 짚어 진맥하던 것이 기계로 대치되었다. 의사말로는 컴퓨터의 진단이 더 정확하기 때문이라고 한다. 인간을 생각하여 기계화된 시대를 살고 있는 것이다.

과학 잡지 등을 펼쳐보자. 앞으로 한 세대만 더 지나면 지금은 상상조차 할 수 없는 그러한 세상이 전개될 것이다. 그때 인간의 자리는 어디쯤일까? 지금의 세대로 이 정도인데 말이다. 이렇게 인간의 노력에 의해 산업사회가 진화하고, 과학기술이 진보하여 생산력이 향상됨에 따라 자연환경에 대한 인간의 지배는 증폭되었다. 이에 따라 현실 원칙의 제약은 크게 완화되었고, 사회적인 병폐가 하나 둘 드러나기 시작했다. 대표적으로 자본주의 하에서 지배계급의 존재를 가져왔고, 가진 자와 가난한 자로 나뉘며 그 빈부의 격차가 더욱 벌어지고 말았다. 앞으로는 이러한 빈부의 차이를 없애는 방향으로 상품을 만들어내는 기술 혁명이 필요하다.

앞으로 우리의 사회를 건설하고, 그 사회를 이끌어갈 세대의 주역은 누구인가? 바로 우리의 자녀들이다. 우리의 아이들이 휘청거린다면 그 책임은 모두 부모에게 있음은 너무나 명확하다. 기계에 의해 키워지는 아이는 본래 인간이 갖추고 있던 창조성과 대상에 대해 주체적으로 관계하려고 하는 적극성이 감퇴되고 말 것이다. 이는 조작원칙에 따라 기계 인간을 자초하는 꼴이 되고 만다.

기계는 일체의 인간적 배려를 필요로 하지 않는다. 오로지 정확한 조작만이 능사다. 조작에 의한 반응만이 존재할 뿐이다. 감정이 개입되는 '배려'란 절대 찾아볼 수 없다. 단지 기계의 내용만 알면 되기 때문이다. 또한 기계는 사람과 달리 감정이 없기 때문에 생리적 컨디션에 좌우되지도 않는다. 인간이 만든 기계는 안정성과 항상성이 훌륭하여 인간이 조종하기 편리하게 만들어 놓았다. 인간이 인간을 상대할 때와 다른 점이 바로 이것이다.

사람이 사람을 대할 때는 상대의 여러 가지 감정을 살피고, 그 감정이 자기감정에 영향을 미치므로 자신의 뜻대로 되지 않는다. 이것이 기계와 인간의 가장 큰 차이점이다. 사람에게는 상대의 감정에 맞춰서 때로는 머리를 숙여야 할 때도 있고, 화도 참고 다스려야 할 때도 있다. 이러한 감정은 기계가 아닌 사람에게 배워야 한다. 가족의 역할이 중요한 이유다.

부모는 아이에게 기계보다 가족을 먼저 느끼고 깨우치게 만들어야 한다. 작은 사회적 공동체인 가족 안에서 배우고 느낀 감정들이 얼마나 소중한 것인지를 가르칠 수 있다. 부모가 먼저 나서서 편리한 기계에 아이를 맡겨두지 말고, 좀 더 책임감을 갖고 가족이라는 소중함을 일깨워줄 수 있도록 노력해야 할 것이다.

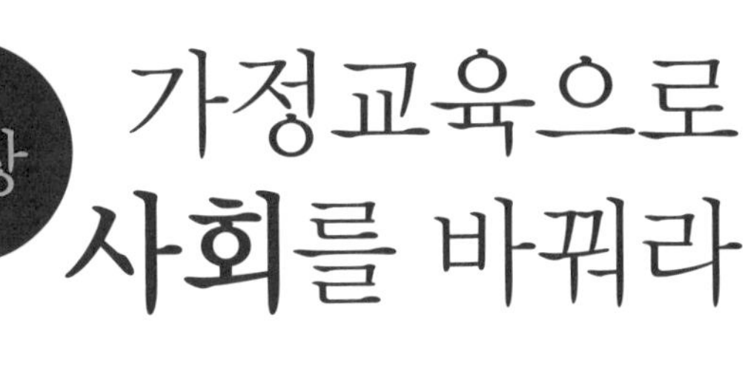

부부가 만드는 가정 : 부부의 화합으로 시작되는 자녀교육. 따뜻한 가정 만들기. 아버지의 위엄, 어머니의 자상함. 가정폭력은 인성교육의 해악이다. 가풍은 자녀의 성격 형성에 큰 영향을 미친다.

가정교육의 중심은 부모의 역할 : 아들은 남성답게, 딸은 여성답게 길러라. 아버지의 심상을 심어라. 아들을 대하는 부모의 자세. 아버지, 가정의 굳건한 주연배우가 되라. 아버지가 화를 자주 낸다면? 칭찬과 꾸중에도 때가 있다.

1. 부부가 만드는 가정

| 부부의 화합으로 시작되는 자녀교육

이 세상에서 이루어지는 모든 일은 '경위經緯'가 있다. 경위란 날經과 씨緯를 말한다. 옷감을 짤 때에 날실을 먼저 맨다. 이 날실은 세로로 길게 고정시키는 것으로 시간 즉, 역사를 뜻하며 수직으로 되어 있다. 씨는 북에 넣어져서 날실의 틈으로 왔다 갔다 하면서 가로질러 베를 짜게 되는데 공간 즉, 세계를 뜻하며 수평이다. 그래서 경위는 화합이고, 조화다. 씨와 날이 교차하는 자리 그 교차점에 나自我라는 존재가 있다. 씨는 아버지, 날은 어머니로 어머니와 아버지가 교차하는 곳에 자식이 있으므로 서로 화합하지 않고는 존재할 수도, 존재할 가치도 없어진다. 곧 올바른 자녀교육이란 부부의 화합하는 모습에서 시작되는 것이다.

바로 이전 글에서는 자녀교육에 있어 가정의 환경이 얼마나 중요한지 설명하였다. 가정에서 자식들이 가장 많이 접촉하는 환경은 어머니다. 따라서 어머니가 그 역할을 제대로 하지 못하면 자녀의 장래는 어두울 수밖에 없는 것이다.

『사자소학四字小學』 첫머리에 "아버지 날 낳으시고父生我身 어머니 날 기르시다母鞠我身."는 말이 있다. 여기에서 '기르시다鞠'는 '가죽 회초리로 때리면서 키운다'는 뜻이다. 이처럼 자녀교육에서 응석을 무조건 받아주는 것은 진정한 사랑이 아니기 때문에 마침내 버릇없고 참을성 없는 비행청소년의 길로 들어서게 만드는 지름길과 같은 것이다.

버릇은 예절이다. 예절은 질서이며, 민주사회에 있어서는 으뜸가는 인간관계의 필수 조건이다. 그럼에도 불구하고 민주주의를 말하고 스스로를 민주사회의 선봉이라 칭하는 젊은이들이 그 사회의 요체인 예절을 무시하는 경향이 많다. 그것은 그들에게 예절이 곧 질서라는 사실을 가르치지 않았다는 증거다. 가정이나 학교에서는 공중도덕이라는 덕목만 지식으로 가르쳤을 뿐, 예절을 습관으로 길러주지 않았다는 것이다.

어른이 먼저 수저를 들고 음식을 먹기 시작했을 때 비로소 아랫사람들이 수저를 들어 먹기 시작했다. 이것이 예절이고 차례이며 곧 질서다. 하나의 예를 보자. 아이들이 제 입에 맞는 맛있는 음식을 먹고 싶어 할 때 요즘의 어머니들은 반찬접시를 아이들 앞에 놓아준다. 할머니 할아버지, 부모들은 무엇이든 좋은 것을 자식들에게 베풀고 싶어 한다. 그 마음은 사랑이다. 그러나 이

전 세대의 어른들은 이를 악물고 그렇게 하지 않았다. 자식의 앞날을 위해 버릇을 가르치는 것이 더 큰 사랑임을 알기 때문이다. 이를 자각할 수 있다는 것이 인간과 동물이 다른 점이다.

참을성도 마찬가지다. 참을성忍耐은 곧 버릇과 직결된다. 참지 못하는 데서 버릇이 없어지게 되고, 버릇이 없으므로 참을성도 없다. 지하철을 타 보면 종종 눈에 거슬리는 진풍경이 벌어진다. 어른들이 나란히 앉은 사이에 조금만 틈이 나면 중학생이나 됨직한 아이들을 밀어 넣어 앉히려고 애를 쓰는 어머니들의 모습이 그중 하나다. 아이들이 한 시간쯤 걷거나 서 있다고 해서 몸에 문제나 큰 해가 생기지 않는다. 오히려 한창 자라나는 시기라 건강에 더 좋다. 그런데도 아이에게 참을성 없는 행동을 가르치고 있었다.

백화점 승강기 앞에서 펼쳐지는 광경은 더욱 요란하다. 너나 할 것 없이 중산층 이상의 차림새를 뽐내는 어머니들이 인형처럼 곱고 예쁘게 꾸민 아이들의 손을 잡고 승강기 문이 열리기를 기다린다. 우리나라에서는 사람이 많은 대형건물 승강기 앞에 줄을 서 기다리는 모습을 보기가 어렵다. 줄은커녕 끼리끼리 모여 큰 소리로 떠드는 것도 예사다. 그 비좁은 공간에서 남이야 좋든 싫든 아랑곳하지 않고, 승강기를 기다리는 1, 2분도 참지 못해 떠들기 일쑤다. 이러한 환경에서 자란 아이들이 공중도덕을 제대로 지킬 리가 없다.

어른들의 죄책감이 자녀들의 응석을 받아주게 되고, 그로 인하여 버릇없고 참을성 없는 사람으로 만든다. 자랄수록 자신만 챙기는 이기적인 개인주의자가 되어 가정에서는 독선적이고, 사회에 나가서도 남과 잘 어울리지도 못하는 어른이 되어 결국 도태된 삶을 살게 되는 것이다.

자녀를 자립심 강하고 독립된 인격체로 길러 사회에 나가 인류의 미래에 공헌하는 인간으로 키우기 위해선 일찍부터 홀로서기 훈련을 시켜야 한다. 부모가 집을 비워서 아이 혼자 지내게 하는 홀로서기가 아니라, 부모가 곁에서 지켜보면서 가르치는 홀로서기를 말하는 것이다. 이제부터라도 부모는 자라나는 우리 아이들에게 버릇(예절)과 참을성(인내)을 가르치는 슬기를 지녀야 할 것이다.

| 따뜻한 가정 만들기

가정은 언제나 단란하고 따뜻한 훈풍이 감도는 가운데 온 가족이 오순도순 정을 나누어야, 그것이 이웃에도 퍼지고 온 사회와 나라에도 퍼져서 건강해지는 법이다. 그리고 그 핵심에는 사랑으로 넘치는 부부가 존재해야 한다.

가정이 바라는 목표는 무엇일까? 그 첫째는 가족끼리 서로 사랑하고 서로 돕는 따뜻함, 둘째는 각자가 맡은 일에 자유롭게 열심히 노력하는 것, 셋째가 바로 자기의 실존 즉, 가정에 있어 '나는 누구이며 무엇을 해야 하는가'를 늘 생각하는 일이다. 위와 같은 목표를 달성하기 위해서는 시간과 공간 그리고 에너지라는 세 가지 정보요건이 필요하다. 또한 "목표달성의 물리적 매체가 되어야 하며 이 매체를 통해 애정, 세력, 의미로의 요구를 충족한다."고 심리학자들은 주장한다.

위의 여섯 가지를 놓고 그 강약에 따라 가정의 시스템을 세 유형으로 설정할 수 있다. 폐쇄형가족, 개방형가족, 임의형任意型가족이다.

폐쇄형은 전통을 지키는 것으로 안정성이 핵심적 목적이며, 개방형은 민주적 합의에 의한 적응이라고 할 수 있다. 임의형은 환경조건의식이 희박할 뿐 아니라 가족으로서의 통합성이 어느 유형보다도 희박한 가족을 말한다.

위 세 유형 중에는 개방형가족이 가장 건강하고 단란할 뿐 아니라, 개인의 자립성을 존중하면서도 가족의 결속력도 강하여 목적을 공유하는 데도 좋은 점이 있다. 위와 같은 가족시스템이론으로 봤을 때 부부관계란 현실적으로 얼마나 중요한 역할을 하는가를 알아보도록 하자.

결혼생활에 있어 부부관계란 시간적인 과정에서 성립되는 것으로, 결혼생활을 분석하려면 그 발달적 과정을 파악할 필요가 있다.

요즘에 와서는 결혼 적령기를 보통 30세 전후로 잡고 있다. 그러나 결혼을 40세를 넘겨도 부끄럽게 여기기는커녕 20대 초반에 결혼하는 커플을 오히려 비웃는 풍조마저 생겨난 시대가 되고 말았다. 나이가 많으나 적으나 결혼하고 상대를 맞춰 살기란 결코 쉬운 일이 아니다. 결혼생활을 서로 만족하고 안정되게 유지하기 위해서는, 상대의 기대에 적응하면서 자기의 기대에도 따라주기를 노력하는 일이다. 말은 쉽게 할 수 있지만, 결혼 초기에는 어려운 일이다.

바람직한 부부관계의 유형을 시도하는 노력으로는 '자기방위형'과 '현실직시형'이 있다. 자기방위형의 행동은 기본적인 요구를 한층 충족하기를 바라기보다 눈앞의 긴장을 해소하려는 것이다. 즉, 한 잔의 술로 심리적 긴장을 일시적으로 푸는 일 같은 것인데 이는 건강한 결과를 초래하지 못한다.

현실직시형의 행동은 부부간에 생긴 갈등을 회피하지 않고 합리적 해결방법을 모색하면서 부부쌍방이 서로의 능력과 한계를 잘 판단하는 것이다. 가능한 한 맞춰주기를 노력하는 특징이 있다. 그러기 위해서는 부부 각자가 자기의 감정이나 요구사항에 대하여 관심을 갖는 동시에 언제나 상대의 입장에서 '역지사지'를 생각해야 된다. 그리고 지금 상대의 요구가 중요하다고 생각되면, 자기 요구의 충족을 연기하더라도 상대의 요구를 먼저 충족시키는데 도움을 주는 일이다. 그럼 서로의 신뢰와 애정을 북돋게 되어 상대의 만족과 안전이 자기의 만족과 안전과 같은 가치를 갖게 되므로 사랑 또한 이러한 상태가 되는 것이다. 한 가정을 이루고 사는 가족의 일원인 부부사이는 개개인의 관계라면 타협이 불가능한 일이라도 서로의 독자성을 인정하고 존중하는 '여유'를 전제조건으로 갖고 살아야 한다. 그렇게 따뜻한 가정건설을 위하여 노력하는 것이다.

통계에 의하면 우리나라 이혼율이 세계에서 상위권에 속하고, 황혼 이혼도 점차 늘고 있는 추세라고 한다. 그 원인 중 가장 큰 비율을 차지하고 있는 것이 '성격차이'라고 한다. 이러한 사회문제 속에서 부부의 사랑과 부부가 이루는 따뜻한 가정을 설명한다는 것이 현실에 맞지 않아 보일 수도 있다. 하지만 깊이 살펴보면 부부관계란 인류학적 측면에서뿐 아니라, 사회학적으로 보면 가장 중요한 사회적 이슈로 다루어져야 한다. 특히 기초공동체인 가정의 건강을 위해서도 심도 있게 관심을 두어야 하는 부분이 바로 부부문제다.

부부란 대개가 전혀 다른 곳에서 태어나 가풍이 다른 가정교육을 받으며 성년이 된 뒤, 부부가 되어 가정을 이룬다. 때로는 가족 간의 갈등을 겪기도 하지만 이를 견뎌나가는 동안 서로 달랐던 가치관과 처세술이 닮아가기에 이르러, 마침내는 해로偕老라는 탄탄대로로 들어서게 되는 것이 부부다. "부부는 닮는다."라는 말이 있다. 가정교육에서부터 음식문화와 취미생활 등이 전혀 다른 남녀가 각각 만나 결혼이란 절차를 통해 이룬 가족이지만, 50년이란 긴 세월을 겪는 동안 자신들도 모르게 닮아가게 되는 것이다.

이전 세대까지만 해도 중매로 생소한 사람끼리 만나, 초례청(혼례식장)에서 처음 곁눈질로 상대를 본 뒤, 첫날밤을 보내고는 평생을 맞춰가며 살아가는 경우가 있었다. 그러나 요즘의 젊은 세대에서는 부모가 선택해 준 배우자와 얼굴도 모른 채 결혼식을 치른 후 평생을 사는 일은 상상조차 할 수 없을 것이다. 몇 년을 서로 사귀며(연애) 알 것 다 알고 재고 따진 뒤에 결혼한다. 그럼에도 불구하고 금방 몇 년 사이에 '성격이 맞지 않는다' 또는 '경제능력이 없다'는 등의 이유를 내세워서 이혼해 버리고 만다. 이것이 요즘 풍조라는 게 개탄스럽다.

유교적 인륜덕목의 오상五常 중 부부유별夫婦有別이란 대목이 있다. 여기서 '유별'이란 갈라선다는 뜻이 아니라, '남편과 아내는 본래 같지 않고 다름이 있는 사람이 함께 살면서 각자가 하는 일을 통하여 서로 간섭하지 않고 긴 세월을 해로한다'는 윤리적 동반同伴을 뜻하는 것이다. 이렇게 깊은 뜻을 헤아리지 못할 경우, "마음과 몸을 함께 더불어 하면서 무엇이 '유별有別'할 수 있느냐."는 반문을 하기도 한다. 즉 '유별'이란 뜻은 아내와 남편이 각각 해야 도리가 따로 있음을 말한 것이다. '숙친한 사이일수록 예의를 갖추어야 한다'는 말이 있듯이, 설령 한 이불을 덮고 살을 맞대며 사는 부부 사이지만 사람으로서 지켜야 할 도리와 예절을 더 잘 지켜야 한다는 의미다. 그러나 부부와 자녀만으로 이뤄진 핵가족일수록 속옷 바람으로 집안을 휘젓고 다닌다거나, 어린아이들이 예사로 부모에게 반말 아니면 맞먹는 말을 쓴다. 요즘 세

태에 흔히 볼 수 있는 가정예절을 보면, 그 집안의 장래를 점칠
수 있다.

'참다운 사랑은 무례하지 않고, 항상 존경하는 데서 싹이 트고
자란다'는 말이 있다. 그런데 아무도 보고 듣지 않는다고 함부로
한다면, 서로의 주장만 커져 비난할 뿐 닮기는커녕 파탄으로 이
르고 말 것이다.

부부가 오랫동안 함께 살다 보면, 의견이 상반되고 싸우기도
한다. 때로는 당장에 갈라서야 할 일들도 많을 것이다. 그러나 가
정의 기둥이자 근간인 부부가 쉽게 헤어져서는 안 된다. 심한 언
어폭력(막말)이나 사소한 신체적 폭력이라도 그것이 자라면 마침
내는 그 씨앗이 자라서 이혼이라는 비극적 열매를 맺는 것이다.

부부란 서로 어려운 부분을 적당히 유지하고, 속을 내어 보이
는 은밀함이 있을 때 각자가 가진 신비함이 사랑을 더욱 애타게
되는 것이다. 부부의 노력으로 사랑에 생기를 북돋아 주도록 하
자. 서로 이해하고 용납하는 가운데 뜻과 몸이 닮아가면, 어떠한
문제라도 칼로 물을 베는 것처럼 흔적도 없이 사라질 것이다.

| 아버지의 위엄, 어머니의 자상함

남녀가 만나 짝을 이루어 부부가 됐다. 짝이란 조화로울 때 이
상적인 사상이 생긴다. 조화는 서로 다른 성질이 어울려 하나가

되는 것이다.

강건한 남성과 유순한 여정이 조화를 이룰 때 자식이 생기고, 행복이 움트고, 열매가 맺는다. 강건함이 '강强'을 뜻하고, 유순이 '약弱'을 말하는 것이 아니다. 동등하게 조화가 되는 바탕을 의미하는 것이다.

어느 사회학자가 재미있는 말을 했다. 영국은 부모가 중심이고, 독일은 가족 중심이고, 미국은 자녀들 중심이며, 일본은 모자 중심의 가정이다. 이것은 아마 대략적으로 검토한 결과를 나타내는 것이지만, 그 나라의 가정을 단편적으로 특징짓는 데는 나름의 의미가 있다고 생각한다. 이러한 틀에 우리나라의 가정을 맞춰본다면 일본에 가깝지 않을까 생각된다.

요즘 우리나라도 아버지의 자리가 비어있는 가정이 많다. 그리고 여기서 조금만 더 나아가면 어머니 자리마저 비게 되는 미국 가정을 닮을지도 모른다. 언제부터인가 우리 가정에서 아버지는 일본처럼 돈 버는 사람으로 치부되어 가고 있다. 이웃나라 일본의 잘못된 버릇이 침략에 묻어 들어온 결과라고 생각된다.

잠깐 일본의 이야기를 해보자. 일본 남성들은 흔히 자기 아내를 부를 때, '오이おい'라는 말을 쓴다. 이는 친한 사이나 손아랫사람을 함부로 부를 때 쓰는 말로 남편이 부르면 일본 아내는 무릎을 꿇고 앉는다. 결혼을 하게 되면 여자는 이전의 성씨는 없어지고, 남편의 성씨를 따르게 된다.

이와 달리 우리나라 전통은 여성이 존중되었다. 남편이 아내에게 반말을 하지 않는 것은 기본이었고, 부름에 있어서도 서로 '여보'라고 부른다. 앉음새도 편하게 남편과 마찬가지로 동등하게 마주하고 앉는다. 여자가 시집을 가더라도 자신의 성씨가 보존되었다. 아이들에게 어머니를 물을 때도 존중의 의미를 담아 "네가 누구의 외손이냐."고 물었다. 그럼 외가가 있는 마을 이름과 외가의 성씨를 대는 것이다.

이렇게 여성을 존중하는 전통이 언제부터인가 사라지고 일본 바람이 스며들었다. 요즘도 일본문화를 선망하는 젊은이들이나, 일제 아래에서 교육을 받은 사람들 중 간혹 아내에게 '어이' 또는 이름으로 부른다. 이런 모습을 어린 자녀들이 보았을 때 그대로 배우는 것이다. 가부장제도란 아내를 낮게 부르고 무릎을 꿇게 하는 것이 아니다. 아버지가 집안의 구심점으로서 핵이 되어 아버지 역할을 다 하는 것이다.

가장의 위엄이란 밖으로 엄하고 위력 있는 모습이 아니다. 하늘의 강건한 기운이 사람의 마음을 통해 우러나는 정의 표상일 뿐이다. 이것이 자녀들의 눈에는 건강한 몸과 강력한 의지를 가진 아버지로 비쳐진다. 지금까지 아버지들은 말수가 적고 듬직하며, 나약한 모습을 보이지 않는 남성상이었다. 그리고 승부에 강한 것이 인생의 미학으로 가르치고 또 배우면서 그런 아버지가 된 것이다. 이러한 모습이 근대화 시기의 아버지다. 그러나 정보화시대로 바뀐 오늘날의 아버지는 다르다. 요즘 아이들은 지난날의 묵중하고 승부에만 집착하는 가부장적인 아버지의 모습을 바라지 않는다.

그렇다고 자녀들에게 일벌의 모습으로만 비추어져서는 안 된다. 월급봉투 배달원이 되기 전에 아버지는 바뀌어야 한다. 때때로 가족들에게 긴장감을 불어넣어 강렬한 인상을 주어야 한다.

아침 일찍 일어나서 직장을 나가기 전에 잠든 아이들의 얼굴만 보고 가려고 하지 말고 아이를 깨워라. 그리고 잠에서 깨는 아이들을 힘차게 끌어안고 아직 깎지 않아 수염이 있는 턱으로라도 아이들의 뺨에 비벼 보자. 아침, 저녁으로 그렇게 하여 어린아이들의 심상에 강렬한 아버지의 모습을 심어주어야 한다. 물론 아내가 반대하겠지만, 이렇게 하지 않고서는 점점 모성화되어가는 아이들의 심상에 아버지다운 심상을 심어줄 방법이 없다. 아이들은 지각이 열리기 전인 유아기 때 인상에 남은 기억들이 가장 오래 남는다고 한다. 새벽잠에 새근거리는 아기의 잠을 깨우기가 애처롭고, 짜증내는 아내가 무서워 가장 중요한 시기를 놓친다면, 아이에게 아버지는 월급봉투 전달자로만 남을 것이다.

직장에서 돌아오는 시간도 마찬가지다. 집으로 돌아오자마자 목욕탕으로 가지 말고 자식에게 가라. 그리고 아이의 뺨을 비비며 스킨십을 해라. 찌든 땀 냄새도 좋고, 직장에서 종일 옷에 배었을 어떤 냄새라도 좋다. 농민의 자식에게는 흙냄새와 쇠똥, 말똥 냄새도 좋다. 철공소에 다니는 기술자 아버지에게 나는 기계 기름냄새도 괜찮다. 그것이 아버지의 냄새이며 권위다. 곧 아버지의 위엄이다. 이렇듯 아버지의 위엄이란 제자리와 제 모습과 제구실을 말하는 것이다.

요즘 아버지들은 자녀에게 어떤 냄새를 남겨주는지 생각해 보자. 어머니와 다를 바 없는 온갖 화장품 향밖에 없을 것이다. 점점 아이들이 여성화되어 가고 있는데 아버지마저 여성적 냄새를 풍기는 건 옳지 못하다. 아버지는 아버지다운 냄새를 주어 가족에서 권위를 유지해야 한다. 아버지의 권위를 세우고 유지함에는 그 짝인 어머니의 적극적인 도움 없이는 불가능하다. 아내와의 합의하여 조화를 이뤄야 한다. 아침잠을 깨우는 아버지를 탓하지 말고, 출근 후에 다시 아기를 재우는 수고를 아끼지 않아야 한다. 또한 저녁 늦게 돌아오는 남편을 목욕탕으로 직행하게 해선 안 된다. 자식들의 먼 장래를 생각해 보라. 아버지의 땀내와 먼지가 불결하다고 탓하지 말고 아이들과 먼저 만나게 하여 아버지의 모습을 빼앗지 말아야 한다.

유아기를 여성의 손끝에서 보내는 아이들에게 아버지의 강렬한 인상을 입력시키는 방법에 어머니가 뒷받침해 주어야 한다. 이러한 환경에서 자란 아이들은 아들은 아들답게, 딸은 여성답게 바탕을 만들며 커간다. 그러면서 아들은 아버지의 위엄을 이해하고, 어머니의 따뜻한 유순함을 따르게 되는 것이다.

아이들이 자라고 제 길을 가면서 자신의 힘으로 해결하지 못하는 어려움에 부딪힐 때가 있을 것이다. 이때마다 자녀는 뒤돌아 아버지의 모습을 본다. 아버지의 원심력과 세간지를 바라는 것이다. 아이들은 어려움을 당해도 소리 내어 도움을 청하지 않는다. 제 힘으로 해결하는 것이 사춘기의 특징이기 때문이다. 그래서 부모는 끊임없이 그들을 보살펴야 한다. 이러한 기회에 강렬한 가부장적 정신으로 방황하는 자녀를 지도하고 인도하는 힘을 발휘해야 한다. 가족의 연대감은 이러한 아버지의 강건함과 위력으로 이루어지기 때문이다.

아버지는 세상의 어떤 어려움에도 움직이지 않고 굽히지 않는 사나이, 가족의 생명과 가문의 명예를 위해서는 스스로의 목숨을 바치는 영웅으로 보여야 한다. 자기 한 사람만을 위해 발 벗고 나서는 이기주의자가 아닌 이타심을 가진 아버지가 되어야 한다. 그러기 위해서는 끊임없는 자기 성찰과 반성이 뒤따라야 한다. 어머니의 자애와 덕 역시 마찬가지다.

어린 자녀를 키울 때는 박애주의자가 되어야 하고, 사회운동가가 되어야 한다. 자기 자녀만을 귀여워하고 잘 가르치려는 이기주의적 가정교사가 되선 안 된다. 먼저 기본을 알려주어야 한다. 버스나 전동열차를 탈 때 자리를 양보하는 덕을 가르쳐야 하고, 가족끼리 음식을 먹을 때는 서로 양보하는 마음을 길러주어야 한다. 또 모처럼 오신 손님이 귀엽다고 용돈을 주시거든 가벼이 받지 않는 염치를 가르쳐야 하고, 남의 집에 손님으로 갔을 때는 얌전하게 앉아서 어른들의 말에 귀 기울이는 예의를 몸에 익혀 주어야 한다.

이러한 예절은 평소에 집에서부터 몸에 익혀지도록 어머니의 노력이 필요하다. 이 일만은 어머니의 덕으로 이루어진다. 평소에 흔히 보는 광경이 있다. 어린 자녀들을 데리고 거리에 나선 부모들이 한 손으로 아이의 손을 잡고 한 손으로는 담배꽁초를 버리는 모습, 아이들을 데리고 전동차에 탄 어머니가 노인 앞에 와 서 있어도 자리를 비켜주지 않는 모습, 친인척 집에 손님으로 가서 어른들이 자기 집 안방처럼 두 다리를 함부로 뻗고 흐트러진 자세로 앉아 아무 말이나 지껄이는 모습을 자식은 보고 있다. 이런 모습을 보며 자라는 아이들이 어른이 되었을 때를 생각해 보자.

아버지의 위엄과 어머니의 자상함으로 자녀를 키워야 한다. 아버지는 연약한 여성을 굳센 의지와 강한 힘으로 감싸주는 가장으로서 역할에 충실하고, 끝까지 아내를 평생 사랑하고 대우하는 모습을 보여주는 것, 유순하고 자애로운 어머니는 자녀를 세심하게 살피며 덕으로 감싸주는 것이다. 이렇게 아기자기한 부모의 모습을 어린 자식들이 보면서 자라게 하는 것이 부모의 역할이다.

| 가정폭력은 인성교육의 해악이다

대개 가정폭력이라고 하면, 부부간의 폭력spouse, marital violence 즉, 남편이 아내를 또는 아내가 남편에게 신체적 폭력을 행하는 것으로 알고 있다. 그러나 요즘에는 자녀가 부모를, 부모가 자녀들을 학대하는 행위까지 통틀어 가정폭력family violence이라 말하고 있다.

우리나라에서는 가정폭력은 그리 크게 생각하지 않아 왔다. 그러나 서구사회에서는 일찍이 중대한 사회문제로 대두되었다. 요즘은 우리나라에서도 속속 가정폭력에 대한 이슈들이 나오고 있다. 가정폭력이 근래 들어 증가했다기보다는 가정문제이기 때문에 집안에서 쉬쉬하고 덮어두었던 일이 사회문화적 영향을 받아 바깥으로 드러난 것일 뿐이다.

폭력이란 신체적 폭행은 물론 난폭한 언어를 포함한 전반적 학대를 포괄하고 있다. 때문에 어느 가정이든 잘 살펴보면 폭력이 전혀 없다는 것은 드문 일이다. 가정폭력 중 부부간의 폭력으로 예를 들어보도록 하자.

아내에게 폭력을 휘두르는 남편의 공통점을 조사한 어느 심리학자의 보고에 의하면, 욕구불만이 저지당할 때 남자는 공격적인 성격으로 변한다고 한다. 가령 남편의 학력이 아내보다 낮거나 사회적 지위가 아내보다 열등할 경우, 보통 때는 아무렇지도 않게 들리는 말을 아내가 자신에게 했을 때 남편이 폭력적으로 변하기 쉽다는 것이다. 또는 성장과정에서 부모의 폭력행위를 자주 봤다거나 부모로부터 학대당한 경험이 있는 남편일수록 아내에게 자주 폭력을 휘두르게 된다. 그러한 남편은 아이들을 교육시키는 수단으로 상대를 굴복시키는 폭력을 일상적으로 행하게 된다고 한다.

남편의 폭력에 대한 책임은 전적으로 그에게만 있는 것이 아니라 아내에게도 있다고 한다. 남편은 아내와 원만한 커뮤니케이션을 바라고 있지만, 아내가 무의식적으로 이를 원만하게 받아들이

지 않을 때, 남편에게 폭력의 단초를 제공하게 되기 때문이다.

　이에 배우자의 폭력에 대처하기 위해서는 서로 주고받는 상호보수성相互報酬性 커뮤니케이션을 자주 해야 한다. 그리고 될 수 있는 한, 상대의 약점을 건드리는 언동을 하지 말아야 한다. 가장 큰 문제는 부부간의 폭력이 자라나는 자녀에게 미치는 영향이다. 이를 보면서 자란 아이들은 장차 어른으로 가정을 이뤘을 때, 70% 이상이 부모의 폭력행위를 그대로 답습하게 된다는 통계가 있다.

　이에 더하여 어릴 때에 부모간의 폭력을 자주 보았거나, 학대의 경험이 있는 아이들 가운데 자라면서 그 엄마에게 예사로 폭력을 행사하게 되는 경우가 많다는 통계도 있다. 어려서 힘이 부족해 폭행은 못하지만, 자기 엄마에게 고함을 지르거나 하는 '언어폭력'을 일삼는다는 것이다. 이러한 행동을 부모는 아이의 어리광으로 보아 넘겨서는 절대 안 된다. 어릴 때의 가정교육이야말로 사람의 인성적 인격교육의 기초다. '철도 들지 않은 어린 것들이 무엇을 알겠냐?'는 생각에 자녀들 있는 자리에서 부모가 예사로 험한 욕을 한다거나 폭력을 휘두른다면 이를 그대로 배우게 된다는 것을 알아야 한다. 또 다른 한편으로 부부간의 사랑놀이에 방해가 된다고 빼돌리는 경우도 있는데, 아직 철이 들지 않은 아이들은 이를 학대로 받아들일 수도 있다고 한다.

　자녀를 금지옥엽金枝玉葉으로 키우기 위해 부모는 언제나 그들에게 연말결산 아닌 시시때때로 손익계산損益計算을 해야 한다. 이는 이상적 가족시스템이 구축된 상태에서 이루어져야 가능하다. 가족시스템의 가장(부부)은 첫째로 의식주衣食住를 확보하여 생명과 생활을 유지하는 기능, 둘째로 가족 개인과 가족들이 직면할 위기의 대처와 그를 극복하는 기능, 셋째로 가족의 심신건강을 배양하여 장래를 행복하게 할 기능이다. 이를 활성화해 나갈 때, 사람이 사람답게 살 수 있는 세상 만들기 인성교육이 제대로 될 수 있다.

| 가풍은 자녀의 성격 형성에 큰 영향을 미친다

한 사회에는 오랜 문화가 조성한 풍습이 있으며, 학문을 닦는 하나의 집단에도 학풍이 있어서 전통을 세운다. 집 밖에 나가면 그 사회에서 지켜야 할 여러 가지가 있다. 법으로 정한 것도 있고, 으레 그렇게 해야 하는 공중도덕이 있다.

가정생활에 있어서도 마찬가지다. 누가 앞장서서 이렇게 해라 저렇게 해라 말하지 않아도 살아가면서 저절로 만들어지는 은근한 바람이 있다. 그것이 곧 가풍이다. 가풍은 자녀의 성장에 큰 영향을 미친다. 부모는 이 사실을 잘 알고 가풍의 중요성을 깨달아야 한다.

옛말에 '그 자녀를 알려면 그의 부모를 보면 안다'는 말이 있다.

곧 가풍이 있음을 뜻하는 것이다. 부모는 자녀의 본보기가 되라는 말이 이런 의미를 내포하고 있다. 이는 가정을 비교하면 쉽게 드러난다. 일확천금을 움켜쥐어 하루아침에 졸부가 된 가정을 가보자. 살림살이하기에 조금도 불편함이 없고 아래위층으로 휘황찬란하다. 적당한 공간에 배치된 서가에도 도서관 못지않게 좋은 책들이 꽂혀 있다.

요즘은 좋은 세상이라 집을 치장하는 데도 다양하고 여러 가지 방법이 많다. 인테리어 관련 도서가 많아서 돈만 있으면 직접 사다가 꾸밀 수도 있고, 귀찮으면 실내장식가에게 맡겨서 할 수도 있다. 그러니 얼마나 아기자기하게 잘 꾸며 놓았겠는가. 그런데도 그 집에 들어서면 왠지 썰렁한 기운이 가득하다.

가풍이 있는 집은 설령 가난하여 변변한 살림살이 하나 없더라도 집안 가득 좋은 기운으로 꽉 차있다. 거실에 제대로 된 장식장은 없어도 돌아가신 할아버지의 빛바랜 초상화가 모셔져 있고, 아버지가 썼음직한 가훈이 그 밑에 놓여 있으며, 안방에는 어머니가 고등학교 시절에 모란을 수놓은 액자가 걸려있다. 그렇게 구석구석을 차지한 손때 묻은 가구는 값비싸 보이지는 않지만 나이가 들어 제법 무게를 느끼게 한다. 이런 가정에서 부는 바람은 따뜻하고도 밝아서 사람들에게 생기를 불러 일으킨다. 이것이 가풍이다. 가풍이 있는 집안에서 자란 자녀들은 비행청소년이 되지 않는다. 그들은 아주 어릴 때부터 아버지가 먼 여행에서 돌아오며 음식이나 예쁜 장난감, 비싼 옷들을 사 오는 모습은 보지 못하고 자란다. 대신 아버지의 손에는 언제나 책 아니면 당장 살림살이에 필요한 것들이 들려 있다. 이런 모습을 보면서 컸기 때문에 아이들은 근검절약을 몸에 익히면서 가풍으로 새기는 것이다.

놀이 속에서 가풍을 체험하게 해야 한다. 때문에 슬기로운 아버지는 자녀를 데리고 어린이 놀이터나 많은 사람이 모이는 공원으로 가서 낯모르는 사람과 어울리게 한다. 장난도 치게 하고, 게임도 마음껏 하도록 유도한다. 아이들이 무서운 세상에서 일어나는 어린이 유괴에도 대처할 수 있도록 미리 가르쳐 놓는 것이다. 때로는 싸움도 하게 내버려두어야 한다. 싸울 줄도 알아야 이길 줄도 아는 법이기 때문이다. 만일 아이가 싸움에서 지면, 지는 것에 따른 아픔을 새기는 법도 배울 수 있게 된다. 승부의 철학이란 인생에 있어서 꼭 필요하다는 것을 아버지가 알려주는 것이다. 놀이를 통해 기회가 있을 때마다 자녀에게 체험시키는 것이 아버지의 몫이다.

그러나 요즘 아이들은 '놀이'를 모르고 자란다. 유아기에 접어들면서 부모들은 일체의 '놀이'를 금지시키고, 부모가 짜준 틀 속에서 한정된 놀이에만 골몰하게 한다. 교재의 일환으로 만들어진 영재교육이나 수재교육을 위한 '공부놀이'를 시킨다. 글자놀이, 그림놀이 등 놀이는 많은데 진정한 의미의 놀이는 없는 것이다. 부모가 만들어 놓은 놀이는 사람의 바탕에서 우러나는 창의력을 길러내지 못한다. 환경에 따른 특색이 없기 때문이다.

인간은 본래 자라는 환경에 따라 그에 적응하여 싹트는 바탕 위에 창의력이 나온다. 그 창의력이 오늘날 눈부시고 황홀한 문명세계를 만들어낸 것이다. 부모는 이러한 사실을 잘 알고 자녀를 큰 사람으로 키워야 한다. 미국, 일본의 아이와 똑같은 놀이에 가둬놓고 창의력 있는 아이를 바라면 안 되는 것이다.

도시 아이와 농촌 아이의 놀이를 비교해 놓고 보면 이해가 쉽다. 도시의 부모들은 아이를 높은 교육열에 가두고 공부놀이를 가르친다. 그러나 시골 아이들은 집 밖으로 나가 또래끼리 마음껏 뛰어노는 놀이를 한다. 결과는 자라면서 나타난다. 대학에서 평생을 보낸 이름 있는 교수 한 분이 이런 말을 했다.

"대학에 처음 들어온 신입생의 1학년 성적을 보면 단연코 도시 출신 학생들이 우수하다. 그러나 2학년에 올라와서 각기 전공분야를 공부하게 되고 동아리 모임의 활동이 시작되면서부터는 뚜렷하게 시골출신 학생들이 두각을 나타낸다." 즉, 시골 학생들의 적응력과 창의력이 도시 학생보다 뛰어나다는 뜻이다. 이렇듯 어릴 때는 공부놀이보다는 장난놀이가 자녀를 큰 그릇으로 만든다.

자녀를 크게 키우고 싶은 부모일수록 아이들에게 또래와 뛰어노는 놀이를 시켜야 한다. 그런 가운데 아이들은 인생을 승부하는 철학을 배우게 된다. 놀이가 변하여 싸움이 되기도 하지만 그때 부모는 아이의 싸움에 나서지 말아야 한다. 아이들은 그 싸움을 통해 견디는 인고를 배우게 되기 때문이다. 이러한 놀이와 장난이 거듭되면서 남에게 이겨야 된다는 철학과 자신이 다치지 않기 위해서는 어떻게 막아야 된다는 방법을 익혀 나가게 된다. 때문에 잘 노는 아이는 규칙도 잘 지킨다. 어렸을 때부터 놀이를 통해 나름대로 정해진 룰을 지키고, 지키지 않으면 낙오된다는 교훈을 터득하며 자라는 것이다.

　대학에서도 동아리 활동을 이끄는 학생들을 보면, 규칙을 잘 지키는 것은 물론 예의도 바르고, 적응도 빠르다. 또한 놀이에 능한 아이는 이기는 데 필요한 창의력을 길렀기 때문에 승부욕도 충만하다. 승부가 끝나면 깨끗하게 결과에 승복하고 인정할 줄도 알게 된다. 이러한 슬기는 어른들이 말이나 글만으로는 가르칠 수 없다. 방안에 틀어박혀 '공부놀이'에만 열중하던 아이들이 오히려 나중에 커서 이러한 틈새에 끼면 열등감을 느끼게 되는 것이다.

　부모는 아이가 놀이를 통해 자라면서 나타내는 소질도 잘 다듬어야 한다. 마치 떡잎이 자라면서 재목의 본색을 드러내듯 아이들도 자라면서 소질을 드러내기 시작한다. 요즘 부모들은 자라는 자식에게 먼저 구체적인 목표부터 부여한다. '너는 아버지의 뒤를 이어서 법률가가 되어라', '너는 아버지처럼 정치가가 되지 말고 사업을 해서 재벌이 되어라' 등의 틀을 짜주고 그 속에 자식들을 몰아넣는다.

　흔히 가까운 손님이 오면 어머니는 자녀들을 불러 모아서 장기 자랑을 시킨다. "이놈은 워낙 영악해서 식구들끼리도 제 것만 미리 챙겨 놓는다니까!", "텔레비전에 나오는 가수들이 부르는 노래를 두세 번만 들으면 몸짓까지 그대로 한다니까!" 하면서 어른들 앞에서 보이게 한다. 시키는 어머니나 손뼉을 치면서 칭찬하는 손님도 그 영악한 어린아이의 장래는 조금도 걱정하지 않는

다. 요즘 어른들은 아이들에게 '영악獰惡'이란 말을 쓴다. 영악이
란 말은 모질고 악착함을 뜻하는 아주 좋지 않은 말이다. 그런데
왜 요즘 어머니들은 자신의 아이를 영악하게 키우려 하는지 모르
겠다.

슬기로운 어머니라면 손님들이 오셨을 때 자녀들을 불러 인사
를 시키고, 오신 어른이 뉘시라는 말과 함께 자식들의 이름을 차
례로 불러 소개한다. 그렇게 인사가 끝나면 곧바로 자녀들을 밖
으로 나가라고 하여 아이들끼리 놀게 한다. 아이들이 손님의 둘
레에 모여앉아 어른들의 이야기를 들으면서 참견하는 일은 전혀
없다. 그런 아이들은 놀기는 잘하여도 영악하지는 않다. 요즘 같
은 물질위주의 개인주의가 팽배한 시대에는 오히려 이해에 분명
하고 약삭빠른 영악함이 대세일지도 모른다. 그러나 사람다운 사
람이 되는 방법은 아니다. 자녀들이 잘 놀게 하려면 조작원칙에
얽매이는 기계 인간에게 맡기면 안 된다.

부모의 역할이 중요하다. 아이가 사람답게 자라서 인간으로서
잘 살 수 있는 세상을 만드는 데 한 사람의 몫을 해내야 한다는 방
향을 가르치는 것이 부모의 일이다. 부모는 목표를 향해 나아가는
아이의 길을 잘 살펴주고, 가는 도중에 소질이 나타나거나 그 소
질에 알맞은 길이 나타난다면 이를 알아봐 주고 찾아가도록 지켜
봐 주는 것이다. 여기서 아버지는 앞에서 이끌지 말고 뒤에서 보
살피면서 인도해야 한다. 그리고 어머니는 유연성을 가지고 자식
을 감싸줘야 한다. 성숙한 모성이야말로 대지의 두텁고 온화한 성
품과 같아서 유연성과 적응력으로 모든 일을 처리하는 법이다.

아버지는 분명하고 명쾌함으로 완고함을 보여야 한다. 어머니는 예스, 노를 분명하게 하지 않는 유순함으로 아버지의 권위를 살려주면서 자식을 사랑으로 보듬어야 한다. 이것이 자녀를 기르는 가정의 가풍으로 담겨야 한다.

가풍이란 드나듦에 관계없이 몸에 배어있는 것이다. 온실 속 화초처럼 키워내어 세상 밖에 내보냈다간 영영 사람다운 삶을 살아갈 수 없게 될지도 모른다. 온실에서 자란 꽃들은 밖의 강한 햇살을 받으면 견디지 못하기 때문이다. 차라리 밖에서 잡초처럼 찢기고 밟히면서 폭염과 설한풍에서 자란 풀이 온실에 갖다 넣으면 더 잘 자란다. 자신의 자녀가 아무리 귀여워도 언제까지나 품안에서 키울 수 없다. 그러니 아예 어릴 때부터 밖에 나가 놀게 해야 한다. 더 단단하게 다져지도록 부모가 나서야 한다는 것이다.

물론 가풍을 바로 세워 놓은 가정에서 부모가 역할을 다할 때의 일이다. 뚜렷한 가풍이 있는 가정에서 자란 아이는 어디에 내놓아도 걱정이 없다. 가풍이 아이들의 성격을 형성하는 데 매우 큰 영향을 준다는 사실을 알고, 늘 세심한 관심을 갖고 방향을 찾아준다면 아이는 분명 성공한 인생을 얻게 될 것이다.

2. 가정교육의 중심은 부모의 역할

| 아들은 남성답게, 딸은 여성답게 길러라

아들은 남성답게, 딸은 여성답게 길러야 하는 것은 부모에게 가장 기본적인 역할일 것이다. 그러나 우리 주변의 부모들은 자신들의 마음에 맞도록 인위적인 틀을 짜서 그 속에 자녀를 가두어 놓고 꼭두각시처럼 키우려고 한다.

이는 아기가 태어나자마자 시작된다. 엄마 젖을 먹여야 할 갓난아기에게 처음부터 우유를 먹인다. 처음부터 엄마 젖을 먹은 아기는 우유를 잘 먹으려고 하지 않기 때문에 아예 엄마의 젖을 주지 않는 것이다. 지난날의 어머니들과는 사뭇 다르다. 예전 어머니들은 출산기가 되면 가장 마음 쓰는 일이 젖이 많이 나오게 하는 것이었다. 모유를 많게 하기 위해 음식을 가려 먹고 한약을 달여 먹으면서 아기에게 질 좋고 양 많은 모유를 먹여 길렀다.

요즘에는 모유가 신생아에게 좋다는 의학계의 연구발표가 많이 나와서 엄마들 사이에서 점점 모유가 좋다는 인식이 퍼지고 있다. 그나마 우유가 아닌 모유를 선택하는 엄마가 늘어나는 추세다. 그렇지만 생각해 보자. 송아지는 소 젖을 먹고, 망아지는 말 젖을 먹는다. 짐승도 제 어미의 젖을 먹이는데 사람은 왜 소젖을 먹이는 것인지 의문이다. 우유가 흔치 않던 지난날에는 자신의 젖이 부족하면 이웃의 아기 엄마를 찾아가서 젖을 얻어 먹이기까지 했다.

어떤 짓궂은 사회학자가 요즘 사회에서 청소년 문제가 대두되자 청소년들의 난폭한 성품을 빗대어 한 말이 있다.

"아이들이 사람 젖을 먹고 자랐으면 사람다울 텐데, 짐승 젖을 먹고, 짐승 고기를 많이 먹고 커서 모두들 인면수심人面獸心이 된 것이다."

웃어넘길 수만은 없는 뼈있는 이야기다. 아무리 우유에 모유 이상의 좋은 영양소가 들어있다 하더라도 어머니가 포근하게 감싸고 아기에게 젖을 물리는 그 시간에 비할 수 없다. 우유병 꼭지를 아무리 잘 만들었다고 한들 어머니의 체온을 깃들게 할 수는 없는 것이다. 산모의 건강을 위해 일시적인 처방으로 모유를 대체하는 것은 어쩔 수 없지만 이를 제외하고는 사람을 사람답게 키우려면 자기의 젖을 먹이는 것이 당연하다.

부모의 도리를 다하지 않으면서 자식의 도리를 바라는 일도 많다. 자신의 자녀에게 자신의 것을 먹이지 않으면서 자신의 것으로 소유하려는 부모를 말하는 것이다. 지금은 부모의 귀여운 자식에 지나지 않지만 장차 그들이 사회의 한 구성원으로서 아버지이고 어머니가 될 한 사람의 인격체가 된다. 이런 독립된 존재를 부모라고 해서 함부로 다뤄서는 안 된다. 자식이란 내가 낳아서 내가 기르고 가르치니까 나의 소유로 생각할 수 있지만 그것은 착각이다. 자식을 낳고 기르는 일은 창조주로부터 우리가 수임하여 대행하는 것일 뿐이다. 그러므로 가르치고 기르는 일 역시 창조주의 예비된 섭리에 따라 도리에 맞게 해야 한다.

창조주의 예술품은 신비하다. 사람의 눈으로는 볼 수 없지만 과학이 낳은 첨단화된 기계를 통해 확인하게 되는 여체의 비밀은 신비 그 자체다. 남성의 정자를 수태하는 과정부터 출산하여 아이를 기르기까지의 그 신비로움은 말로 다 표현할 수 없다. 세상의 아버지들은 이러한 모성을 찬미해야 한다. 하늘의 뜻을 받아 생명을 길러내는 땅의 덕을 모른다면 아내의 남편으로서뿐만 아니라 자식의 아버지로서 제 몫과 제 구실을 못하는 것이다.

구약 성경의 창세기에 이르면, 신은 사람이 죽도록 땀 흘려 일하면서 살아가도록 했다. 허나 여성의 바탕은 그 기능에만 있는 것이 아니다. 생명을 잉태하고 몸속에서 길러내는 여체의 신비함은 가히 황홀하다. 이 참다운 값어치를 허울로 감싸는 것은 본래의 것을 훼손하는 것이다.

참다운 어머니는 자식들에게 자기의 참모습을 가르친다. 딸아이를 여성답게 키우려면 아버지가 아닌 어머니가 더 앞장서야 한다. 겉치레로 감싼 아름다움보다는 본래의 아름다움을 가꾸는 법을 가르쳐야 한다. 그리고 더욱 아름다운 것은 누구도 알 수 없고 볼 수도 없는 깨끗한 마음으로 여자의 구석구석에 감추어져 있음을 확신시켜야 한다.

왜 사람에게 있어서 마음이 바탕인 것일까. 마음은 몸의 주인이며 몸은 마음에 따라 움직인다. 아무리 겉모습이 아름답고 예뻐도 마음이 착하지 않으면 사람답지 않은 것이다. 그래서 아버지는 자식들에게 마음 밭을 일구는 법을 가르쳐야 한다. 그리고 마음은 크고 넓어서 무엇이나 받아들여 녹이는 용광로가 되어야 한다.

지식이 많은 사람은 남에게 완전성을 바라지만 슬기로운 사람은 남에게서 가능성을 구한다. 자녀들이 설령 잘못을 저질러도 꾸짖기에 앞서 일의 전말을 보아야 한다. 사람이 살아가는 데는 결과보다 과정이 중요함을 인식시켜 주는 것이다.

슬기로운 아버지는 그릇을 평가할 때, 그 허울인 외형보다는 알맹이인 내용을 본다. 입구가 너무 작아서 아무것도 넣을 수 없는 그릇은 아무리 모양이 예쁘고 그림이 아름다워도 그릇의 제구실을 하지 못한다. 그러나 윤이 나지 않는 질그릇이라도 많은 것을 담을 수 있는 넉넉함이 있으면 제구실을 하게 되는 것이다. 이렇듯 아버지는 형식보다는 본질의 소중함을 알고 있어야 한다.

세상이 풍요로운 물질로 허울에 치중하는 풍조 속에서 자녀를 기르는 부모들은 모든 인간이 현상에 끌리기 쉬운 정을 가지고 있다는 사실을 깨우쳐야 한다. 이때에 슬기로운 아버지는 유행의 물결에 휩쓸리지 않는 모습을 자녀에게 보여줄 수 있는 것이다.

| 아버지의 심상을 심어라

생존경쟁이 극심해진 현대는 아버지들에게 더 많은 일을 강요한다. 하루 여덟 시간의 근로 조건으로는 생활비를 충당하기가 어렵다. 자의반 타의반으로 시간 외의 일을 하게 되고, 여기에 교통지옥을 뚫고 출퇴근하는 시간과 잠시 동안의 휴식 시간을 빼면, 집에서는 잠자는 시간 외에는 가족들과 대화할 시간조차 없게 된다. 이러한 상황에서 자라는 아이들에게 아버지의 이미지를 심어주는 일은 어려울 수밖에 없다. 그런데도 자녀들에게 아버지의 심상은 왜 심어 주어야 하는 것일까?

"다섯 가지의 색깔은 사람의 눈을 멀게 한다五色令人目盲."는 말이 있다. 이는 2천 년 전에 중국에서 쓰인 노자의 『도덕경』이란 고전에 나오는 말이다. 사람이 어릴 때부터 찬란한 색깔에 젖어들면 중독이 되어 그 다음에 아무리 아름다운 색깔을 접하더라도 아름다움을 느끼지 못한다는 의미다.

한 일화가 있다. 시골의 푸른 산천에 둘러 싸여서 자란 아이가 어느 날 도시로 나들이를 나오게 되었다. 처음 본 도시의 모습에 크게 감탄했다. 푸른 색깔에 젖은 아이의 눈에 휘황찬란한 온갖 빛깔이 한눈에 들어와 매우 아름답게 보였기 때문이다. 그 아이는 다시 시골로 돌아갔다. 아이에게 자연의 푸른 세계는 더 이상 눈에 차지 않았다. 온갖 색깔로 물든 도시만 눈에 아른거릴 뿐이다. 결국 아이는 내 고장의 아름다움은 잊은 채 도시를 동경하게 되었다.

이처럼 아이에게는 환경이 중요하다. 오늘날에는 밤낮으로 어머니와 함께 안방에서 유아기를 보낸 아이가 많다. 여성적인 환경에서 자라는 아이들은 몸과 마음이 다 여성화되고 만다. 이마저도 어머니가 일터로 나가면 더 심각한 상황에 처한다. 유아원에서 보육교사의 손에 의해 길러지는 아이의 경우가 그렇다.

우리 사회에서 남성이 보육교사직을 맡는 일은 매우 드물다. 그러니 집에서나 밖에서나 여성의 손으로 자라는 아이에게 남성화를 기대하는 것은 어렵다. 온종일 일터에서 일하다가 돌아와 땀 냄새 물씬 나는 강철 같은 아버지의 품에 안겨 본 아이가 몇이나 되겠는가?

요즘 가정에는 아버지의 자리가 비어 있다. 새벽에 나가서 밤중에 돌아오는 아버지의 얼굴조차 보기 힘들다. 아버지를 자주 보지 못하고 자라는 아이들은 커 가면서도 아버지의 체취를 느끼지 못하고 어느덧 유년기를 넘기고 만다. 부득이하게 기계들이 제공하는 환경에서 조작원칙에 의해 기계 인간으로 성장하는 것이다. 이러다 보니 오늘날 가정에서 아버지는 가여운 일벌이 돼

버렸다.

아버지가 꿀벌 사회의 일벌처럼 일하는 것은 오직 가족의 행복을 위한 본능적 활동이다. 남자란 선천적으로 일을 하게 되어 있다. 양陽과 동動을 상징하는 남성을 뜻하는 한자 사내 남男자는 글자 자체도 '밭田에서 힘力을 써서 일한다'는 뜻이다.

아버지의 부지런한 노력은 결코 강제된 의무감이나 책임감이 아니다. 아버지의 노동은 순수하게 무상의 마음에서 우러나는 행동이다. '편안함은 노력에서 생기고, 즐거움은 걱정 끝에서 나온다'는 신념을 갖고, 이기심의 충족이 아닌 본능적인 희열과 자기 성취를 위한 과정인 것이다. 아버지는 나날이 다르게 자라는 자녀의 모습과 행복감에 넘쳐 미소 짓는 아내의 모습을 활력소로 삼아 일한다. 그런 아버지를 보며 자란 자녀들은 '족함을 알면 욕되지 않는다'는 가르침을 몸소 깨우치게 되는 것이다.

자녀들이 사춘기에 접어들면 아버지의 직업이 그들 사이에서 화제가 되곤 한다. 이에 관한 실화가 있어 소개하고자 한다.

50대 초반의 가장 이야기다. 그는 고위공직자의 자리에 머물러 있다가 이런저런 연유로 스스로 물러난 지식인이었다. 공무원을 퇴직한 후 고향으로 돌아와 농사를 짓기 시작했다. 고향이라고 해봐야 대도시인 대구 근교에 인접한 마을이기 때문에 문화생활에 조금도 지장이 없었다. 농사일도 사람을 따로 고용해서 농사를 지었기 때문에 일이 고되지 않았다. 꿈꾸던 전원생활이었기에 천국이 따로 없었다. 안락한 생활에 만족하며 살던 중 뜻하지 않은 곳에서 문제가 생겼다. 바로 막내딸이 다니는 학교에서 실시한 가족직업 조사 때문이었다.

막내딸이 고등학교에 진학한 지 얼마 되지 않은 어느 날, 울면서 집에 들어오는 것이었다. 우는 까닭을 물으니 가정환경 조사서를 쓰다가 아버지의 직업란에 뭐라고 적을지 고민하다 울었다는 것이다. 이제 막 사춘기에 들어서는 아이에게는 아버지의 직업이 문제였다. 또래들 사이에서는 아버지가 공무원, 회사 중역, 무역업, 건축업 등이어야 그럴듯한 직업이었다. 그런데 막내딸은 아버지의 직업을 '농업'이라고 적으려니 마음이 내키지 않았던 것이다. 우는 딸 앞에서 아버지는 '직업에 귀천은 없다'라는 철학을 설명했다. 그러나 아직 나이 어린 딸이 이해하기에는 역부족이었다.

그는 우는 막내딸을 도저히 달랠 수가 없었다. 결국 자신의 소신을 굽히기로 약속하고, 딸이 가져온 조사서에 아버지의 직업을 '공무원'이라고 적어 놓았다. 그리고 아버지는 다음 날부터 복직하기 위해 노력했다. 복직자금을 마련하기 위해 저수지 밑에 자리한 알짜배기 땅을 몇 백 평이나 팔았다. 마침내 그는 다시 고급 공무원 자리로 돌아갔다. 회전의자가 바늘방석인데도 딸을 위해 즐거운 생각으로 마음을 다잡고, 정년퇴직까지 열심히 일했다.

세상이 아직도 직업에 따라 귀천의 값을 매기고 있으니 딱한 일이다. 이 딸아이에게 아버지가 일찍이 '파별천리跛鼈千里' 즉, 절름거리며 가는 자라도 천 리를 가서 뜻을 이룬다는 것을 알려 주었다면 좋았을 것이다.

산업사회가 발달함에 따라 정보화시대에 들어서면서 아버지들의 노동 형태도 많이 바뀌고 있다. 그러나 아무리 형태가 달라져도 일하는 아버지의 숨결이나 일에 대한 자부심은 변하지 않는다. 이렇듯 아버지에게 항상 용솟음치는 에너지와 생활 실천의 가치관은 맑은 물과 같아서 끊임없이 가정이라는 못에 흘러 들어와 자식들에게도 침투된다. 그러니 아버지는 아이들에게 부지런히 일하고 맡은 일에 최선을 하다는 모습을 보여야 한다. 만일 아버지가 노력은 하지 않고 일확천금만 꿈꾼다면 아이들에게 부정적인 이미지를 심어주게 될 것이다.

일터가 아무리 힘들고 불만스럽다고 하더라도 아버지는 자녀들 앞에서 짜증을 내면 안 된다. 직장동료나 상사에 대한 불평을 하지 않고 험담을 하지 않아야 한다. 그 깨끗한 마음에 흠집을 내면 불평불만이 싹터서 반항적인 기질을 기르게 되기 때문이다. 용기와 만용을 구별할 이성적 지각이 열렸을 때 올바른 비판능력을 길러줄 수 있어야 한다.

옛날 중국의 성군인 우禹라는 임금이 있었다. 그는 치산치수治山治水를 위해 9년 동안 나라 일에 몸 바쳤다. 물을 다스리는 9년 동안 집안일을 돌보지 않고 오직 치수공사에만 전념했다. 공사하는 중간에라도 집에 들러 가족을 보면 좋으련만, 가족을 보면 정에 이끌려 큰일을 그르칠까 봐 이를 악물고 집에 가지 않았다고 한다.

아버지는 한 가정의 중심이며, 한 사회에 있어서도 핵심을 이루고 있다. 때문에 아버지는 사회생활에서 끊임없이 의리와 인정의 얽매임에 당면하게 된다. 인간생활에는 계약주의나 합리주의적인 제도권 안에서만은 살 수 없는 여러 가지 요소가 많다. 그러나 위의 일화에서도 볼 수 있듯이 아버지는 자기 자신을 이기는 용기가 있다. 아버지의 용기와 자각은 이타심利他心 없이는 불가능하다. 때문에 아버지는 개인을 버린다. 한 가정의 가족이면서 가족이 아닌 것이다. 가족을 대표하여 가정보다 더 크고 넓은 사회의 핵심을 구성하는 것이 아버지라는 존재다. 이처럼 깊고 넓은 자기 인식 없이는 가정의 바탕이 될 수 없다.

일단 자신의 가정보다도 사회를 건전하게 살려야 그 사회 속에서 행복한 가정이 살 수 있다는 확신을 가진 아버지가 되어라. 그렇다고 자녀들에게 집을 가볍게 알고 무시하는 아버지의 이미지를 남기면 안 된다. 집에 충실하면서 집보다 더 넓고, 인간이 많이 살아가는 사회를 위하여 일한다는 정신을 남겨야 한다. 아버지를 자주 볼 수 없는 아이에게 올바른 아버지의 심상을 심어주라는 것이다. 그래야 여성화되어 가는 자식들을 굳세고 적극적이고 능동적인 사람다운 사람으로 기를 수 있다.

| 아들을 대하는 부모의 자세

아버지는 왜 아들과 자연스런 대화를 하지 못할까?

반대로 엄마들을 보면 아들과 엄마 사이에는 격이 없다. 아들이 먹다 남긴 음식이라면 먹을 수 있고, 아들의 대변 따위는 아무렇지도 않게 맨손으로 치운다거나 하는 희생을 감수한다. 때로는 몸이 아파 치근대는 아들에게 "빨리 나으면 네 소원은 다 들어주겠다."는 등의 약속을, 옆에 있는 아버지의 주머니 사정과는 상관없이 할 때도 있다. 곧 아들이 병이 나아서 "엄마 나 자전거 사줘요." "휴대폰 언제 사줄래요." 등의 요구를 하면, 엄마는 시치미를 딱 떼고, "얘 그런 것은 아빠한테 말해야지, 엄마가 무슨 돈이 있니?" 하고 태연하게 반문해 버린다. 옆에서 듣고 있는 아버지는 어안이 벙벙하다. 그런데도 엄마와 아들은 아무렇지도 않을 뿐 아니라, 약속을 지키지 않은 엄마에게 대들지도 않으니 어찌된 까닭일까?

이런 일들을 보면, 엄마와 아들 사이는 어딘가 모르게 몸을 주고받은 분신分身으로서의 용납이 있을지도 모른다는 생각이 든다. 서로 허용許容하는 가운데, 어머니는 대담하게 아들의 세계를 파고들 수 있다는 분신본능分身本能이 작용하고 있음을 볼 수 있기 때문이다. 그러나 아버지에게는 그러한 본능이 작용하지 못한다. 아주 어릴 때는 그렇다 치고라도, 중학생이 되면 아들에게 거리낌 없이 함부로 말할 수 없게 된다. 엄마가 동석한 자리의 분위기는 좀 나을지 몰라도, 부자父子만 있을 때는 어딘가 두 사람 사이에 엷은 막이 처져있는 듯 어색한 분위기로 흐르기 쉽다. 더구나 엄마와 아들과는 물론, 딸들과의 대화를 들어 보아도 부러울 정도로 분위기가 좋다. 특히 이성교제(연애)나 섹스 문제에 이르러서

는 철두철미하게 아버지는 빼돌린 채 엄마하고만 대화가 형성된
다. 그럼 왜 아버지하고만 유독 서먹서먹할까?

아버지들은 남의 아들들과는 때에 따라 이야기를 잘한다. 그러
나 정작 자신의 자녀와는 대화를 어려워한다. 그렇다고 해서 아
버지들이 자녀들과의 대화를 싫어하는 것은 아니다. 누구보다 자
녀와 많은 대화를 하고 싶지만, 자기가 한 말에 대한 책임을 미
리 겁내기 때문에 대화가 원만하게 흐르지 못하는 것이다. 이렇
듯 아버지는 자녀에게 자신의 말에 대한 책임감을 크게 갖고 있
다. 마음가짐에 대범하고 수줍어함으로써 아버지다움이 있는 것
이다. 자녀들은 이로 말미암아 아버지가 슬프고 고독함을 알아야
한다. 아버지의 수줍음은 그 나름대로 세상일을 넓고 깊게 숙지
하고 있다는 증거다. 무지막지한 사람일수록 아무 말이나 지껄이
는 것이니, 자녀나 엄마들은 이를 이해하고 아버지의 일생은 수
줍으면서 자신의 자녀들이 성장하는 모습을 지켜보는 것임을 알
아 나가야 한다.

| 아버지, 가정의 굳건한 주연배우가 되라

인생이란 연극이다. 개인의 연극이 한 막 한 막 이어지면서 역
사가 이루어지고, 역사의 흐름 속으로 사라져 가는 존재 역시 인
간 개개인이다. 자기에게 주어진 배역을 멋지게 해낸 사람은 역

사의 기록에 뚜렷이 남게 되고, 그렇지 못하면 존재마저 찾을 길이 없다.

저마다의 인생에 있어서는 자신이 주인공이다. 그러나 역사에 기록되고 남는 즉, 역사라는 무대의 주인공은 우리 아버지들이다. 현재 우리 아버지들은 가정에서나 사회의 기둥이고, 핵심이며, 구심점이기 때문이다. 주인공을 둘러싼 주변 인물들은 각기 조연을 맡은 가족들과 같이 한 무대를 이루는 구성원이고, 그들 나름의 배역이 주어져 있다. 그리고 조연들은 항상 주연 배우의 움직임을 눈여겨보면서 공연을 한다. 이러한 처지에서 주연의 몸가짐이 제자리를 찾지 못하고 제구실을 못하면 무대는 엉망진창이 되고 만다. 그야말로 역사는 뒤틀리고 만다. 우리 인류 역사에서 흔히 볼 수 있는 사실들이다. 그러니 한 역사의 핵심인 가정이 굳건하게 서느냐, 아니면 허물어져 낭패가 되느냐는 그 가정의 구심점인 아버지의 됨됨이에 달렸다.

자기가 맡은 일에 열중하고 즐거워하는 아버지의 모습을 보면서 자식들이 자라게 해야 한다.

자식교육은 예나 지금이나 중요한 부분이다. 또 예나 지금이나 아이들은 어른들의 걱정거리였다. 아버지는 자신의 역할에 충실하며 이런 걱정거리를 올바로 파악하고 제대로 교육시켜야 되므로 언제나 자식에게 관심을 갖고 지켜보면서 대처하는 자세를 가져야 한다.

요즘의 아이들은 거의 아버지 없이 자라고 있다. 아버지 없이 자란다는 말은 아버지의 존재를 말하는 것이 아니다. 요즘뿐만 아니라 옛날부터 아버지의 부재는 이어져 왔다. 남편은 바깥사람, 아내는 안사람이라고 하여 집안을 기준으로 그렇게 불려 왔다. 늘 바깥일을 하시는 아버지는 아이들에게 항상 옆에 있는 존재가 아니었다.

농경사회에서는 아무리 게으른 아버지라도 별을 보고 집을 나가서 종일 들판에서 일을 하다가 늦은 밤이 돼서야 별을 보며 들어왔다. 때문에 아이들은 한낮에 어머니 등에 업혀 점심을 나르는 들녘에서나 아버지를 볼 수 있었다. 그런 아버지를 보고 아이들은 밤마다 호롱불 밑에서 오순도순 이야기꽃을 피우며 아버지란 존재를 확인하며 자랐다. 아버지를 거울삼아 부지런한 농부의 자식은 어른이 되어 부지런한 농부가 되었고, 어진 선비의 자식은 어른이 되어서도 어김없이 고고하고 우아한 선비로 자랐다.

물론 옛날에는 가업이나 세업을 이어받았고, 신분과 직업에 귀천이 있어서 자연스럽게 아버지와 같은 길을 걷는 것이 일반적이었다. 옛날처럼 아버지를 보고 아버지의 직업을 그대로 따라하라는 것이 아니다. 아버지란 존재를 거울삼아 보고 닮아가야 한다는 뜻이다. 신분제가 없어진 현대사회에서는 시골과 도시의 교류가 빈번하고 직업도 다양화되었다. 농부의 자식이 변호사가 되고 선비의 자식이 기술자가 되는 것은 물론, 직업이 먹고 사는 수단이 되어 직업의 귀천도 사라졌다. 그러나 요즘 아이들은 이전처럼 아버지를 거울삼아 닮아가려고 하지 않는다. 조작원칙 시대에 접어들면서 아버지가 아닌 기계를 닮아가고 있다.

지각이 열리는 유아기부터 가장 가까운 안방의 텔레비전 화면을 마주하고 거울삼아 보고 듣는 대로 배우게 되는 것이다. 어릴 때는 아기가 곤히 잠들어 꿈나라를 헤매는 시간이 많아 아버지가 하루 일과를 마치고 돌아오면 보기 힘들다. 또한 새벽같이 일어나 일터로 나가는 아버지를 늦잠 자는 아기가 만날 수 없음은 당연하다. 볼 수 없는 사람을 닮을 수가 없기에 눈만 뜨면 나타나서 재미있는 말과 몸짓으로 온갖 것을 가르쳐주는 텔레비전 프로그램 속 인물들을 닮기 쉽다.

청소년기에 들어서면서는 아버지와 자녀 간의 틈이 더욱 벌어지고, 아버지 부재현상은 골이 더 깊어진다. 이전 세대만 해도 식구가 많고 살림살이가 어려워, 중산층이라도 방 두 칸 정도로 만족하며 살았다. 그러나 핵가족을 자랑하는 시대로 접어들수록 '아버지 방, 어머니 방, 공부방, 아들 딸 방' 등 여러 개의 방을 두고, 한 지붕 밑에서 각기 독립된 자기 생활을 하려고 한다. 가족들 사이에도 사생활 침해를 이유로 어떤 소리도 듣지 못하도록 방음장치까지 하는 실정이다. 그러다 보니 가족 간의 거리도 멀어지고, 아버지는 점점 가족들로부터 멀어진다.

예나 지금이나 아이들이 아버지를 늘 볼 수 없다는 것은 같은데 왜 이런 차이가 나는 것일까? 오늘날처럼 텔레비전이나 전자기기가 보급되기 이전 시대의 부모님들은 자녀를 어떻게 길렀는지 살펴보자.

옛날에는 지금처럼 한 가족이라고 해서 어른아이 분간하지 않고 둘러 앉아 겸상으로 음식을 먹지 못했다. 심지어 어른들의 밥그릇과 수저까지 구분하여 아이들의 밥은 어른이 쓰는 그릇에 담지 않았다. 반찬도 구분하여 따로따로 담았고, 언제나 어른이 먼저 젓가락으로 맛을 본 뒤에야 아이들이 따라서 먹을 수 있었다. 지금과 세대가 달라 그렇다 하더라도 분명한 것은 있었다. 바로 '질서'를 지켰다는 것이다. 옛날에는 아무리 맛있고 마음에 드는 음식이라도 어른이 아이들에게 물려주어야 비로소 맛볼 수 있었다. 만약 이것을 비민주적 가정의 권위주의라고 단정한다면 이는 억지라고 할 수밖에 없다. 민주주의의 핵심이 '질서'이기 때문이다. 사회에서 질서는 곧 법이고, 규범이다. 가정에서 질서를 지키고 맞춰 나가면서 자라는 아이들이 사회에 나가서도 법과 규범을 지키는 것이다.

현실원칙과 집행원칙을 지나온 현대사회에서는 조작원칙에 의해 기존의 가치관이 크게 허물어졌다. 그러나 그 뿌리와 바탕이 변하는 것이 아니라 인성에 근거한다는 사실을 간과해선 안 된다. 아이가 아버지를 대행한 기계조작에 의하여 자라났다고는 하지만 인간의 심성만은 기계로 조작되지 않기 때문에 심한 괴리가 생겨난다. 이렇게 생겨난 괴리현상은 매듭지은 사람이 풀어야 한다.

산업사회에서 필연적으로 일어나는 과학문명의 소산인 기계·과학 기술의 첨단화는 아무도 피할 수 없다. 이런 시대에 감수성 예민한 아이들이 조작인간으로 자라는 것에 대해 그들을 탓할 수만은 없다. 이젠 아버지들이 각성해야 한다. 빼앗긴 아버지의 자리와 권위를 되찾지 않으면 앞으로 오는 인간세상을 기계화된 인간에게 맡겨버리게 되고 말 것이다.

아버지는 제자리를 찾고, 제구실을 하면서 제 몫을 챙겨야 한다. 굳건한 아버지로서 모든 것을 사랑으로 보여 주어야 한다. 그렇게 아버지는 가족 극단의 주연 배우가 되어 주어진 배역을 잘 해내야 한다.

아직 어린 자식들이 있는 어느 교장선생님이 정년퇴직을 하고 나서도 아침마다 일정한 출근시간에 맞춰 집을 나선다는 이야기를 들은 적이 있다. 늙고 초라한 모습을 그들에게 보이기 싫어서도 그렇지만 더 큰 이유가 있다. 바로 아버지는 자식의 거울이기 때문이다.

아버지를 거울삼아 보고 배울 자녀들 앞에서 말과 행동 모두 올바른 모습을 보여야 함은 너무나 당연한 일이다. 특히 자식들 앞에서는 직장에 대한 불만이나 상사와 동료에 대한 비난을 삼가야 한다. 즐거운 일터가 아니라 마지못해 다니는 고달픈 일터임을 보여주는 꼴이 되기 때문이다. 어느 가정이든 아버지가 건강하고 건전하면 그 가족들도 마찬가지로 건강하고 건전해진다. 때문에 아버지의 연기가 중요하다. 늘 즐겁고 행복하게 연기를 잘 해야 한다.

배우는 무대에 충실하다. 막이 오르기 전까지는 짜증스러워도, 막이 오르고 관객의 눈이 무대로 집중되면 배우는 각본대로 움직인다. 울고 싶어도 울지 못하고, 웃고 싶어도 웃을 수 없는 것이 주연 배우인 아버지다.

아버지가 전심전력을 다하여 역할에 충실할 때, 자녀들은 열심히 살아가는 아버지 상을 그려 마음에 입력시켜 놓는 것이다. 이렇게 아버지가 사방에 인의예지로 진을 치고 가운데 우직하게 버티고 있는 한 자녀들의 비행은 절대 일어날 수 없게 된다.

| 아버지가 화를 자주 낸다면?

벼락같은 화를 자주 내면 아버지의 권위는 반으로 줄어든다. 이 말은 '지진. 벼락. 화재'의 삼박자三拍子가 아버지와 자주 비유된다.

지진地震은 아예 없어야 하고, 벼락落雷와 화재火災 또한 인간에게 해를 끼치듯이, 아버지도 자주 화를 낸다거나 고함을 지르면, 자녀에게 결코 이로울 수 없다는 말이다.

그러나 지진이나 벼락은 자연현상이라 사람의 뜻대로는 될 수 없다. 그러나 화재나 아버지의 화는 인간의 의지로 조절할 수 있는 일이다.

인간은 본래 지혜라는 것을 타고난다. 때문에 아무리 천재(天災=지진, 벼락)라도 과학이 발달된 오늘에는 이를 예측하고 피해를 최소화할 수 있게 되었다. 화재, 홍수, 가뭄, 질병 등도 마찬가지다.

그러나 집안에서 난데없이 떨어지는 아버지의 벼락은 자녀들로서는 피할 수 없는 재앙이다. 아버지가 변하지 않는 한 불가능하기 때문에 세월이 흐름에 따라 잦아지기를 기다리는 수밖에 없다. 그러면서 아버지의 권위는 점점 잃게 되기 마련이다.

만약 하늘이 연백년중年百年中, 날이면 날마다 화를 내어 인간에게 재앙을 내린다면, 사람들은 무서워서 겁을 먹기보단 하늘을 '인간을 불행하게 하는 존재'로만 알고 오히려 그를 증오하게 될 것이다.

이처럼 아버지도 날이면 날마다 자녀들에게 화만 버럭버럭 낸다면, 어느 자녀든 그 아버지의 권위를 두려워하고 따르지 않게 되는 것이다. 아버지의 노여움(화)은 사람의 의지로 좌우되는 것이다. 그러니 아버지는 현명하게 신벌神罰과 천벌天罰처럼 조리에 맞도록 조절하여, 자녀로 하여금 아버지의 권위를 느끼도록 해야 한다.

옛말에 '천재天災는 잊을 만할 때 찾아온다'고 했다. 이는 인간의 방심을 꾸짖는 하늘의 조절수단이기 때문이다. 아버지의 벼락같은 꾸중 또한 버릇을 가르치는 수단으로 써야 한다. 자녀에 대한 아버지의 벼락꾸중은 그의 권리행사일 때에 한하고, 자녀는 아버지의 꾸중을 두려워해야 태만과 탈선에서 벗어날 수 있는 것이다.

요즘의 아버지들은 자녀들을 꾸중하기 싫어한다. 그러나 어느 가정이나 꾸중 듣는 자녀를 감싸주는 쪽은 엄마고, 꾸중은 아빠가 하는 것이 좋다. 아이들은 악惡에 대하여 예민하기 때문에, 꾸중을 듣지 않고 자라는 아이는 이 세상에 존재하지 않음을 알아야 한다.

아버지란 존재는 언제나 악을 싫어(憎惡=증오)하는 속성이 있기 때문에 보다 나은 사회에 자기의 자녀를 살게 하기 위하여 꾸중이 필요하다. 이는 세상에서 겪어본 과오를 물려주지 않으려는 본능에서 나오는 꾸중인 것이다. 그래서 아버지는 자녀들이 남의 잘못惡을 용서하는 관용은 베풀되, 그에 동조하는 비겁한 인간이 되지 못하게 때때로 벼락꾸중을 내릴 줄 알아야 한다.

| 칭찬과 꾸중에도 때가 있다

자녀를 기를 때 가장 어려운 것은 칭찬과 꾸중하기다. 오늘날은 이미 집행원칙의 시대를 벗어나 조작원칙이 시대에 접어들었음을 앞서 여러 차례 지적했다. 법을 정해 두고 다스린다거나 규범을 만들어 사람의 행동을 규제하는 시대가 지난 것이다. 그렇다고 더불어 사는 인간 세상에서 제멋대로 살려는 개인주의와 이기주의를 무작정 방임할 수는 없기에 칭찬과 꾸중이 중요해졌다. 특히 가정에서 자식을 키우는 부모들은 이 칭찬과 꾸중이 유일한 교육수단이고, 통제수단이기도 하다. 부모가 칭찬과 꾸중을 잘해야 훌륭한 자녀로 가르치고 기를 수 있는 것이다.

이번에는 어떻게 해야 꾸중과 칭찬을 잘하는 것인지 살펴보도록 하자. 옛날 같으면 도덕의 벼리인 삼강오륜을 기준으로 했다.

그러나 현대 사회의 가정에서는 받아들여지지 않고 있다. 때문에 요즘 아이들을 기르기가 더 어려운 것이다. 그렇다고 공부에 기준을 둘 수는 없다. 현대에 맞는 도덕과 인성을 표준으로 해야 한다.

도덕이라고 하면 일반적으로 사람으로서 마땅히 지켜야 할 도리, 즉 인간다운 행위를 말한다. 말로는 쉽지만 구체적인 가닥이 어렵다. 인간다운 행위는 어디서 어디까지를 말하는지 아는 부모가 몇이나 되겠는가? 또 인성은 어떨까? 인간성은 간단히 말해서 인간의 본질, 즉 바탕이라고 한다. 그러나 오늘날 우리 사회가 요구하는 인간성 회복이란 어떤 기준에서 일컫는 것인지 분명하지가 않다. 게다가 도덕성은 독일의 철학자 칸트와 헤겔도 그 시각이 달랐다.

아버지가 자식을 가르치고, 어머니가 자녀를 이끄는데 너무 전문성을 가지고 접근하면 정말 어렵다. 그러니 쉽게 시작하자. 사람은 본래 배우고 가르치지 않아도 창조주로부터 받은 바탕이 있다. 그 본래의 바탕을 도덕성·인간성이라고 한다면, 인간이 작위적으로 만든 오염된 환경을 벗어나 깨끗한 본래의 모습으로 되돌려 놓는 것이 도덕성 회복이고, 인간성 회복인 것이다.

첫 번째, 선과 악을 기준으로 하라.
아무리 어리고 어리석어도 인간의 바탕인 시비是非, 선악善惡은 본능적으로 가름하는 능력이 있다. 갓 태어난 아기나 아직 지각이 열리지 않은 어린이들이 모습을 유심히 보라. 그 모습에 인간성이 보이고, 도덕성이 있기 때문이다. 그냥 귀엽다고만 봐서는 안 된다. 이때부터 환경에 따른 버릇이 생기고, 지각과 감성이 생기기 시작한다.

이럴 때 아이들의 버릇은 어머니 품 안에서 비롯되기 때문에, 버릇없는 아이들은 그 부모가 대신 욕을 먹게 되는 것이다. 어른들은 자신이 살아온 환경에서 터득한 관습과 윤리에 따라 아이들의 잘잘못을 가름한다. 그러므로 칭찬과 꾸중은 내면적인 인간 본성을 기준으로 하기보다는 외면적인 윤리규범을 기준으로 해야 한다.

선과 악이 무엇이라는 정도는 학식과 교양에 관계없이 일반적으로 알 수 있는 것이다. 즉 옳고 그름은 보편적인 기준에서 가름되므로, 아이들의 선과 옳음은 칭찬감이다. 악을 행하여 그르친 행동을 하는 것은 꾸중감이 된다. 그래서 칭찬은 상이며, 꾸중은 벌이다.

두 번째, 시기에 따라 꾸중의 방법이 다르다.

아버지는 자녀들에게 칭찬보다는 꾸중하기가 더 어렵고 난감하다. 어릴 때는 한두 번의 잘못을 어리광으로 봐줄 수는 있으나, 그 어리광이 버릇으로 자라면 바로잡기가 더욱 어렵다. 그렇다고 무조건 내키는 대로 꾸중을 하는 것이 아니다. 아이들의 성장과 자각에 맞게 꾸중도 조절해서 해야 한다.

유아에서 어린이에 이르는 동안에는 잘못된 행동을 했을 때 그 즉시 꾸중해야 한다. 그때그때 꾸중으로 잘못된 행동을 바로 고쳐야 못된 버릇이 되지 않는다. 학교에 들어갈 시기로 접어들면, 큰 잘못이 없을 때는 함부로 꾸짖지 말아야 한다. 일정 시간, 간격을 두고 보았다가 같은 잘못을 거듭할 경우 한꺼번에 질책하는 것이다. 사춘기를 지난 청소년기의 자녀는 이미 부모의 품을 떠난 들판의 망아지나 다름없다. 부모는 이를 유념하여 자신의 꾸중이 잘 받아들여지지 않음을 알고 잔소리를 자제해야 한다. 그러다 정말 큰 잘못을 저질렀을 때는 아버지나 어머니가 좀 강한 의지를 보여야 버릇을 고칠 수 있다.

세 번째, 형제들 간의 칭찬과 꾸중은 신중히 해야 한다.

형제들 사이에서 일어난 일에는 누구의 잘잘못을 따지지 말고, 다함께 칭찬하거나 꾸중해야 한다. 서로의 행동에 각자 책임을 느끼고, 보람을 느끼는 버릇을 갖도록 하는 것이다. 그것이 우애의 시작이다.

형이 착한 일을 했으면 아우도 함께 칭찬한다. 누나가 잘못을 저질렀으면 동생들도 함께 꾸중하자. 어린 동생들 앞에서 그러한 짓을 하면 어떻게 되느냐고 야단을 치는 것이다. 동생이 착한 일을 했을 때는 형들이 늘 잘 이끌고 보살펴서 그렇다고 칭찬도 다 같이 해준다. 그렇게 함으로써 형제자매는 한 뿌리에서 뻗어난 것임을 알게 하는 것이다.

그들 사이에서도 겨루는 마음이 생기고 서로 시샘을 내는 수가 있다. 부모는 어느 자식이나 편애해서는 안 된다. 또한 아이들에게 그러한 인상을 주지 않기 위해서라도 다 같이 칭찬하고 꾸짖어야 하는 것이다.

　네 번째, 어른의 잣대로 재지 마라.

　칭찬과 꾸중은 어른들의 잣대로 재선 안 된다. 어른들의 생각에는 잘못되었다 하더라도 아이들은 옳다고 주장하는 경우가 있다. 예를 들어, 아이들과 모처럼 공원에 갔을 때 어른 생각에는 동물원을 구경시켜주고 싶었다. 그러나 아이들은 놀이기구를 타고 싶다고 떼를 쓰고 어른의 말을 듣지 않는 경우가 있다. 어른들은 아이들의 마음을 헤아리지 못하고 아이가 말을 듣지 않는다며 야단을 친다. 그렇게 꾸중을 듣는 아이는 자신의 마음을 알아주지 않는 부모에게 더 반감이 생기게 된다. 또 반대로 아이들이 대수롭지 않게 생각하고 한 일이었는데, 어른은 잘한 일이라고 호들갑을 떨면서 칭찬한다. 이러한 칭찬은 아이들의 공감을 얻지 못하여 칭찬의 효험이 없다. 오히려 장난스럽게 받아들일 수 있으므로 자중해야 한다.

　아이들이 늦게 오는 어머니를 위해 저녁밥을 만들겠다며 주방을 엉망으로 만들었다. 냉장고에 있는 온갖 음식재료도 다 꺼내놓고 바닥과 식탁은 온통 음식들로 난장판이 되어있다. 일을 마치고 돌아온 어머니는 집안을 어질러 놓았다며 혼을 낸다. 진정 아이의 마음은 살필 생각을 하지 않은 것이다. 겉으로 드러난 표면적인 태도가 아닌 아이의 의중을 듣고 꾸중과 칭찬을 가려 해야 한다.

다섯 번째, 때와 장소를 가려서 하라.

아이를 칭찬할 때는 이웃 어른이나 가까운 집안 어른들이 모인 앞에서 하는 것이 좋다. 여러 사람 앞에서 칭찬을 하면 자녀에게 자긍심을 주게 된다. 그리고 더 많은 칭찬을 받고자 착한 일을 하려고 노력할 것이다. 이와는 반대로 여러 사람 앞에서는 자녀의 허물을 들춰내어 꾸중하지 말자. 잘못했다간 그대로 아이에게 자학심을 싹트게 하고, 마침내는 좌절감에서 오는 반항심만 길러주는 결과를 낳게 되기 때문이다. 옛 글에도 '가족의 허물은 안방에서 송사하고, 잘한 일은 칭찬의 소리가 담 밖까지 들려도 좋다'고 했다.

여섯 번째, 감정 개입을 하지 마라.

꾸중과 칭찬에는 어른의 감정이 개입해서는 안 된다. 어른들 간의 싸움이 아이들에게 번지는 경우가 있는데, 옆에 있던 아이들은 이유 없이 화풀이 대상이 되고 만다.

특히 부부싸움의 경우 아이들은 부모의 싸움을 누구보다 빠르게 체감한다. 때문에 아이가 보든 보지 않든 부부싸움을 하고 나면 아이들은 이를 눈치 채고 부모의 눈치를 보기 시작한다. 그 이면에는 언제 자신에게 불똥이 튈지 모른다는 불안이 자리하고 있기 때문이다. 또 학교 선생님이 자신의 집에서 기분 나쁜 일이 있었거나, 교장 선생님이나 동료 교사로부터 언짢은 소리를 들어 기분이 좋지 않다고 하여 학생들에게 짜증을 부리고 작은 실수도 크게 나무라는 경우도 있다.

이밖에도 그 어떠한 경우, 어떠한 어른이라도 아이에게 자신의 감정을 개입시켜 꾸중과 칭찬을 해선 안 된다. 어른들이 다른 일로 마음이 상하여 아이들에게 그 분풀이를 한다면 이는 어른답지 못한 행동일 뿐 아니라, 아이도 이를 다 느끼고 오히려 어른에 대한 보복 심리만 더 키우는 것이다.

자녀의 꾸중과 칭찬에는 오직 부모의 지극한 사랑이 깃들어야 한다. 꾸중 듣는 자식보다 아버지의 마음이 더 슬프고 아프며, 칭찬받는 자식보다 어머니의 마음이 더 기쁘고 즐거워야 한다.

일곱 번째, 꾸중과 칭찬할 때도 부모는 각자의 역할이 있다.

꾸중에는 말로 하는 견책과 힐책이 있고, 매로 다스리는 편달鞭撻과 국양鞠養이 있다. 부모가 자식을 다스리고 버릇을 고칠 때는 말로 타이르는 것이 좋다. 그러나 한두 번이 아니고 여러 차례 거듭할 때에는 부득이 회초리를 들어야 한다. 감정이 섞인 화풀이의 매가 아니라 사람답게 키우기 위한 사랑의 매인 것이다.

될 수 있으면 어머니보다 아버지가 회초리를 들자. 아버지는 어머니보다 감정에 쉽게 쏠리지 않기 때문이다. 같은 회초리를 들더라도 엄연한 구별이 있어야 된다. 그렇기에 아버지가 회초리를 들기에는 오랜 시간과 깊은 생각이 뒤따라야 한다.

아버지의 생각이 깃든 매를 국양鞠養이라고 한다. 어린 자식에게는 국양鞠養의 매질을 하는데, 국鞠은 가죽 회초리를 뜻하며, 기른다는 의미를 담고 있다. 중국 고전인 『시경詩經』에도 '어머니는 나를 회초리로 길러 주셨다'라는 말이 있다. 여기에서 국鞠은 온갖 사랑의 매를 뜻한다. 회초리를 잡은 아버지는 근엄한 모습으로 자식에게 매 맞을 행동을 왜 했으며, 왜 매를 맞아야 하는가를 물어야 한다. 그것은 어린 자식이라도 스스로 깨닫는 자각심을 심어주기 위함이다. 아직 철이 덜 든 자녀는 이 국양으로 버릇을 고치는 것이 마땅하다.

철이 들고 한 사람으로서 인격을 갖춘 자녀에게는 편달鞭撻을 하자. 편鞭은 채찍을 뜻한다. 달撻 역시 매를 뜻하기 때문에 편달은 심한 매질을 말하는 채찍질을 뜻한다. 편달은 잘못됨을 꾸짖으면서 잘하도록 격려하는 뜻이 담겨 있다. 스스로 깨달을 나이인데도 그렇지 못함은 부모의 국양이 잘못된 탓이다. 이를 알고 부모도 깊이 반성해야 한다.

회초리는 아버지가 들고, 달래는 것과 타이르기는 어머니가 하자. 그렇다고 아버지가 꾸중하는 도중에 극성스럽게 어머니가 말린다거나 간섭해서는 안 된다. 꾸중하는 아버지의 근엄함이 훼손되기 때문이다. 이와 마찬가지로 어머니가 자녀를 꾸중할 때도 아버지는 그러한 태도를 취해야 한다. 아버지의 근엄한 꾸중 뒤에는 반드시 어머니의 따뜻한 보살핌이 중요하다. 매 맞은 종아리를 따뜻한 손으로 어루만지면서 사랑의 눈물을 쏟아도 좋다. 어머니와 자식과의 커뮤니케이션이 이루어질 수 있기 때문이다. 아버지는 이를 잘 활용하여 올바르게 자식의 마음만 읽으면 된다. 자녀가 깨닫는 빛을 보이면 어머니는 온유한 사랑으로 감싸주고, 아버지는 다시 말로 타일러서 아팠던 마음을 풀어주는 것이다.

　이렇게 어려운 일을 치르면서 자라는 아이는 밖에 나가서도 "뉘 집 자식인지 참 올바르고 어엿하다."라는 칭찬을 듣게 될 것이다. 아이를 보면 그 부모를 알 수 있다는 말이 새삼 뜻깊게 느껴진다.

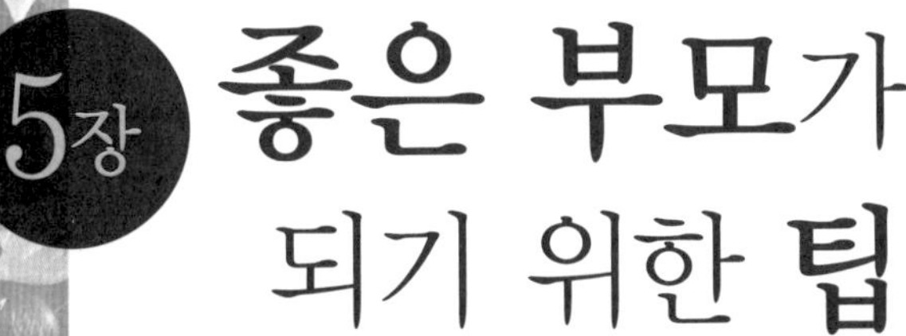

부모의 자격 : 자녀의 존재 자체가 효도다. 자녀의 마음을 꿰뚫어볼 줄 알아야 좋은 엄마. 인성교육은 언제까지 하나? 이 시대의 인성교육은 어떻게 할 것인가?

부모에게 당부하는 말 : 아이들의 마음에 상처를 입히지 말자. 엄마들이여 치마를 벗어라! 아이는 스트레스에 약하다. 어린이집에 보낼 4살짜리 아이를 가진 엄마에게. 유년기 자녀 키우는 키워드. 아이들의 메시지를 빨리 인식하라. 부모가 아이의 버릇을 만든다. 자녀와의 대화기법. 수험생 학부모에게. 더러운 물로 때를 씻어라. 자녀를 인정하는 부모가 대화를 이끈다.

1. 부모의 자격

오늘 어느 신문의 한구석에 '효도 약속 어긴 아들, 받은 재산 반환하라'는 제목이 눈길을 끌었다. 기사를 자세히 보니, 부모를 잘 모시겠다는 약속을 하고 재산을 증여받았던 아들이 약속을 지키지 않자 그 아버지가 소송을 통해 재산을 되찾아갔다는 내용이었다. 참으로 한심스런 사단이 벌어진 것이다.

자세한 내막은 이렇다. 치과의사인 아들이 병원을 확장하겠다며 아버지에게 도움을 청했다. 아버지는 목장용지로 마련해 놓은 17억 상당의 땅을 증여해 주는 조건으로 아들에게 "부모의 노후를 책임지겠다고 약속하라."라는 조건을 내걸었다. 아들은 그렇게 약속하고 재산을 증여받았다. 그러나 그 후로 아들은 약속을

226

지키지 않았다. 부모의 집에 자주 오겠다는 것과 다달이 2~3백만 원의 생활비를 주겠다는 것, 집안의 대소사를 부담하겠다던 조건들을 모두 지키지 않았다.

돈을 가져가기 전과 달라진 아들의 변심에 실망하여 분노한 아버지는 마침내 소송하기에 이르렀다. 효도를 조건으로 증여한 토지를 돌려받겠다며 법원에 소송을 재기한 것이다. 법원은 아들에게 '기증받은 토지에 대한 소유권 이전등기의 말소등기 절차를 이행하라'며 원고인 아버지의 손을 들어주었다는 내용이었다.

지금의 사회적 풍조風潮로 미루어 보아, 이런 일쯤이야 다반사다. 자녀가 부모의 재산을 노리고 파렴치한 범죄를 저지르는 것에 비한다면 치과의사 아들은 비교적 양호한 편이다. 효도를 앞세워 순순히 토지를 증여받은 것은 선량한 편이고 어차피 부모가 사망하면 받게 되는 유산이기 때문이다.

유산 때문에 형제간의 의가 상하는 경우도 많다. 형제가 여럿이라 법적 분배 시 자신에게 돌아올 몫이 적을 우려하여 생전에 온갖 사술詐術을 써서 미리 증여로 독식하는 사례가 흔하다. 이러한 사례를 보면서 우리가 이 시대의 효도를 탄식하는 것은 진정한 효도孝道의 참뜻을 잘 모르고 있는 것이다.

흔히 효도를 말할 때, 동양의 유교사상에서 온 윤리관이 보편적인 가치인 줄 안다. 그러나 오해하고 있는 것이다. 효孝란 인간의 윤리를 뛰어넘어 이 세상에 존재하는 모든 생명체(동식물을 분문)는 이 도리를 벗어날 수 없는 범주에 귀속되어 있다. 즉, 인간이 문명과 더불어 인위적으로 도덕률을 만들어 효도를 근본 바탕으로 설정해 놓고, 금수(禽獸=짐승)도 본능적으로 하는 도리를 굳이 인간만이 효행孝行하는 윤리로 승화시켜 놓고 있는 것에 불과하다. 눈을 돌려 동서고금의 효 사상을 다시 살펴보자.

시대를 불문하고 효도는 엄존하였고, 인간이면 자식이건 부모건 이 효도를 어김없이 하는 것으로 전승되어 오고 있다. 단지 문명과 문화에 따라 효행의 형태와 기준 즉, 가치관이 달라진 것뿐이다.

유교 경전에서 말하는 효와 성경에서 말하는 효 그리고 불경은, 지역과 인종, 심지어 계층에 따라 효행의 가치와 기준이 다르다. 하지만 한 가지 공통된 가치는, 부모가 자식을 양육하면서 성장하는 모습을 본능적으로 기뻐하고 즐기는 데 비해 자식은 부모의 늙어가는 모습을 애처롭게 볼 뿐, 즐기지는 않는다는 것이다. 그러한 심성이 곧 효도다.

바꿔 말하면, 자식은 부모가 살아있는 동안 무럭무럭 성장하여 인간으로서 한몫을 하면 그것으로 효도를 다하는 것이고, 부모는 늙어 쇠퇴하면서도 자식에게 추한 꼴을 보여주지 않는 것이 곧 부모의 도리인 것이다.

자, 그럼 기사 내용을 상기시켜 보자. 자식이 부모의 재산을 탐하는 일과 부모가 자식이 효도를 하지 않는다고 하여 소송을 재기했다. 부모와 자식이 탐욕으로 인해 윤리의 파탄으로 비판받을 수밖에 없는 문제다.

유교에서 말하는 인성人性의 바탕인 인의예지仁義禮智 중, 효의 바탕인 인仁을 두고 생각해 보자. 인仁은 어질다는 뜻에 사랑을 더하여 풀이하는 예도 있지만, 효를 말할 때는 씨(種子=종자)로써 풀이하는 것이 옳다.

곧 씨仁는 자식과 부모의 상관관계로서 자식을 사랑하는 부모의 마음으로 모든 것을 희생하여 씨를 싹 트게 하는 것이 부자父子의 도리인 것이다. 씨의 싹을 트게 하기 위하여, 사랑을 바탕으로 무조건 자양분으로 썩어야 할 부모가 인위적人爲的으로 조건을 붙여 자식을 양육하는 것은 효도의 범주를 벗어난 효행孝行에 불과한 것이다. 이점을 올바르게 이해하여 효도의 핵심으로 삼아 인성교육을 하도록 하자. 그래야 올바른 효도가 정립될 것이다.

우리나라뿐 아니라 고령화사회로 진입한 나라들은 효 문제를 개개인의 윤리문제로 방치할 일이 아니다. 사회복지 차원에서 국가정책문제로 끌어올려야 해결의 실마리를 풀 수 있을 것이다.

| 자녀의 마음을 꿰뚫어볼 줄 알아야 좋은 엄마

필자는 20여 년에 걸쳐 인성교육에 관한 강의를 했다. 강연의 대상은 주로 학교에서 주선한 학부모 아니면, 교원단체나 일반기업체 임직원들이었다. 여러 곳에 강의를 다니면서 꼭 듣는 고민이 있다. 바로 아이들의 거짓말이다. 육아경험이 부족한 탓인지 아니면 강의가 짧았던 탓인지 모르겠지만 특히 초등학교 저학

년의 젊은 학부모들이 이러한 문제로 상담을 요청해 온다. 그중
이런 일화가 있었다.

  학교공부를 마치고 돌아온 초등학교 2학년의 딸이 신이 나서
"엄마 아빠 얼굴을 그린 내 그림이 교실 게시판에 붙었어!!" 하고
호들갑을 떠는 것이었다. 며칠 전 '어버이날'에 학교 숙제라면서,
딸아이가 제 아버지 얼굴을 그렸었다. "선생님이 내 그림을 보시
고 '애야 참 잘 그렸구나, 마치 살아있는 것 같다'고 칭찬하셨어."
라는 말도 덧붙였다.
  그로부터 3일 뒤에 학급 학부모 모임이 있어 학교에 갔다. 게시
판에 붙은 여러 장의 그림을 아무리 살펴보아도, 딸아이의 그림
이 보이지 않았다. 선생님께 물었더니 "무슨 말씀인지?" 하고 되
묻기에 난감하여 말을 잇지 못하고 얼굴만 붉힌 채, 집으로 돌아
왔다.
  집으로 가 아이에게 "왜 너는 거짓말을 밥 먹듯이 해!! 엄마가
네 말에 속을 줄 알았니? 오늘 학교 갔더니 네 그림은 눈 닦고 봐
도 없더라." 하면서 "엄마가 얼마나 선생님께 창피했는지 아니?"
하고 모진 말을 쏟아내고 말았다.
  그러자 당황한 딸아이가 할 말을 잃고 울먹이고 있었다. 화가
난 상태라 "왜 말이 없어, 거짓말이 나쁘다는 것은 너도 알지, 알
아 몰라!" 하고 윽박을 지르게 된 것이다. 딸아이는 그저 "잘못했
어요. 용서해 주세요."만 연발하면서 큰소리로 울어버렸다.
  이 광경을 곁에서 지켜보던 네 살짜리 동생이 엄마에게 살포시

안겨왔고, 엄마는 구세주라도 만난 듯 "얘야 너도 거짓말은 나쁜 줄 알지, 그러니까 너는 절대 거짓말하지 마라!!" 하고 동생의 머리를 쓰다듬어 주었다. 한술 더 뜬 동생은 "엄마 알았어, 나는 거짓말 안 할 거야." 하고 옆에서 부채질까지 한다.

큰 딸아이의 마음에 새겨질 상처를 과연 엄마는 무엇으로 치유할 수 있을 것인가? 이와 비슷한 일은 자녀를 키우는 부모라면 흔히 겪는 일이다. 그런데도 자라나는 어린이들의 심리를 예사로 보아 넘기는 경향이 있다. 엄마가 재빠른 눈으로 아이의 표정을 읽어야 하는데, 화가 난 대부분의 엄마는 그 순간을 놓치고 만다.

아이들은 어른들로부터 칭찬받기를 원한다. 그들은 앞뒤를 가리지 않고 칭찬받을 일을 생각해 낸다. 이러한 마음을 조장하는 것 역시, 평소의 부모가 아이들에게 칭찬과 꾸중의 척도를 엄중하게 하지 않은 데서 온 자업자득인 것이다.

그리고 집안에 여러 자녀를 키우는 부모는 칭찬과 꾸중을 형제들이 있을 때와 없을 때를 가려서 해야 한다. 또 칭찬은 모두가 있을 때 싸잡아 해주고, 꾸중은 은밀히 당사자만을 불러 자세하게 타이르는 것으로 대신한다.

이렇듯 자녀를 훌륭히 잘 키우려면 자녀 하나하나의 심리적 특성과 성장과정을 눈여겨 깊이 새겨보는 것이 중요하다. 또한 그에 알맞은 유아교육을 학교와 연대하여 노력할 때에 제대로 된 인격자로 키워낼 수 있다. 만일 다른 일을 핑계로 이를 소홀히 한다면, 부모의 자격을 자포자기하고 마는 것이다.

| 인성교육은 언제까지 하나?

　2천 5백여 년 전의 성자聖者인 소크라테스와 공자孔子, 그리고 그 이전부터 '인간이란 무엇인가'를 생각했다. 그런 많은 선각자先覺者들 역시, 인간성을 잘 키우는 교육이 가장 큰 걱정이었던 것이다.

　그럼에도 불구하고 긴 세월이 흐른 지금에 이르기까지 인간성은 점점 상실되고 있고, 현대에는 짐승 흉내를 내면서 살아가는 인간이 더 늘어가고 있다. 이에 그 누구도 해결방법을 분명히 제시하는 사람이 없다. 인간의 가치관을 물질에 둔 사람이나, 정신에 둔 성직자 내지는 종교인마저도 오랜 시간을 두고 공부를 했으나 해결의 실마리조차 찾기 어렵다는 고백이다. 그도 그럴 것이 일반적으로 인간성이라면 '인간의 인간다운 성질' 즉, 인간본성을 가리키는 것인데, 막상 인간본성이 무엇이냐고 물으면 몇 마디 언어로는 표현하기 어렵다. 일찍부터 맹자孟子 같은 현자賢者도 사단칠정四端七情이란 긴 이론으로 설명하고 있으나, 지금까지 그 내용을 받아들여 실천하는 이는 드문 실정이다.

　필자가 교직에 있을 때부터 지금에 이르기까지 60여 년을 두고, 동서양에 걸쳐 인성교육에 관한 공부를 섭렵涉獵하면서 좀 안다는 사람을 만나봤다. 그러나 그들도 겨우 인간이 갖추어야 형식적 덕목德目, 자신을 엄격하게 다스릴 규율規律, 남과는 수용적 심정으로 조화롭게 지내면서 사회적으로 바람직한 기본적 행동을 익히는 훈련을 인성교육으로 여기고 있었다.

　이 정도라도 추상적인 의론에 그치지 않고 실천적 행동으로 옮길 수 있다면, 지금처럼 인간성이 추락하여 사회가 혼란하지는 않았을 것이다. 그러나 지식인의 대부분은 분명한 이론을 앞세울 줄만 알지, 실천 의지나 전도顚倒된 가치관을 바로잡아 문제해결은 스스로 방기放棄하는 자세에서 벗어나지 않는다. 때문에 말만 앞세운 인성교육은 더욱 실천에서 멀어지고 있는 것이다.

　인구 70억이 살아가는 이 지구촌은 바야흐로 말세적 현상이라고 비관될 만한 현상들이 곳곳에 일어나고 있다. 이러한 현실에서 앞으로 장래를 짊어질 아이들은 어떠한 사회적 조건 아래서 키울 것인가를 생각해 보아야 한다.

　물론 다 그러지 않겠지만, 가정에도 방마다 전자기기가 갖추어져 있어서 어른이나 아이가 마음만 먹으면 마음껏 음란문화를 접할 수 있으며, 눈과 귀를 막지 않는 한 집문 밖을 나서면 전주電柱나 담벼락은 물론 허가된 광고전광판에도 성적性的자극을 일으킬 수 있는 미남미녀의 반라半裸광고물이 사방 천지에 널려 있다.

　어른들은 환경을 이처럼 어지럽혀 놓고, 국가는 '성폭력性暴力과의 전쟁이니 음란물유포단속'을 외치며 많은 예산을 낭비하고 있는 실정이다. 언론 또한 장단을 맞추어 펼쳐보기에도 민망한 광고를 쉴 새 없이 실으면서 어른들이 음란淫亂의 패악悖惡을 말한다면, 자라나는 아이들의 머리에는 무엇이 새겨질 것인가?

격동하는 21세기에 들어선 이러한 상황에서는 내 자녀, 우리나라 어린이, 우리 민족이란 관념에서 벗어나 생각해야 한다. 모든 아이들이 이러한 사회상을 어떻게 받아들이는가를 국제적으로 연구하고 글로벌적인 관점에서 인성교육 프로그램을 만들어 국가의 제도로 보조를 맞춘다면 인성교육의 효과는 희망적일 수 있을 것이다.

지금 국제사회는 어느 나라를 불문하고, 정치 불신과 경제가 혼미한 가운데 일상생활에서도 스트레스가 쌓이는 삶을 살아가고 있다. 또한 세계 곳곳에서 사상 최악의 비인도적 범죄가 판을 치는 가운데 지식인들의 지능적 범죄가 점점 사회에 만연蔓延하고, 정신적으로 의지해야 할 종교마저 세속화되어가는 실정이다. 이러한 상황에서 많은 사람들이 인성을 잃고 흔들리는 삶을 막는 유일한 희망은 모든 인간이 인간답게 살아갈 수 있는 인성교육을 세계적으로 펼치는 일밖에 없다.

| 이 시대의 인성교육은 어떻게 할 것인가?

입센의 희곡 〈인형의 집〉에 나오는 주인공 노라는 120여 년의 세월 동안, '신 여성의 상징' '이기적이고 자주적인 여성'으로 오늘날까지 많은 유명 여배우에 의해 재탄생하고 있다.

그는 일찍이 기존의 인습에 반항하고 인간으로서 여성의 지위를 확립하려는 일에 기여하고자 했다. 실제로 기여를 했을지는 몰라도 오늘날의 허물어져가는 인성교육에 미치는 영향으로 어떻게 평가받을 수 있을 것인가는 생각해 볼 일이다.

희곡 〈인형의 집〉에서 노라가 그의 남편에게 이혼을 강요하는 대사가 있다.

남편:(화를 내며) 괘씸하다. 너는 도대체 그런 꼴로 네가 해야 할 신성한 직무를 어떻게 하려 하느냐!!

노라:내가 해야 할 신성한 직무란 무엇이란 말입니까?

남편:몰라서 나에게 되묻는 것이더냐. 남편과 자식에 대한 의무인 줄 모르느냐.

노라:나에게도 그처럼 신성한 의무가 따로 있습니다.

남편:그런 것 있을 수 없다. 대체 무슨 의무냐?

노라:나 자신에 대한 의무입니다.

남편:너는 무엇보다도 한 사람의 아내인 동시에 아이들의 엄마임을 모르느냐!!

노라:나는 그런 것은 믿지 않을 뿐 아니라 아랑곳없습니다. 무엇보다도 나는 당신과 같은 한 인간이기 때문이며, 지금부터 그렇게 되려고 합니다.

위의 대사를 보면 당시나 지금이나 틀린 말은 아니다. 추상적

보편성을 위하여 구체적 개성과 실존을 거부하는 생각은 현대생활에서도 여러 곳에서 나타나고 있다. 이는 살구꽃, 무궁화, 모란꽃, 개나리, 진달래 등 헤아릴 수 없는 꽃들은 부인하면서, 홀로 꽃이기를 바라는 것과 같은 생각이다. 현재에도 '마치 남자와 같기를 바라며' '지금부터라도 그렇게 되기를 바라는' 노라니즘적 여성교육이 판을 치고 있다. 그 추세는 마침내 아내와 엄마가 없어져가는 세상이 되어가는 것이다. 그러니 아이들의 인성교육이 제대로 될 리가 만무하다.

현대의 가정이란, 일에 찌든 남편이 휴식과 위안과 환희와 에너지의 충전을 위한 곳이 아닌, 한 무리(가족)가 살면서 잠자고 먹는 공간에 불과하다. 게다가 아내이면서 엄마는 틈만 있으면 구실을 붙여 바깥으로 나가려 하기 때문에 본래 엄마들이 가진 세련되고 우아한 모습을 스스로 포기하는 꼴이 되어가고 있다.

이러한 환경에서 학교교육은 가지와 잎사귀에 걸려 그 뿌리를 가르칠 줄 모르고 숲속에 들어가 길을 찾는 방법은 가르치면서, 숲을 이루고 있는 산을 도외시한다. 그렇기 때문에 인간의 근본인 인성교육을 등한시할 수밖에 없는 것이다.

학문의 본질은 '순수한 인간본연으로 살아가는 첫걸음'인데도, 오늘날의 교육은 '지식과 재능의 계발啓發인 지엽枝葉에 머물러 있음에 불과하니, 무엇을 위해서가 아니라 공부하지 않으면 아니 되기 때문에 배운다'는 것이다.

지엽에 붙들린 학교교육에만 인성교육을 맡겨두어선 안 된다. 둥지와 뿌리(根幹=근간) 부분을 파헤쳐 가르칠 수 있는 가정교육에 책임을 떠넘겨야 비로소 제구실을 할 수 있는 것이다.

사람이 사람답기 위해서는 확고한 판단기준과 아울러 윤리관과 도덕심이 절대적 요건인데, 이를 자녀들에게 트레이닝(훈육)하기 위한 교사는 가정의 주부인 엄마밖에 없다. 그렇다고 율곡 선생의 사임당 같은 어머니를 닮을 생각은 하지 않아도 된다. 순진하고 평범한 농투성이 시골 어머니들을 생각하면서, 티 없고 해맑은 아이를 길러내야겠다는 일념一念만 있으면 그것으로 훌륭하다.

2. 부모에게 당부하는 말

| 아이들의 마음에 상처를 입히지 말자

　자녀를 키우는 부모가 할 말을 다하면, 그때그때의 마음은 후련하여 스트레스가 쌓이지 않겠지만 그 가운데는 자신도 모르는 사이에 자녀의 마음을 상하게 하는 말이 있을 수 있다. 심리학에서는 이를 '심적외상心的外傷'이라고 한다. 비단 부모가 아닌 아주 가까운 사람, 선생님이나 친구들의 말로도 심하게는 아니더라도 심적외상을 입는 경우가 있다.

　'심적외상'은 심리적, 정신적으로 크게 상처를 남길 만한 체험을 평상적인 심리기능으로는 쉽게 처리할 수 없는 상황을 말한다. 아이들의 의식수준으로는 받아들이기 어려운 불안과 공포, 죄의식이나 혐오감이 기억에서 쉽게 잊어버릴 수 없는 것을 심리적 손상이라 하여 지어진 이름이다.

예컨대, 어릴 때 성적性的 내용을 포함한 감당할 수 없는 체험을 했다거나, 부모나 선생님 또는 형제자매로부터 전혀 엉뚱한 말로 극한적인 자극을 받았다거나, 살던 집의 화재火災를 목격하였다거나, 봐서는 안 될 참상을 체험하여 입은 '심적외상'은 본인의 생각이 미치지도 않은 가운데 잊은 채로 시간이 경과하는 경우가 많다. 그렇지만 이것이 나중에 신경증적 문제행동의 원인이 되기도 하고, 아이가 나중에 커서 어른이 되어서도 인간의 정상적 의식통합이나 주체성을 위협하는 존재가 되기도 한다. 무의식을 억압하여 의식의 밸런스를 주도하려는 데서 콤플렉스가 형성되는 것이다. 이렇게 형성된 콤플렉스는 모든 생활영역을 방해하거나, 내적긴장감을 높여 외적 위기에 의하여 정신병리적精神病理的 현상을 일으키는 경우가 많다. 다시 말해 우리가 보는 병리적 현상들은 우리가 보고 듣는 사회적 명사名士의 자살사건이나, 어떠한 측면으로도 납득할 수 없는 인격자나 지도층 인사들이 범죄에 휘말려 곤욕을 치루는 현상으로 그들의 심층의식深層意識에 자신도 모르게 감추어진 '심적외상'이 가져온 결과라 볼 수 있다.

아이를 키우는 부모나 그들을 가르치는 선생님은 물론, 사회의 지도층에 있는 어른들은, 자라는 아이들에게 함부로 모진 언동言動으로 꾸지람을 삼가해야 한다. 그것은 마치 새하얀 백지에 검은 먹물을 뿌려 놓는 것과 같다. 철들지 않은 순박한 마음에 상처를 남기면 이것이 곧 '심적외상'으로 남아 마침내는 어른으로 성장한 뒤에도 치유하기 어려운 정신병리적 환자로 남게 된다. 즉 사회에 도움이 되지 않는 존재로 남게 되는 것이다.

당장 부모의 기쁨만을 위하여, 자기 자녀를 '공부 잘하는 아이' '남에게 자랑스러운 예쁜 아이' '말 잘 듣는 착한 아이'로 만들지 말자. 아이의 앞뒤 사정을 살피지 않고 어른의 눈높이로 아이들을 몰아치면, 마침내는 '심적외상'을 입히는 결과를 초래한다. 또한 학교교육을 맡은 선생님이 만약 학력 향상만을 위하여 아이들을 지도하면서, 엄한 교육으로 일관한다면 역시 위와 같은 현상이 발생할 것이다. 그러니 미리 알고 어른들이 주의하도록 하자.

| 엄마들이여 치마를 벗어라!

우리나라 아이들은 겨우 말하기 시작할 무렵부터 어린이집에서 영어를 익혀야 하고, 초등학생이 되면 적어도 세 군데의 학원을 다녀야 하며, 집에 와서도 엄마의 눈치를 보느라 예습과 복습을 하다가 중학생이 되고 고등학교에 진학하여 대학입시 무렵이 되면 엄마의 완전한 꼭두각시가 됨은 물론, 대학교를 졸업하고 나서도 엄마가 원하는 곳에 취업하기 위해 노력한다. 결국 결혼도 엄마의 취향에 맞춰 승낙을 받아 결혼한다. 이것이 한국의 현실이다.

이렇게 된 데는 우리나라 엄마들의 한 맺힌 과거 탓도 있고, 정부의 줏대 없는 교육정책으로 불신과 불안감을 키운 것도 있다. 이외에도 여러 원인들이 엄마들의 치맛바람이 교육열을 부추겼다. 그러한 엄마들의 노력이 한국의 교육수준을 세계일류로 끌어올리는 데 공로가 컸음은 아무도 부인하지 못할 것이다. 그러나 문제는 높아진 교육열만큼 쓸 만한 인재가 얼마나 배출되었는가에 있다.

여기에 일일이 거론할 수는 없지만 이 나라가 키워낸 세계적 인재 중의 대표 격인 반기문 유엔사무총장이나, 한국출신으로는 유일한 미국 워싱턴 주상원의 신호범 의원이 있다. 며칠 전 신 의원은 모국을 방문하여 강원도 정선군에서 많은 주민들에게 특강을 한 적이 있다. "사교육으로 치장된 아이는 창의력이 떨어져서 자립할 수 없다. 때문에 아이들은 자기에게 주어진 천재성을 발휘하지 못한다."며 현재 우리 교육에 쓴소리를 했다.

이런 쓴 소리를 할 만한 이유가 있다. 그는 네 살 때 어머니를 여의고, 아버지와도 헤어져서 천애고아가 됐다. 그렇게 남대문시장을 전전하다가 18살 때, 미군장교에게 입양된 것이다. 고국을 떠난 60여 년 만에 그는 하늘의 별따기보다 어려운 미국 워싱턴 주상원 의원이 되었다. 그가 살면서 엄마의 치마폭은 보지도 못했을 것이다.

입신출세한 대부분의 인재들이 회고하는 바에 따르면, '제 공부는 제가 알아서 할 때'에 자기가 세운 목표에 달성할 수 있다고 한다. 그러나 요즘 대부분의 엄마들은 아이들의 소질이나 희망은 아랑곳없이 오직 자기 생각만으로 아이를 틀 속에 가두어 '원숭

이 교육’을 시키고 있다.

아이들은 누구나 철이 들면서부터, 무슨 일이건 흥미를 갖고 호기심을 나타내기 마련이다. 그럴 때는 일단 지켜보면서 소질을 발견하는 것이 중요하다. 하지만 지켜보는 엄마들은 귀찮기도 하고, 쓸데없는 일에 흥미를 갖는 아이를 걱정한 나머지 “너는 왜 쓸데없는 일로 엄마를 힘들게 하니?” 하고 나무라는 경우가 비일비재하다.

역사적으로 보면 큰 업적을 남긴 발명가나 운동선수는 물론이고, 각계각층에서 큰일을 한 위인들의 어린 시절에는 공통점이 있다. 골목대장이나 장난꾸러기 아니면 부모들의 걱정을 꽤나 시킨 분들이 많다는 것이다. 또한 그들을 키운 부모 역시 남다른 데가 있다. 말썽꾸러기 아이가 흥미를 갖는 것에 관심을 기울이고, 나쁜 짓이 아니면 그 소질을 살리기 위해 참고 기다리며 뒷바라지에 정성을 쏟았다. 지금의 엄마들처럼 ‘내가 바라는 아이는 공부 잘하는 것인데?’ 하고 실망하고, 아이가 갖는 흥미는 무시한 채 다른 것에 흥미를 갖게 하려고 애쓰지 않았다는 것이다.

요즘 부모들은 아이가 학교에서 돌아오자마자 축구공을 가지고 공원으로 나가서, 또래들과 공놀이를 한다거나, 집에서 흰 종이만 보면 형들이 쓰던 크레파스로 형체도 알 수 없는 그림을 그리는 아이들을 보고는 앞뒤 가리지 않고 “하라는 공부나 하라.”며 꾸짖는다.

TV를 보고 있던 다섯 살짜리 딸아이가 느닷없이 엄마에게 매

달려 "엄마 나 커서 탤런트 될래."라고 했을 때, 엄마는 자신의 눈
높이로 아이의 장래를 결정짓고는 "얘야 너는 피아노를 잘 치니,
앞으로 세계에서 유명한 피아니스트가 되어야 한다!"며 철모르
는 아이의 호기심을 꺾어버리고 만다. 한참 자라는 아이들은 한
가지에만 흥미를 가지는 것이 아니다. 해보다가 때가 오면 실증
을 느끼고 다른 일에 또 흥미를 갖는다. 엄마들은 우리 아이가 어
떤 일에 몰두하고 집착(執着=매달리기)하는 가를 끈기있게 지켜보고
그 쪽으로 힘을 실어주는 것이 엄마의 할 일이다.

　어린아이들이 친구를 사귀는 데 있어 분별을 갖는 시기가 있
다. 그 시기에도 엄마의 역할이 중요하다. 고운 옷차림에 귀엽게
생긴 부잣집 아이와 어울리는 아이가 있는 반면, 지저분한 코흘
리개 아이를 집으로 데리고 와서, 먹을 것도 나눠주고 장난감도
줘버리는 아이도 있다. 후자의 경우 어느 엄마건 좋게 생각할 수
는 없겠지만, 순수한 아이들에게서 최소한 인간차별만은 심어주
지 말아야 한다. 측은지심의 측면에서 지켜보면서, 인간애를 키
워주어야 하는 것이다. 초등학교부터 중고교생에 이르는 학교생
활에서, 친구끼리의 사귐(交友)인 인간관계가 얼마나 소중한가를
모르는 부모는 없을 것이다. 물론 엄마들의 바람은 내 자녀가 좋
은 가정의 자녀로서 공부도 잘하고, 인간성도 좋은 또래들과 사
귀기를 바란다. 하지만 학교를 마치고 사회에 나왔을 때, 과연 우
리 주변에 그러한 친구들만 찾아가며 살 수 있겠는가를 생각해야
한다.

인생이란 망망대해와 같은 세상에 던져져서 살고 있는 것과 같다. 그 속에서 착한 사람 못된 사람뿐 아니라 백인백색의 온갖 사람을 두루 만나며 원만하게 살아가려면, 일찍이 어릴 때부터 인간관계의 다양한 체험을 겪는 것이 첩경이다. 똑똑한 아이의 장래를 바라는 엄마라면 어릴 때 빈부귀천貧富貴賤 등의 인간차별을 갖지 않을 인성교육을 시켜야 할 것이다.

이제는 엄마가 시야를 넓혀야 한다. 내가 낳은 내 자식으로만 고집하지 말고, 복잡한 세상에 나가서 사람답게 살 수 있는 바탕 즉, 인성교육만 철저히 시키면 된다. 그렇게 해서 사회에 내어 놓으면, 제가 알아서 학교도 선택하고 직업은 물론 합당한 배우자도 골라 결혼하여 다시 부모가 있는 둥지로 돌아온다. 만약 이해를 하지 못하고 끝까지 치마폭으로 감싸서 자녀들을 키운다면, 설령 아이가 성장하여 좋은 짝을 만나 결혼을 하고 입신출세를 했어도 그들의 인생역정에 행복만 있을 수가 없게 된다. 지금 흔히 볼 수 있는 것처럼 책임감이 없어 쉽게 이혼을 한다거나 아니면 애타게 키운 부모의 둥지를 멀리 떠나 제멋대로 사는 것을 앞으로도 보게 되는 것이다.

이 세상에 어느 부모도 자식이 잘못되기를 바라지 않는다. 잘사는 선진국의 여러 나라를 살펴봐도 마찬가지다. 특히 부자일수록 자식을 놓아 키우는 경향이 많다. 우리처럼 자식을 끼고 키우는 곳은 없다. 그렇게 놓아 키워도 그 자식들이 다 훌륭하게 자라서 세상을 위해 큰일을 한다. 그것을 보면서도 우리나라의 엄마들이 깨닫지 못한다면, 우리 안에 가두어 키우는 것에 만족하는 엄마의 욕심이 정작 크게 될 인재를 망쳐놓는 꼴이 되고 말 것이다.

쉽게 생각해 보자. 가두어 키운 짐승(가축)과 들판에서 제멋대로 자란 짐승(야생)이 맞붙어 싸운다면 어느 쪽이 살아남을 것인가?

| 아이는 스트레스에 약하다

복잡한 현대를 사는 우리들은 외부로부터 육체적·정신적인 긴장, 압박, 자극 등에 노출되어 있다. 이에 적절히 대처하지 않으면 적지 않은 스트레스가 쌓이고 쌓여 마침내는 심신心身이 약해져 하나의 질환으로 표출되기에 이른다.

어른이나 아이들을 막론하고 자기 마음에 들지 않은 것에 당면하면 "아, 정말 스트레스가 쌓여서 못살겠네."라는 말을 예사롭게 내뱉곤 한다. 스트레스는 세상살이를 웬만큼 겪은 어른들이라면 외부로부터 오는 스트레스 요인을 적절히 밸런스(균형)를 잡는 상태를 유지할 수 있다. 그러나 아이들(미성년)은 스트레스에 약하다. 외부적인 스트레스에 충분히 대처할 수 있는 상태가 아닐 때, 균형을 유지하는 호메오스타시스(homeostasis=항상성)가 깨어져 생체적生體的인 위험에 빠지게 된다.

이에 심리학자들은 스트레스의 중요한 요인을 굶주림과 피로 등의 물리적인 것과 인간관계나 사회적 갈등에서 오는 정신적인 것이라 규정짓고 있다. 어른의 스트레스는 그렇다 치더라도 아이들 특히 학생들은 학교생활에서 또래들과의 사귐에서 오는 갈등이나, 선생님들과의 인간관계에서 오는 스트레스는 물론 시험 결과나 성적, 학업달성으로 인한 압박감 등은 미성년의 호메오스타시스로는 감당하기 어렵다.

"학교 다녀왔으면 손 씻고 저녁 먹을 때까지 공부 좀 해라." "밥 먹었으니 학원 갈 준비해라, 태워다 줄 테니까." "너는 왜 ○○보다 성적이 못하냐?" 등으로 눈 코 뜰 새 없이 압박을 가하는 것이 오늘날의 실정이다. 아마 어른이라도 감당하기 어려운 압박일 것이다. 학교는 학교대로 학력평가, 각종 시험 등으로 스트레스를 가중시킨다.

이에 대처하는 방법은 하나다. 바로 스트레스를 제공할 만한 요인을 제거하는 것이다. 그러나 실제로 이 요인을 제거하려고 하면 컨트롤하기 어려운 상황이 발생할 수 있으며, 이를 무리하게 시도하다가 오히려 스트레스가 증가되는 악순환이 거듭될 수도 있다. 여기에서 생각해볼 만한 처방으로는 오락이나 운동, 여행 등으로 적극적 대처를 하는 경우가 있다. 소극적 방법으로는 자율훈련법 등으로 자제력과 극기력(셀프컨트롤=self-control)을 익혀서, 스트레스의 내성耐性을 무장시키는 것이다. 개인에 따라 효과적인 방법으로 스트레스를 잘 다루는 방법을 찾는 것이 좋다.

그리고 가장 중요한 것은 학교나 가정에서 부모나 선생님이 우리 아이가 무엇 때문에 이러한 스트레스를 받게 되는가를 이해하는 것이 선행되어야 한다. 즉, 아이들의 생각을 전폭적으로 받아드리는 것과 동시에 쌓이는 스트레스에 대처하는 방법을 도와주는 주치의가 되어야 한다는 것이다. 특히 자라나는 아이들(미성년)의 스트레스 대처에 있어서는 선생님이나 부모가 끊임없이 네트워크를 통한 진솔한 커뮤니케이션이 절실하다. 어른들은 그들의 모든 갈등 요인이 부모나 학교가 아이들에게 바라는 지나친 욕심에서 오는 것임을 인식하고 이에 대응할 줄 알아야 한다.

| 어린이집에 보낼 4살짜리 아이를 가진 엄마에게

미운 네 살이란 말이 있다. 아이가 이 나이가 되면 '반항反抗'을 하기 시작한다. 무엇에든 반항하기 쉬운 때라 부모는 출생 이후 처음으로 아이로 인해 위기를 맞게 되는 시기이기도 하다. 네 살의 아이는 자기가 좋아하는 것도 남이 먼저 하면 무조건 '싫어, 싫어'를 연발한다. 대개 이러한 현상은 좀 빠르면 두 살쯤에서 시작하여 네 살, 다섯 살까지 계속된다. 특히 아래로 동생이라도 생기면, 이 반항은 더 심해질 수 있다. 그럴수록 엄마의 슬기로운 대처가 중요하다. 이러한 반항기의 아이를 가진 부모로서 꼭 알아두어야 할 몇 가지 일이 있다.

첫째, 어린이는 절대로 이유 없는 반항을 하지 않는다. 두 살부터 세 살에 이르기까지가 아이들의 운동능력身體機能이 발달하는

시기다. 네 살에 이르면 제 나름대로의 운동을 스스로 해낼 수 있
게 된다. 만약 그것을 제압당하게 되면 반항하기 시작한다.

둘째, 어린이는 세 살부터 네 살에 걸쳐서 '마음의 세계'가 열리
는 것을 스스로 인식하게 된다. 그러나 그 '마음의 세계'란 어른들
처럼 사회라는 틀에 짜여있는 것이 아니다. 그냥 자신만의 '마음
의 세계', '자기의 생각'을 가지고 있는 것이다. 어린이는 이러한
세계를 나타내고 싶어 한다. 그런데 만약 엄마나 아빠나 가족들
에 의하여 '그러면 못써!!' '그러지 말라고 했는데 또, 또' 식으로
제압을 하게 되면 자연스레 반항하게 되는 것이다.

세 살 무렵의 어린이들은 신체적 운동기능과 생각이 충분하지
못하다. 때문에 어른들이 만들어 놓은 사회의 틀 같은 것을 인식
하지 못한다. 그러나 네 살에 접어들면 자기의 생각에 따라 무엇
이든 하고 싶어지게 된다. 그런데 어른들이 무조건 '그러면 안 돼'
라며 아이의 욕구가 제압한다면 아이는 당연히 감정생활이 흐트
러져서, 자기만의 불만표시를 하기 시작한다. 운다거나, 화를 내
면서 고함을 지른다거나, 혼자 눈을 꼭 감고 구석에 앉아 있는 등
의 자세로 반항을 표현하는 것이다.

물론 반항하지 않는 어린이가 더러 있다. 그런 아이를 두고 엄마
나 할머니들은 '참 우리 아이는 신통하기도 하지' '아이답지 않게
순하고 어른스럽다'고 자랑스러워 한다. 보기 드물게 성숙한 지능
을 가지고 있으며, 남보다 앞서 무슨 일이든 해치워서, 자기 생각
이나 행동에 제약받는 일이 없기에 행복을 타고난 아이라 할 수 있

다. 그런 경우를 제외하고는 대부분 반항을 하게 된다. 만약 반항이 심한 아이를 키우려면 그 부모는 어떻게 하는 것이 좋을까?

반항하지 않도록 미리 조치하는 것이다. 물론 반항을 억제해서는 안 된다는 전제가 있어야 한다. 이는 홍역을 앓듯이 한 번쯤은 반드시 겪어야 할 일이기 때문에, 부모나 가족들은 이 고비를 잘 넘기도록 다 함께 노력해야 한다.

일단 어린이에게 '자신'이란 존재를 하루 빨리 확립시키고 혼자 서는 아무 일도 할 수 없다는 인식을 심어주는 것이다. 아이가 자기 주장의 범위를 알게 되면 서서히 반항이 줄어든다. 그렇지 않고 억지로 반항을 제압한다면, 이것을 마음 깊숙한 곳에 감추어 두었다가 기회가 있을 때마다 꺼내는 것을 반복하여 결국 아이는 일생을 반항아反抗兒로 살아가게 되는 것이다.

이밖에도 어린이를 가진 젊은 엄마들 특히 반항기에 있는 아이를 둔 엄마는 자기 할 일을 몇 해 뒤로 미루고라도, 아이의 먼 장래를 생각해야 한다. 부모는 생각에 또 생각을 거듭하여, 훌륭한 자식을 키워 사회에 내어 보내는 것 또한 보람 있는 일임을 깨달아야 하는 것이다.

| 유년기 자녀 키우는 키워드

엄마가 어린이를 제대로 잘 키우려면 우선 심리학자가 되어야 하고, 그러기에 앞서 어린이와 눈높이를 같이해야 한다.

흔히 아이들은 엄마가 무엇이든 시키거나 함께 하자고 하면 무조건 "아니야! 아니야!" 하면서 떼를 쓴다. 그것은 '나도 한 인간이다'의 표현이고, 아울러 자기의 인격을 인정하라는 본능적인 의식이다.

이럴 때 엄마는 눈높이를 낮추어 아이의 주장을 인정해 주어야 한다. 그리고 함께 어울리면서 불문곡직하고, 따르건 반항하건 아이가 하는 짓을 눈여겨보기만 하면 된다. 이렇게 되면 아이는 나름대로의 자기 평가가 자라나게 되는 것이다.

엄마는 자신의 의견을 따라주지 않는다고 생각하기보단 기뻐해야 한다. '우리 아이가 자기 주장을 할 만큼 자란 증거를 보게 하여 주신 것을 감사합니다!'라고.

* 아이들이 엄마 말을 듣지 않고 강짜를 부린다고 '어리광쟁이' '심술쟁이' '못된 아이' '말썽꾸러기'로 규정짓고 나무라지 말아야 한다. 엄마는 아이의 기분을 짐작하고 관심을 가져주는 일이 중요하다.

아이가 이유 없이 울 때도 마찬가지다. 아무리 달래도 울음을 멈추지 않으면, 엄마뿐 아니라 옆에서 보는 누구나 짜증이 나게 된다. 그러나 어린아이가 운다는 것은 자기 감정을 나타내는 것으로 이는 어린이의 마음이 성장했다는 증거다. 더구나 힘껏 울어 재끼는 아이일수록 자기 감정을 솔직하게 나타내는 것이다. 그러니 얼마나 기쁜 일인가! 가장 중요한 것은 엄마가 먼저 아이의 현실을 인정하는 일이다.

* 아이들은 언제나 자기중심적이다.

* 아이들은 상대를 생각하는 능력에 앞서 먼저 자기를 주장하는 능력이
  필요하다. 이것이 곧 건전하게 자라는 증거다.

* 아이들은 실패를 거듭하면서 여러 가지를 익히는 기회로 삼는다.

* 아이들은 어른들의 말을 얼른 받아들이지 않는다. 그것은 자립이 자라
  고 있다는 표현이기도 하다.

| 아이들의 메시지를 빨리 인식하라

점심 때가 한참 지났는데도 먹지 않고 떼를 쓰는 아이를 두고
엄마는 짜증이 난다. 달래도 보고 억지로 먹여도 보지만 도무지
입을 꼭 다물고 고개만 절레절레 흔들다가 마침내는 울음을 터뜨
리고 만다. 그럼 엄마는 걱정스럽다.

아이가 배탈이 났는가? 음식이 입에 맞지 않는가? 멀쩡한 아이
가 때가 되었는데 아무것도 먹지 않는다고 걱정한다.

* 아직 말을 못하는 어린아이가 먹지 않을 때는, 맛이 없어서가 아니고 배
  탈이 난 것도 아니고, 오직 배가 고프지 않아서다. 이를 먼저 생각하고
  억지로 먹이려고 애쓰지 않도록 한다.

* 어린아이가 부모의 말을 잘 듣지 않음은 미워서가 아니라 그냥 어리기 때문이다. 그래서 아이들의 언행言行 하나하나가 부모의 책임이라 생각하면 정말 화나고 짜증스럽지만, 아이들의 온갖 언행은 대개 본래의 성격에서 나타나는 한 부분이라 여기고 너무 민감하게 생각하지 않도록 하자. 엄마들은 아이의 모든 언어와 행동을 컨트롤 려고 하면 안 된다.

* 아이들의 자기 평가 능력을 키워주기 위해서는 지금 그대로를 인정하는 것이 키워드다. 학원에 가건 안 가건, 공부를 잘하건 못하건 아이답게 열심히 자라고 있으면 그만이다. 이 모습을 그대로 인정하는 부모야말로 똑똑한 부모다. 그리고 소중한 아이(자녀)를 가졌다고 자부해도 좋다.

* 자라나는 아이들에게 있어 예의바르고 공부 잘하는 것도 소중하지만, 살아만 있어주면 그는 나에게 소중한 인간이고, 존재가치가 있는 인간임을 은혜롭게 생각해야 한다.

* 이러한 마음가짐을 아이들의 마음에 심어서 키워가는 일이 무엇보다 소중하다.

* 인물이 잘생겼건 못생겼건, 공부를 잘하건 못하건 다른 아이와 비교하지 말고, 건강하게 잘 자라는 지금의 아이 그대로의 모습이 내 자녀임에 행복해야 한다. 자녀에 대한 바람이 너무 크면, 애정(사랑)이 제대로 전달되지 않기 때문이다.

＊ 사랑(애정)이 소중하면 아이들의 어리광도 소중한 것임을 알아야 한다.
어리광은 빨리 자립하는 아이들의 필수요건이다. 즉 어리광이 없는 아이
보다 어리광을 잘 부리는 아이가 더 빨리 자립한다는 뜻이다.

＊ 열 살 미만의 아이가 너무 어리광을 부리지 않으면, 그 마음 한구석에
불만이 차있거나, 하고 싶은 일을 참고 있지 않는가를 잘 살펴야 한다.
이럴 때는 부모와의 접촉하는 시간을 많이 가지면서 스킨십을 더해 나
가야 한다.

| 부모가 아이의 버릇을 만든다

요즘 심심치 않게 언론에서 일부 법관과 검사의 버릇없는 말투
가 논쟁거리로 떠올라 문제가 되고 있다. 법조계하면 배울 만큼
배운 학식의 상징으로 떠오르는 그런 사람들이 언행에 문제가 있
다는 것에 새삼 가정교육의 중요성을 되짚어 보게 되었다.

등하교 때의 복잡한 버스나 전동차 안의 학생들을 눈여겨보곤
한다. 남녀 가릴 것 없이 그들의 입을 통하여 나오는 말이 대부분
선생님들에 대한 욕이 아니면, 남녀학생이 어울려 놀러 갔던 이
야기가 거의 다다. 그런 이야기를 하면서 학생들은 차마 입에 담
지 못할 음담패설과 저들만이 통하는 은어로 크게 떠들어댄다.
옆에서 듣다못해 조용하라는 어른이라도 있으면, 눈알을 뒤집고
째려보고 뭔 상관이냐는 식으로 대든다. 한 번 당한 사람이라면

봉변이 두려워 그 자리를 스스로 피할 수밖에 없는 실정이다.

거리에서 보는 청소년들의 몸가짐이나 어른들을 대하는 버릇을 보면, 남의 자식이라도 짜증이 날 정도로 한심한 적이 많다. 그들의 가정에서는 어떠할지 궁금할 정도다.

어른이 없는 핵가족 가정에서 오직 젊은 부모의 응석받이로 키워진 아이들은 기껏해야 버릇없는 엄마 아빠를 닮을 수밖에 없는 환경이다. 듣고 보는 것이 다 제멋대로이니 다른 누구를 탓할 수 없다.

언어나 행동, 예의범절은 그렇다 치고라도, 요즘 아이들은 제 옷 차려입기는 물론 무엇 하나 생활용품이나 연장(도구)을 다룰 줄 모른다. 이렇게 자란 그들이 사회에 나가서 제대로 할 수 있는 일이 얼마 되지 않음은 불 보듯 뻔하다. 이들을 누가 이렇게 쓸모없는 인간으로 키웠을까? 아이를 낳아 요람에서 고등학생이 되기까지, 아이에게 마치 부모를 섬기듯이 잠자리의 침구는 물론, 양말에서 모자까지를 챙겨주는 것으로 엄마의 구실을 한다고 생각하는 부모가 가정의 가장노릇을 했기 때문이다.

이 아이들을 보면, 교복의 떨어진 단추 하나를 제 손으로 달 줄 모르며, 부모가 집을 비웠을 때 다 차려놓은 밥상조차 찾아 먹기는커녕 단출한 식탁을 치우고 설거지 하나를 할 줄 모르는 것이 버릇이 되어 있다.

모처럼 쉬는 날 가족이 바깥나들이라도 하게 되면, 부모는 으레 아이들을 승용차에 태우고 가까운 외곽으로 나가 풍경이 좋은 곳에 위치한 음식점에서 점심을 먹고 돌아온다. 이를 일상적으로 생각하지만 실제로는 산책과 소풍을 구분할 줄 모르고 있는 것이다. 가족이 손에 손을 잡고 작은 동산이나 가까운 공원으로 가 걸으면서 오순도순 얘기라도 나누면, 그것이 곧 산책이면서 소풍보다는 낫다는 사실을 아이들에게 알려둘 필요가 있다.

오늘날 모든 생활도구는 모두 편리하게 만들어져 나온다. 학용품도 연필 대신 볼펜을 쓰고, 설령 연필을 쓰는 경우에도 칼 대신 '연필깎이'가 나왔으며, 밥상에는 숟가락과 젓가락을 대신해 포크로 음식을 먹는다. 우리의 전통적 숟가락은 동양사상을 바탕으로 한 태극이론이 담겨있다. 또한 음양을 상징하는 두 개가 하나되는 것이 젓가락으로 하나는 고정하여 음을 상징하고, 하나는 움직여 양을 상징한다. 어렸을 때부터 젓가락으로 밥을 먹게 되면, 두뇌의 움직임이 활성화되어 아이들의 상상력과 창의성을 키울 수 있다. 이러한 첨단 과학적인 이론이 담겨 있는데도 이치를 모르는 젊은 부모들은 수저로 음식 먹는 법을 가르칠 생각은 않고, 비싼 돈 들여 영재학원에 보낼 생각부터 하는 부모가 많다.

인간이란 본래 손으로 물건과 연장(도구)를 만들어 쓰는 유일한 동물로서 오늘의 과학문명을 이룩했다. 그런데 막상 지금에 와서는 우리가 만들어 낸 기구의 노예가 되어가고 있다. 인간으로서 지켜져야 할 버릇이 사라져가는 위기에 놓인 것이다. 이를 어른들은 깊이 깨달아 가정에서부터 올바른 버릇 가르치기에 힘을 쏟아야 할 것이다.

| 자녀와의 대화기법(세대차이 극복)

부모와 자녀 사이에서 흔히들 "세대차이가 있어 말이 통하지 않는다."고 한다. 그렇다면 세대차이를 좁히는 방법은 무엇일까? 그 유일한 방법은 대화기법對話技法에 있다.

* 모처럼의 기회를 만들어 자녀와 대화할 때, 부모가 말하는 시간보다 자녀의 말을 들어주는 시간이 길어야 한다. 3대 7정도가 좋다.

* 대화 중에 자녀의 말을 끊거나 부정하지 말고, 무조건 '응! 응!' 하고 듣고 있다가, 나중에 짧은 시간을 이용하여 옳고 그름을 말해줘야 한다.

* 아이가 슬픈 이야기를 하면 "응 정말 슬펐겠구나." 기분이 좋아 날뛰며 말하면 "얘야 듣자니 엄마도 즐겁다."는 등 장단을 맞춰 주면 대화는 순조롭게 진행된다.

이렇게 노력하면, 평소에 말수가 적던 아이도 말문을 트게 된다. 습관화가 되면 아이는 부모에게 학교에서 있었던 일이나, 밖에서 친구들 특히 이성異性과의 사이에 일어났던 얘기까지도 털어놓게 되는 것이다. 이렇듯 자녀들이 지껄이는 하찮은 말이라도 귀담아 들어야 한다. 설령 부모의 생각으로는 달갑지 않더라도, 그것이 올바른 내용이라면 깨끗이 인정한 뒤에 자기 생각을 덧붙여 주는 것이 좋다.

* 아이들의 말을 받아들여 인정한다는 것은 자신의 생각이나 판단에 긍지를 갖고 자랄 수 있게 만드는 것이다.

무엇을 물어도 대답하려 들지 않을 뿐 아니라, 남의 눈치나 살피면서 머뭇거리는 아이들을 흔히 볼 수 있다. 이러한 아이는 평소에 분명히 자기 의견이 있으면서도 옳은 것은 옳다, 잘못된 것은 잘못되었다든가, 아니면 오해하고 있는 일에 대하여 '이렇게 생각할 수도 있지 않을까'라는 가르침을 전혀 받지 못한 경우가 많다.

아이들은 우선 자기가 왜 미움을 받는가를 알고 싶어 한다. 또 그것이 싫은가도 알아야 한다. 이런 것들을 알게 함으로써 마음에 안심감安心感을 심어주어야 한다. 어려운 고비를 넘어서는 힘을 길러줘야 되기 때문이다.

* 완벽주의적인 아이들은 작은 일에 꾸중을 들어도 전부를 거부당하는 감정을 갖기 쉬우므로 조심해야 한다.

엄마가 90점을 받아온 아이에게 "100점에서 10점이나 틀렸구나." 하면 그 아이는 90점 모두가 거부당한 기분이 들게 된다. 그러니 "100점짜리를 90점이나 받았구나! 우리 아이 대단하구나, 다음에는 나머지 10점만 하면 만점이겠다."고 칭찬하면 아이에게 날개를 달아주는 것이다. 어린 자녀를 키우는 엄마들은 틈틈이 시간을 내어 아동심리학에도 관심을 갖는 것이 많은 도움이 된다.

| 수험생 학부모에게

수능시험을 치룬 학생들과 그 뒷바라지를 하느라 여러 해를 두고 사랑을 쏟았던 학부모에게 앞으로 남은 고비 고비를 쉽게 넘어갈 수 있는 비결을 이야기하고자 한다.

우리가 살면서 경험한 바로는 언제나 좋은 일만 생기는 운 좋은 사람이 있는가 하면, 그렇지 않은 사람도 있다는 것을 보게 되는데, 도대체 그 차이가 무엇일까?

그 답은 뜻밖으로 간단하다. 운이 좋은 사람과 나쁜 사람은 마음속에 있는 플러스 에너지의 차이에 있다. 플러스 에너지란 긍정적인 생각을 뜻하고, 마이너스 에너지란 부정적인 생각을 말하는 것이다.

심리학자들의 보편적 이론에 의하면, 긍정적 생각(思考=사고)을 가진 사람은 사업을 하건 공부를 하건 심지어 연애를 해도 주위에 언제나 좋은 사람만 모여들어 결과적으로 좋은 일만 생긴다. 반면에 부정적 사고(마이너스 에너지)가 늘어나면 남의 협력을 얻기가 어려워 운이 나쁠 수밖에 없다.

수험생 학생과 학부모뿐 아니라 누구라도 '긍정적 사고를 증가시키는 습관'을 몸에 붙이는 일은 중요하다. 특히나 수능시험을 준비하느라 공부방은 어지럽게 널려있을 테고, 부모들 역시 수험생 뒷바라지하느라 환경에 신경 쓸 겨를이 없었을 것이다. 이제는 차근차근 깨끗이 정리하고, 청소하도록 하자. 행운의 여신은 소리친다고 찾아들지 않는다. 물론 주변 환경을 쓸고 닦고 깨끗이 하는 것만으로는 행운의 여신을 초대할 수 없다. 청소를 하면서 갖는 그 마음가짐에 있는 것이다. 집안에 쓸데없는 물건들을 밖으로 내버리고, 온 집안을 깨끗이 청소하면서 마음속에 담고 있는 잡스러운 생각을 버려 보자. 그리고 오직 하나 '나는 무엇이든 할 수 있다. 반드시 행운의 여신은 나를 도울 것이다'라는 플러스 에너지를 심고, 나날이 키워나가면 된다. 그렇게 지낸다면 넘기 어려운 고비를 넘어 바라던 대학의 문 앞에 다다를 것이다.

만약 방구석에 틀어박혀 머리를 싸매고 엄마와 마주앉아 '어느 학교로 갈까. 이 점수를 가지고는 어림없겠지?' 하면서 학교로 학원으로 선생님을 찾아 진학상담을 한다면, 그럴수록 행운의 여신은 외면할 것이다. 마음에 담고 있는 마이너스 에너지가 점점 자라고 있기 때문이다.

이제 막 고등학교를 졸업하는 학생들의 앞날은 무려 70년의 긴 세월이 기다리고 있다. 무엇이 조급하여 4년 대학생활에 일생을 걸어야 할 것인지를 잘 생각해 보길 바란다.

'시작이 반이다'라는 조급증보다는 '천 리 길도 한 걸음부터'를 생각하며, 유유자적悠悠自適의 통 큰 기운(에너지)을 안고, 앞을 향하여 한 걸음 한 걸음 가볍게 걸어 나가 보라. 거기엔 분명히 행운의 여신이 기다리고 있을 것이다.

| 더러운 물로 때를 씻어라

우리는 흔히 말하기를 매사에 생각(思慮=사려)이 깊은 사람을 두고 '통이 크다'고 말한다.

바꿔 말하면, 어떤 일에 당했을 때 성급히 판단을 내리는 것보단 앞뒤를 가려서 사리에 맞는 결론을 내리는 것이 원만하다는 뜻이다. 이러한 교훈은 자연의 원천인 물水의 양면성兩面性에서 찾을 수 있다.

본래 물이란 속성은 깨끗할수록 더러운 때汚物를 씻는다고 생각한다. 그러나 물이란 굳이 맑은 물, 흐린 물을 가리지 않고 그저 물일뿐이다. 깨끗하건 더럽건 흘러오는 대로, 뒤섞이는 속성이 있다는 것이다.

홍수가 지나간 침수지역의 주택들을 보면, 가구는 물론이고 의복들은 온통 흙탕물에 젖어서 더러워진다. 그 속에서 이를 닦아내고 세탁하는 주민들의 모습 눈여겨보면 놀라움을 금치 못할 때가 있다. 진흙이 묻은 부분을 당장 깨끗한 물로 씻어내는 것이 아니라, 먼저 더러운 흙탕물로 전체를 씻어내기 때문이다. 여기에서 경험자의 도리를 터득한 슬기를 볼 수 있는 것이다.

이것이야말로 '더러운 물로 더러운 때를 씻는다'는 도리道理가 담겨있다. 즉 이열치열以熱治熱이라는 말과도 통하는 것이고, '독毒은 독으로써 빼야 한다'는 이치와도 통하는 의미다.

이 도리를 자녀의 교육에 접목시켜 보자. 어느 날 고등학교 3학년인 아들이 밤늦도록 공부를 하다가 아침 일찍 등교를 했다. 엄마는 방청소를 하기 위해 아들 방 침대의 이부자리를 걷었는데 거기에는 차마 보기에도 민망한 젊은 여자의 누드사진이 몇 장 감추어져 있었다고 생각해 보자. 그럼 이를 본 엄마는 온종일 온갖 생각에 잠기게 될 것이다. 그리고 걱정 속에 아들이 오기만을 고대하며 기다렸을 것이고, 무슨 말로 타일러 잘못을 고치게 할 것인가를 노심초사할 것이다.

이런 경우에는 아버지보다는 엄마의 넓은 기량器量과 슬기가 필요하다. 바로 이럴 때 엄마는 '더러운 물로 더러운 때를 씻는다'는 지혜를 발휘해야 한다.

아들이 학교에서 돌아오면 "얘야!! 오늘 아침 네가 학교 간 후에 공부방 청소를 엄마가 했다!"고 말해 보자. 아마 아들은 당황하기에 앞서 지레 화를 내는 경우도 있을 것이다. 그렇지만 상관하지 말고 엄마는 "얘, 이불 속에 사진 엄마도 봤는데, 여자인 내가 봐도 너무 근사하더라. 이제 너도 사춘기인데 그런 사진 좋아하는 거야 너무나 당연하지! 다음부터는 더 야한 것으로, 엄마도 함께 모아 줄 테니, 아버지한테만 비밀로 하자.”고 관용하는 것이 좋다.

그 뒤로는 분명 아들이 웬만한 일로 부모를 속이며 걱정시키는 일은 없어질 것이다.

| 자녀를 인정하는 부모가 대화를 이끈다

매스커뮤니케이션 시대에 접어든지 오래 되었다. 오늘날 아이들은 한정된 직장에서 하루를 쉴 틈 없이 보내는 부모들보다 오히려 많은 지식을 얻게 되고 알아가고 있다. 매일 새로운 정보가 빠르게 쏟아져 나오는 고속화 시대에서 각종 언론 매체는 그들에게 스스로 판단하는 비판 능력을 빼앗았고, 사고마저 제3자에 의해 대행하는 조작화 시대가 되어버렸다. 이전 세대는 그나마 활동 범위가 넓은 아버지나 어른들에게 어느 정도의 한정된 정보를 얻어 가르침을 받았다. 그 속에서 나의 생각을 돕고 판단 기능을 북돋아 주는 기능이 있던 시대였다. 지금의 시대와는 전혀 다르다.

이러한 사실을 충분하게 살피지도 않은 채 부모가 자녀들과의 커뮤니케이션을 시도한다면, 자녀는 부모에게 마음을 열지 않는다. 기성세대의 부모는 첨단화되고 고속화된 시대에서 자라는 ‘무서운 요즘 아이’들과는 상대가 되지 않는다. 때문에 아버지와 어머니가 하나가 되어 힘과 뜻을 모아 안팎으로 협공해야 목적을 이룰 수 있다. 물론 기성세대의 고정관념에서 벗어나 자녀들과 동화할 때에 가능하다는 전제조건에서다.

요즘처럼 핵가족을 이루고 있는 가정에서 부부는 아버지 혼자만의 가정이 아니라 어머니와 더불어 이끄는 가정이어야 가족들의 구심점이 된다는 사실을 이해해야 한다. 이를 위해 가족의 역사에 대해 알아보자.

한 세기의 백 년을 대개 3세대로 나눈다. 따라서 한 세대는 30년이 된다. 그렇게 살아서 천수를 다 하는 사람은 한 세기에 걸쳐 3세대를 살기 때문에 1세대, 2세대, 3세대를 경험하는 살아있는 역사라고 존경받았다. 대가족에는 그런 역사가 공존한다. 과거를 상징하는 세대의 할아버지와 현재를 책임지고 살아가는 아버지 그리고 미래의 희망인 3세대의 아이들이 함께 산다. 그러나 핵가족은 현재와 미래만이 살아가기 때문에 지나간 역사를 보지 못한다. 역사를 보지 못하고 산다는 것은 반성이 없는 삶을 살고 있는 뜻이기도 하다. 때문에 앞날을 보고 희망 있는 삶을 추구하기 위해서는 대가족을 이루는 것이 바람직하다.

그러나 여자 입장에서는 좀 고려를 해볼 만한 일이다. 대가족에 새 사람으로 들어오는 여성(며느리) 입장에서는 정신적으로나 물질적으로 고달픈 조건이기 때문이다. 같은 지역사회라 하더라도 20여 년을 자신의 집 가정 문화에서 자란 사람이 전혀 다른 가정으로 들어가 그 문화와 풍습, 가풍 등에 동화되기란 쉬운 일이 아니다.

가정이란 여느 집단과는 다른 좀 특별한 집단이다. 다른 집단은 나름대로의 동질성을 가지고 모여서 구성이 되지만 가정은 그렇지 않다. 전혀 엉뚱한 환경에서 살다가 우연한 기회에 사랑이라는 끈으로 이어져 가족이 된다. 남남끼리 모여서 한 집단을 이루는 가장 기초적인 사회가 가정이고, 가정의 구성원은 가족인 것이다.

한 남성과 한 여성만의 결합이 부부라는 이름의 핵을 만들고, 이 핵이 중심이 되어 갑자기 시부모와 시형제, 시자매 등의 가족으로 울타리를 만든다. 이렇게 이뤄진 가정에서 여성은 '시집살이'에 들어간다. 여성의 입장에서는 새 가정이지만 기존의 가족 입장에서는 새 식구가 하나 더 늘었다는 데 불과하다. 한 남성의 사랑에 이끌려 이전과 전혀 다른 환경에 적응해 나가는 여성은 동화되는 데까지 오랜 시간이 걸리고, 온갖 고비를 넘기며 살아간다. 그러면서 여성은 아이를 갖게 되고, 하루아침에 며느리에서 엄마가 된다. 이질적이었던 두 남녀가 이로써 완전한 화합을 이루는 것이다.

그런데 요즘 젊은 여성들은 밖에 나가서 '우리 집' 또는 '우리 할아버지' 등으로 말하지 않고, 꼭 '시댁', '시아버님' 등으로 유보하는 경향이 있다. 가정에서 엄마로서의 자리가 확고해졌음에도 오히려 여성이 쉽사리 가족이기를 동의하지 않는 것이다. 다른 측면에서 보면 그만큼 여성의 자리를 확고하게 지켜나가고 있다는 것을 의미하기도 한다.

조선 500년의 역사를 보아도 알 수 있다. 조선시대는 흔히 남성 우월주의, 여성의 차별대우가 심했다고 알고 있지만 실제로는 여성의 자리는 확고했다. 주변 국가와 비교해도 쉽게 알 수 있다. 이웃나라 일본이나 문명 선진국이란 서구 사회에서는 여성이 결혼하면 남성의 성을 따르지만, 우리나라는 여성이 결혼을 했다하여 자기의 성이 없어지지 않는다. 호적에는 물론 족보에까지 뚜렷하게 남는다. 심지어 친정의 조상까지 적어놓고 숭상한다.

더욱이 우리나라는 여성 우위 제도가 많았다. 남편이 높은 벼슬에 오르면 그 아내는 내조의 공을 높이 평가받아 정부인, 숙부인 등의 첩지가 나라에서 주어졌다. 요즘 말로 임명장 같은 것이다. 여성은 시집을 가면 그 가정의 주부가 되고, 그 집의 주인이 된다. 그래서 다른 사람이 그 집 부부를 부를 때는 '두 주인'이라는 뜻으로 '그 댁 양주'라 불렀다. 그러하니 여성은 스스로 주인됨을 포기하면 안 된다. 스스로 위상을 낮추거나 가족이기를 거부하지 말고 그 가정에서 떳떳한 가족으로서 핵이 되어야 한다.

현재 젊은 주부는 가정의 2세대로서 위로는 1세대를 받들고 아래로는 3세대를 이끄는 현재의 주인공이다. 아버지 혼자만의 가정이 아니라 어머니와 더불어 이끄는 가정이어야 한 사회와 나라의 핵인 가정을 지탱해 나갈 수 있는 것이다. 아버지와 어머니를 한데 묶어 부모라고 하는 것도 이 이유에서다.

부부의 화합을 이해했다면, 다음엔 1세대, 2세대, 3세대의 차이를 알아보자.

지금 1세대들이 어렸을 때의 문화 척도는 산업 사회화될 무렵의 초기 단계였다. 현재와 비교하면 병아리도 아닌 계란 정도다. 시골의 한 면 단위에 학교나 면사무소, 또는 주재소(파출소나 지서)에 진공관 라디오가 한 대 있을 정도였고, 그마저도 정보 통제 아래 있었다. 때문에 누군가 알려야 할 소식만을 들은 어른들이 입에서 입으로 전해지는 것이 당시의 매스커뮤니케이션의 기능이었고, 능력이었다. 바로 이때가 지금 할아버지들의 어린 시절이었다.

제2차 세계대전이 끝나고 일제의 잔재인 진공관 라디오의 높다란 안테나 장대가 거두어졌다. 대신 점령군인 미국이 가져온 안테나가 필요 없는 휴대용 트랜지스터라디오가 들어왔고, 일부 상류층을 중심으로 보급이 되기 시작했다. 그 뒤 민족상잔의 비극, 6·25전쟁을 겪으면서 구미 선진 문화가 밀물처럼 들이닥쳤다. 마침내 우리도 현대 과학문명의 혜택권으로 들어가 살기 시작한 것이다. 바로 그 세대가 지금의 아버지들인 2세대다.

이러한 환경에서 자라고 어른이 된 기성세대와 하루가 다르게 급변하는 기계시대에서 자라는 자녀들과의 대화란 여간 어려운 일이 아니다. 우선 부모가 먼저 다가서겠다는 마음을 가졌다면 확실한 방법으로 접근해야 한다. 자녀와의 대화가 원활히 이루어진다면, 이미 부모에게 마음을 열어 그 다음 대화는 수월하게 된다. 그럼 지금부터 부부가 함께 자녀와의 대화를 이끌 수 있는 방법을 살펴보자.

첫째, 자녀의 감정이 어른과 다르다는 것을 염두에 두어야 한다.

아이들이 갖는 감정의 세계와 어른들이 생각하는 아이들의 현실세계와는 전혀 다르다. 정서적으로 다듬어진 어른들의 감정세계는 조작 원칙에 의하여 기계적으로 다듬어진 정신세계를 이해할 수 없는 부분이 많을 수밖에 없다.

부모가 자녀들과 대화할 때도 마찬가지다. 부모가 기계화된 정신세계의 자녀를 부모 쪽으로 이끌기란 어렵다. 즉, 작은 그릇은 큰 그릇으로 들어올 수 있지만 그 반대가 불가능한 것처럼 말이다. 때문에 큰 그릇을 가진 부모가 자녀의 작은 그릇을 잘 담고 보듬어야 한다. 그러나 가끔 부모는 자식이 현실적으로 느끼는 감정과 다른 엉뚱한 감정을 자녀에게 바라는 경우가 있다.

평소 가정에서 권위적이고 독선적으로 군림하는 아버지를 자녀가 어떻게 느낄지 알면서도 어머니는 안타까운 마음에 대화의 분위기를 만들어 보려고 개입하는 것이다. "얘, 아버지가 집에 돌아오시거든 이것저것 말씀드려 보아라." 어머니의 간곡한 요구에 자녀는 자식으로서 타당하다는 판단을 하고 아버지를 보면 대화해 보리라 마음먹는다. 그러나 막상 집에 돌아온 아버지와 얼굴을 마주하면 자식의 감정은 굳어져 버리고 만다. 결국 "아버지 다녀오셨어요."란 인사 한마디로 대화가 끝나버린다. 사실 그 다음을 아버지가 대화의 분위기로 만들어 나가야 하는데 그렇지 못한 경우가 많다. 그럼 자식은 자신의 방에 틀어박혀 자격지심과 어머니의 부탁을 들어주지 못했다는 자책감에 사로잡힌다.

또 학교에서 돌아온 자녀의 표정이 좋지 않으면 부모가 선입견에 쌓여 자녀에게 타박부터 늘어놓는 경우도 많다. '오늘 저놈이 또 잘못을 저질렀구나!' 하는 생각으로 넘겨짚어 추궁을 하거나 꾸짖으면 그 아이는 영영 빠져나올 수 없는 수렁으로 침몰한다. 시험성적이 좋지 않아 우울한 표정으로 집에 오는 아이에게 "이 엄마가 너에게 늘 잘해주고 있는데 너는 왜 나만 보면 찌푸린 얼굴을 하니?"라고 말하면, 아이의 입장에서는 기가 막히고 억울한 노릇이다. 전혀 엉뚱한 생각을 하는 어머니를 더 이상 믿을 수 없다는 막다른 골목으로 치달아 버린다.

부모는 자녀를 가르치기에 앞서 자녀에게 배워야 한다. 자식의 감정 속으로 들어가 분석하고 고뇌하면서 이해해야 한다. 그들로부터 배운 부분을 먼저 골라낸 뒤에 그대로 되돌려 주는 방법을 쓰는 것이다.

둘째, 자식의 뜻을 수용할 줄 아는 여유 있는 부모가 되라.

자녀가 자기 주위에 일어난 상황들을 옳다고 판단하여 인식된 일을 부모에게 전했을 때, 잘못된 판단이라고 해도 꾸짖지 말자. 일단 시간을 두고 우리 어른들도 생각해 보겠다는 모습을 보여야 한다.

나의 판단이 최선이라는 생각은 독선에 불과하므로 자식들은 쉽게 받아들이지 않는다. 물론 처음 한두 번은 순종이 아닌 복종으로 감수할 수도 있다. 그러나 거절이 거듭하게 되면 자녀들은 자신의 판단력에 자신을 잃고 마침내 좌절하고 말 것이다.

부모가 먼저 여유를 갖고 자녀의 의견에 수용할 자세를 갖춰야 한다. 설령 그 수용될 생각이 어른으로서는 용납 못할 일이더라도 무조건 다그쳐선 안 된다. 그 생각을 아이들의 세계에서 녹여질 수 있도록 이끌어주는 것이 바로 어른이 할 일이다.

셋째, 자식에게 요구와 금지의 명령을 동시에 하지 마라.

간혹 부모들을 보면 자녀에게 어떤 일을 요구하면서 동시에 그것을 금지하는 명령을 함께 하는 경우가 있다. 요구와 금지는 동시에 하지 못하는 것이다. 그러니 결국 자식은 두 가지를 모두 포기해 버리고 만다.

넷째, 명령으로 자발성을 강요하는 우를 범하지 마라.

위의 이중요구와 같이, 부모가 자녀들에게 순종할 것을 요구하면서 "주체성을 가져라." "자주성을 가지고 떳떳하게 행동하라."고 모순적인 지시를 하기도 한다. 순종과 명령 사이에서 아이는 역설적인 상황에 혼란이 일어나 오히려 역반응을 보이게 된다. 주체에 의한 자주와 자발은 남에게 명령이나 지시에 따르지 않는다. 즉, 주체가 스스로 선택하고 실행하는 것을 부모가 요구한다고 되는 일이 아니라는 것이다. 부모라는 이유로 명령이나 요구에 따라 그대로 행동하게 하는 것은 자발적 행동이 아니라 복종 행위다.

어른들의 모순과 역설은 부모와 스승, 의사나 목사 등과 같이 지휘권을 가진 사람들에 의하여 무의식적으로 쓰이고 있다. 그러나 아이들은 이를 무조건 받아들이지 않는다. 부모는 어른들만이 옳고, 어린 자식들은 옳지 않다는 기존 관념에서 벗어나야 한다.

그래야 이런 오류를 저지르지 않을 수 있다. 아이들의 생각과 행동이 옳을 수 있다는 긍정의 마음을 갖는 것이 이 시대를 살아가는 어른들의 슬기인 것이다.

사춘기의 자녀를 둔 부모에게 한 가지 더 당부할 것이 있다.

자녀들이 사춘기에 들어설 무렵이면, 부모들은 사추기思秋期에 접어든다. 바로 부모와 자식이 모두 심신이 불안정한 상태로 세대 간의 대립과 갈등이 표면화되는 가장 위험한 시기다. 이럴 때일수록 부모가 슬기롭게 자녀들을 보듬어 주고 스스로의 내면세계를 살펴야 한다. 부모는 이미 오래전에 사춘기를 경험했다. 그 때를 회상하면서 자녀들의 세계로 들어가 함께 문제를 풀어나가는 용기가 필요하다. 그리고 부모는 사추기를 1세대 할아버지의 세계를 회상하면서 자중자애自重自愛하여 극복해 나가는 것이다.

불혹의 나이가 바로 사춘기의 자녀를 둔 40대의 부모다. 방황의 사춘기를 맞은 자식들 앞에서 유혹의 사추기를 맞은 부모들이 자식과 덩달아 움직인다면 그 가정은 버틸 수 없게 된다. 부모는 사춘기를 겪은 경험자답게 자중해야 한다.

유혹에 가장 빠지기 쉬운 사추기를 슬기롭게 지나면 '하늘의 뜻(천명=天命)'을 안다는 오십에 접어든다. 그때까지 부모는 오직 의연한 모습으로, 이 한 몸 던져서 자식들의 본이 되어야 한다는 사실을 잊어선 안 될 것이다.

'행복에너지'의 해피 대한민국 프로젝트!
〈모교 책 보내기 운동〉

대한민국의 뿌리, 대한민국의 미래 **청소년·청년**들에게 **책**을 보내주세요.

많은 학교의 도서관이 가난해지고 있습니다. 그만큼 많은 학생들의 마음 또한 가난해지고 있습니다. 학교 도서관에는 색이 바래고 찢어진 책들이 나뒹굽니다. 더럽고 먼지만 앉은 책을 과연 누가 읽고 싶어 할까요? 게임과 스마트폰에 중독된 초·중고생들. 입시의 문턱 앞에서 문제집에만 매달리는 고등학생들. 험난한 취업 준비에 책 읽을 시간조차 없는 대학생들. 아무런 꿈도 없이 정해진 길을 따라서만 가는 젊은이들이 과연 대한민국을 이끌 수 있을까요?

한 권의 책은 한 사람의 인생을 바꾸는 힘을 가지고 있습니다. 한 사람의 인생이 바뀌면 한 나라의 국운이 바뀝니다. **저희 행복에너지에서는 베스트셀러와 각종 기관에서 우수도서로 선정된 도서를 중심으로 〈모교 책 보내기 운동〉을 펼치고 있습니다.** 대한민국의 미래, 젊은이들에게 좋은 책을 보내주십시오. 독자 여러분의 자랑스러운 모교에 보내진 한 권의 책은 더 크게 성장할 대한민국의 발판이 될 것입니다.

도서출판 행복에너지를 성원해주시는 독자 여러분의 많은 관심과 참여 부탁드리겠습니다.

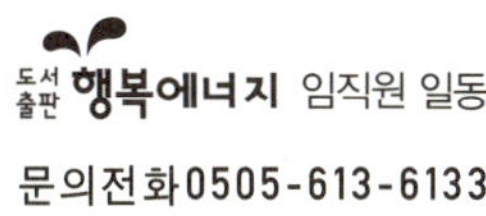

도서출판 **행복에너지** 임직원 일동

문의전화 0505-613-6133